司法文明论坛

SIFA WENMING LUNTAN 2019

（2019 年卷）

江国华——主编

张 硕——执行主编

中国政法大学出版社

2021·北京

图书在版编目（ＣＩＰ）数据

司法文明论坛. 2019 年卷/江国华主编. —北京：中国政法大学出版社，2021.5
ISBN 978-7-5764-0004-5

Ⅰ.①司… Ⅱ.①江… Ⅲ.①司法制度－中国－文集 Ⅳ.①D926-53

中国版本图书馆 CIP 数据核字(2021)第 170039 号

出 版 者	中国政法大学出版社
地　　址	北京市海淀区西土城路 25 号
邮寄地址	北京 100088 信箱 8034 分箱　邮编 100088
网　　址	http://www.cuplpress.com (网络实名：中国政法大学出版社)
电　　话	010-58908586(编辑部) 58908334(邮购部)
编辑邮箱	zhengfadch@126.com
承　　印	保定市中画美凯印刷有限公司
开　　本	720mm×960mm　　1/16
印　　张	14.75
字　　数	230 千字
版　　次	2021 年 5 月第 1 版
印　　次	2021 年 5 月第 1 次印刷
定　　价	59.00 元

主办单位

国家"2011 计划"司法文明协同创新中心

武汉大学法学院

承办单位

武汉大学司法研究中心

丛书编委会

周叶中
武汉大学副校长

理想·国情·建设

　　法学乃公平正义之学，亦经国济世之道。法科研习者，非但要皓首穷经，探究法学之原理、源流、范畴与技术，亦当苦心孤诣，涵养公平正义之气质、经国济世之情怀。法科研习之大义者，正在于：蓄经纶之才学，养浩然之正气，胸怀韬略，足踏实地，以建设性的心态审视现实，以建设者的角色构建未来。故值此《司法文明论坛》创刊之际，我提"理想·国情·建设"六个字，与大家共勉。

　　法学的意义不特在于法律规则之阐释，亦在于理想生活之导向。通过阐释规则来阐释世界，乃法学之皮囊；通过建构规则来构筑理想，则法学之骨髓。习法者，不可以满足于法律规则之阐释，更应着眼于理想生活之导向。因历史多有惯性，生活常存惰性；用法律来导航历史，以规则来引导生活，实为法学之使命，亦法学者之使命。而法律之所以能够导航生活，与其归结于法之强制，毋宁出自于法之正义。强制助产畏惧和怨愤，正义酿生公信与权威。强制的效力源非暴力，实出正义；正如同正义的力量源非强制，实出自社会对于正义的共同体认和信念。法之强制再强大亦不足以威逼社会唯法是从，法之正义虽无形却是导航社会之真正动力。是故，我之所谓理想，实则包含双重含义，一则主张法科研习者当志向远大，着眼未来；二则期望法学者能够形成大致共同的正义观念，树立用良善之法构筑善风良序、导航法治国家之信念。其中前者是动力，后者是目标。

　　理想是对现实的超越，但须以现实为根据。法治建设有其必须遵循的普遍规律，但也须尊重特定的历史条件和社会环境。中国之法治建设既要放眼世界，更须立足国情。法科研习者既要探究法治的一般规律，亦当研究中国的基本国情。长久以来，中国社会存在着两种倾向：一是法治浪漫主义，以为将西方法治理论与模式移植中国，即可以实现法治中国，故主张用西方法治主义的标准来度量中国的法治实践，全然不顾中国的基本国情，对其法治进程中的成就熟视无睹，对其中的问题却夸饰有余。二是以中国特殊的国情为借口，否认在中国建设法治国家之可行性，故拒绝法治改革，迷信道德教化与政治动员在社会改良中的作用。对于中国法治建设而言，这两种倾向都是有害的。唯有将法治的普遍原理与中国的具体国情结合起来，才能够真正推动中国法治建设之进程。是故，我主张欲兴法学教育，必先兴国情教育；欲深入研习法律，必先行深入研习国情。一个优秀的法学研习者，必同时亦是优秀的国情专业人。

国情乃法学研究立足之点，但研究国情绝非法学之真正目的；国情研究，实为法治建设服务。因为法学之精义在于建设。法学研习者当体悟法学之精义，树立建设者之使命感和责任感，养成建设性的心态和心理，直面法治建设过程中的种种问题，积极探寻解决问题的途径与方略。概言之，即所谓经世致用。国人皆知，自先秦以来，经世致用即成中国知识者之传统，学人以"道"诱"势"，以文化改造社会，其情其志，勃然如生。今日之法科研习者，当秉承"经世"之传统，弘扬"致用"之学风。是故，我之所谓"建设"者，用意有二：一是主张学行结合。"学"无定理，"行"有真知。此即古人之所谓"披五岳之图以为知山，不如樵夫之一足；谈沧溟之广以为知海，不如估客之一瞥；疏八珍之谱以为知味，不如庖丁之一啜"。二是主张破立有道。世间万物皆有其道，破之者易，立之者难。市井百态皆有其因，做批评者易，做建设者难。今日之青年学子，不仅要有"破"之勇气，更要有"立"之责任；既要有批判精神，更应具建设性心态。

中国的未来属于青年，属于所有的中国人；建设更加美好的法治中国，有赖于每一个青年人的努力，也有赖于所有中国人的共同努力。让我们每一个法律研习者都认识到自身的历史责任和时代使命，让我们所有的人都行动起来，从点滴做起，为法治中国建设贡献一份智慧和力量。

目 录
Contents

司法研究综述

行政司法专论

论我国司法行政权之横向配置

俞　飚*

内容提要：以司法行政机关的职权调整为视角，我国司法行政权横向配置的历史可以被概括为"大司法行政""法院司法行政""小司法行政"及"司法行政权扩张"四个阶段。从学理分类的角度对其进行梳理后，我们可以发现我国司法行政权之横向配置存在司法权与司法行政事务管理权有所混合、司法裁判执行权被分散配置于不同机关、司法行政机关承接政府法制职权面临阻碍三大问题。相应的完善建议包括将司法权与司法行政事务管理权适度分离，将司法裁判执行权收归司法行政机关行使，以及完善司法行政机关对政府法制职权的承接。

关键词：司法行政权　职权配置　司法行政事务管理权　司法裁判执行权　政府法制职权

引　言

2018 年 1 月，司法部印发《关于加快推进司法行政改革的意见》，将探索优化司法行政职权配置列为推进司法行政改革的主要任务。2019 年 1 月，司法部出台《全面深化司法行政改革纲要（2018-2022 年）》，明确将完善司法行政系统机构职能体系列为当下司法行政改革的主要工作。实际上，自我国开启司法行政体制改革以来，司法行政权的优化配置就一直是改革的主线。[1]对于如何在全面深化司法行政改革的背景下优化配置司法行政权，实务界尚

---

* 作者单位：武汉大学法学院。

〔1〕 参见郝赤勇："我国司法行政制度及其改革发展"，载《中国司法》2011 年第 9 期。

未提供具体方案，理论界的相关讨论也不够充分，故有必要进行相应的探究。司法行政权是一种以管理司法行政事务为主、兼容部分司法权性质的行政权，具有复合性、相对独立性、广泛性、服务性等特点。[1]司法行政权的配置有横向与纵向之分，前者是指其在法院、检察院、公安机关和司法行政机关等不同国家机关之间的配置，后者则是指其在同一机关体系内部不同层级之间的配置。[2]司法行政权的横向配置应当优先于其纵向配置加以考虑，只有当其被合理配置于不同机关时，讨论其在同一机关内部各层级间的配置才有意义。基于此，本文将聚焦我国司法行政权的横向配置，回顾其历史沿革，剖析其现存问题，并提出完善建议，以回应全面深化司法行政改革对优化司法行政权配置的理论需要。

一、我国司法行政权横向配置的历史沿革

自新中国成立以来，随着政治体制和司法体制的变革，我国司法行政权的横向配置也发生着相应的变化。司法行政机关作为司法行政权的重要承担者，其职权调整最能反映我国司法行政权横向配置的流变。[3]根据司法行政机关职权的演变情况，我国司法行政权的横向配置历史可以被划分为四个发展阶段，分别是"大司法行政"阶段（1949年至1951年）、"法院司法行政"阶段（1951年至1959年以及1979年至1982年）、"小司法行政"阶段（1982年至2001年）以及"司法行政职权扩张"阶段（2001年至今）。

（一）"大司法行政"阶段

1949年至1951年，我国司法行政权的横向配置呈现出"大司法行政"的格局。所谓"大司法行政"，是指司法行政机关除管理自身的司法行政事务之外，还全面掌管法院、检察院的司法行政事务。[4]1949年，《中央人民政府组织法》出台，规定政务院设立司法部主持全国司法行政工作，法院、检察署的司法行政工作一律归司法行政机关负责，由此确立了司法审判与司法行政的"分立制"原则。[5]同年，《司法部试行组织条例》颁布，确定了司法

---

〔1〕 参见刘武俊："司法行政权的界说及其合理配置"，载《理论导刊》2003年第9期。

〔2〕 参见朱羿锟、周菊、秦伟："司法行政权配置探微"，载《暨南学报（人文科学与社会科学版）》2004年第2期。

〔3〕 参见郝赤勇："我国司法行政制度及其改革发展"，载《中国司法》2011年第9期。

〔4〕 参见陈瑞华："司法行政机关的职能定位"，载《东方法学》2018年第1期。

〔5〕 参见王公义："我国司法行政体制的历史沿革"，载《中国司法》2004年第1期。

部的 15 项职权，表现出了司法行政机关全面掌管司法行政事务的特点。[1]其后，司法行政机关的职权发生了一定的调整。例如，1950 年 11 月监狱、看守所、劳动改造队由司法部转归公安部领导，以及 1951 年 7 月司法部建立中央政法干部学校开始负责对政法干部的培训等。但是，这些职权调整并未改变"大司法行政"的整体格局。

（二）"法院司法行政"阶段

1951 年 9 月，《人民法院暂行组织条例》和《最高人民检察署暂行组织条例》通过，前者规定法院的司法行政工作由司法行政机关管理，而后者则规定检察机关自行管理自身的司法行政事务。[2]自此，我国司法行政权的横向配置从"大司法行政"阶段向"法院司法行政"阶段转化。所谓"法院司法行政"，是指司法行政机关只管理法院的司法行政工作，不再管理检察院的司法行政工作。[3]1954 年 9 月，随着《宪法》的颁布，《国务院组织法》和《人民法院组织法》相继出台，两者均规定法院的司法行政工作由司法行政机关管理，这标志着我国司法行政权的横向配置正式进入了"法院司法行政"阶段。1955 年 11 月，司法部设立了"法令编纂司"，开始负责行政法律法规的起草工作。1959 年，随着司法部被撤销，各级司法行政机关也随之被撤销，法院司法行政工作转归法院自行管理，司法审判与司法行政由"分立制"转为"合一制"。[4]1979 年，司法部恢复设立，同年通过的《人民法院组织法》规定法院的司法行政工作重归司法行政机关管理，再次表现出了"法院司法行政"的特征，司法审判与司法行政也重新回到了"分立制"之局面。

---

〔1〕 这 15 项职权包括：①厘定司法行政政策；②设置地方法院和检察机关；③司法干部教育训练；④司法干部登记、分配、任免事项；⑤全国诉讼案件种类、数量及社会原因之统计事项；⑥犯人改造羁押机关之设置与管理；⑦司法经费之厘定；⑧司法法令政策之宣传；⑨律师登记与管理；⑩公证管理；⑪各地司法机关有关司法行政事务之询问解答；⑫各地司法机关司法行政事务处分抵触法令或不适宜之撤销与纠正；⑬各地司法机关司法行政之督导与检查；⑭各地司法机关积案之调查；⑮其他属于司法行政的事项。其中有 12 项职权与司法机关的司法行政事务有关。

〔2〕《人民法院暂行组织条例》第 22 条规定："省级人民法院领导并监督所辖区域内各县级人民法院的审判工作，并在上级司法部领导下，掌管全区域的司法行政。"《最高人民检察署暂行组织条例》第 10 条规定："最高人民检察署设人事处，掌管人事工作，处理各级检察署干部及编制问题。"

〔3〕 参见陈瑞华："司法行政机关的职能定位"，载《东方法学》2018 年第 1 期。

〔4〕 参见王公义："我国司法行政体制的历史沿革"，载《中国司法》2004 年第 1 期。

（三）"小司法行政"阶段

1982年，司法部向中央建议将法院的司法行政工作转交法院自行管理，将行政法律法规起草工作交由国务院办公厅法制局承担。随着这两项改革的落实，我国司法行政权的配置从"法院司法行政"阶段过渡到了"小司法行政"阶段。[1]所谓"小司法行政"，是指司法行政机关的职权数量缩减到了历史最低水平。[2]从1982年到2001年，司法行政机关的职权发生了一系列调整：1983年9月，公安部劳改局和劳教局被划归司法部领导，司法部组建了新的监狱管理局和劳教管理局；1987年，司法部成立司法协助局，开始负责国际司法协助工作；1997年最高人民法院设立国家法官学院，1998年最高人民检察院设立国家检察官学院，1999年司法部直属的5所政法院校被划转教育部及有关省市管理，仅剩的直属院校——中央司法警官学院——也于2000年转为普通高校，这意味着司法行政机关对政法教育的管理权基本被取消。总体而言，前述职权调整均未突破"小司法行政"的框架，司法行政机关的职权仍然局限于较小的范围。

（四）"司法行政权扩张"阶段

自2001年以来，随着我国司法体制改革的推进，司法行政机关的职权也不断调整充实，呈现出扩张态势。2001年，统一的司法考试制度建立，司法行政机关开始负责组织国家司法考试。同年，统一的法律援助制度建立，司法行政机关开始管理法律援助工作。2005年，司法鉴定体制改革推进，除了公安机关和检察院内设的鉴定机构之外的其他司法鉴定机构均归属司法行政机关管理。2012年，社区矫正制度建立，司法行政机关开始负责执行非监禁刑。2014年，劳动教养制度被废除，劳动教养场所被改造为强制隔离戒毒所，司法行政机关开始管理强制戒毒机构。2018年，全国人大审议通过了《国务院机构改革方案》，决定重新组建司法部，将国务院法制办公室的职权整合到司法部中。根据《深化党和国家机构改革方案》的规定，重组后司法部的主要职权是"负责有关法律和行政法规草案起草，负责立法协调和备案审查、

---

〔1〕 参见陈瑞华："司法行政机关的职能定位"，载《东方法学》2018年第1期。

〔2〕 根据司法部1982年拟定的《关于司法部的任务和工作机构改革的请示报告》，当时司法部的职权缩减后仅剩八项：①公、检、法、司的干部培训；②法制宣传；③律师工作；④公证工作；⑤人民调解工作；⑥外事工作；⑦理论研究；⑧协管省厅干部。参见王公义："我国司法行政体制的历史沿革"，载《中国司法》2004年第1期。

解释，综合协调行政执法，指导行政复议应诉，负责普法宣传，负责监狱、戒毒、社区矫正管理，负责律师公证和司法鉴定仲裁管理，承担国家司法协助等"。[1]其后，各地方的司法行政机关与本级政府法制机构的整合工作也陆续展开，我国司法行政机关逐步承接了政府法制机构的职权。历经数次机构改革和职权调整之后，我国司法行政机关的职权配置才最终形成了现今的格局。

二、我国司法行政权横向配置的现状与问题

以司法行政机关职权调整为视角管窥我国司法行政权横向配置的历史沿革，不难看出，我国的司法行政权并不专属于司法行政机关，而是被分散配置于不同的机关，呈现出一种分化的状态。[2]为了能够更加清楚、直观地把握我国司法行政权横向配置的现实状况，我们有必要从学理分类的角度对其加以梳理，厘清司法行政权的具体权能及其所属机关。在此基础之上，本文将进一步探究我国司法行政权横向配置存在的问题。

（一）我国司法行政权横向配置的现实状况

在学理上，司法行政权可以根据功能的不同而被区分为两种类型：一是为司法提供保障的司法行政权。由于司法行政最初产生的原因在于为司法提供行政性保障，因而这种司法行政权也被称为"原发的司法行政权"，它又可以被进一步细分为管理司法机关行政事务的、支持司法活动的、执行司法裁判的以及其他保障司法活动的司法行政权。二是提供法律服务、办理法律事务的司法行政权。这种司法行政权是随着社会法治化程度加深、各种法律事务增多而在原发的司法行政权的基础上逐渐发展起来的，因而也被称为"继发的司法行政权"，它又可以被细分为向政府或向社会提供法律服务、办理法律事务的司法行政权。[3]按照这种学理分类方式，结合前文的历史回顾，笔者将我国司法行政权的横向配置现状归结为下列表格：

---

〔1〕 参见中共中央印发的《深化党和国家机构改革方案》。

〔2〕 参见江国华主编：《司法行政学》，武汉大学出版社2017年版，第37~38页。

〔3〕 参见董开军主编：《司法行政学》，中国民主法制出版社2007年版，第23、26~27页。

表1　我国司法行政权的横向配置现状

	具体分类	具体权能	权能归属
司法行政权	**原发的司法行政权** 管理司法机关行政事务	管理法院、检察院的人、财、物	法院、检察院
	支持司法活动	开展司法鉴定、进行司法协助等	司法行政机关
	执行司法裁判	执行刑事裁判	法院、公安机关、司法行政机关
		执行民事、行政裁判	法院
	其他司法行政事务	制定司法政策、组织司法考试等	司法行政机关
	继发的司法行政权 提供政府法律服务、办理政府法律事务	进行行政立法、开展行政复议、参与行政诉讼、提供法律咨询等	司法行政机关
	提供社会法律服务、办理社会法律事务	管理律师、公证、仲裁、法律援助、人民调解，进行法制宣传等	司法行政机关

（二）我国司法行政权横向配置面临的问题

如表1所示，"管理司法机关行政事务"和"执行司法裁判"的司法行政权并未同其他司法行政权一样归属于司法行政机关，而是被分散配置于法院、检察院和公安机关。这就带来了两个问题：一是司法机关自行管理自身的司法行政事务，导致司法权与司法行政事务管理权有所混合，这会对司法活动造成不良影响；[1]二是司法裁判执行权被分散配置于不同的机关，造成了司法资源的浪费以及某些机关自由裁量权的膨胀。此外，"提供政府法律服务、办理政府法律事务"的司法行政权原本归属于政府法制机构，在2018年机构改革之后才被整合到司法行政机关当中。由于这两个机构的职能定位存在差异，因此司法行政机关在承接政府法制机构之职权的过程中面临一定的阻碍。

其一，司法权与司法行政事务管理权有所混合。如前文所述，我国法院、检察院的司法行政事务管理权曾经归属于司法行政机关，后来转由法院、检察院自行管理，这两种权力混合配置的局面自1982年开始一直延续至今。然

---

〔1〕一般而言，司法权有广义与狭义之分，前者包括司法机关的审判权、检察权、侦查权和执行权等，后者则仅指法院的审判权和检察院的检察权。此处所称的"司法权"是指狭义的司法权。

而，司法权和司法行政事务管理权是两种存在明显差异的权力，两者最本质的差别在于前者遵循司法规律，追求独立性与公正性，而后者则遵循行政管理规律，强调层级性和效率性。[1] 这两种差异明显的权力混合在一起，对我国的司法活动至少造成了三个方面的不良影响：①司法低效化。法院、检察院在行使审判权、检察权的同时，还需要负责大量的司法行政工作，诸如干部培训、人事管理、经费管理、物质装备管理等。为此，法院、检察院内部专门配备了大量的司法行政工作人员，这既加重了法院、检察院的工作负担，又削弱和分散了其工作力量，从而降低了司法权整体的运行效率。②司法行政化。较为积极主动的司法行政事务管理权和相对消极中立的司法权被配置于同一机构内部，又缺乏相应的隔离机制，前者很容易对后者造成干预。具体表现为院长、副院长、庭长、副庭长等具有"行政级别"的人员对法官、检察官办理案件的干预。这显然会影响司法权的独立行使，妨碍司法公正。③司法地方化。尽管法院、检察院自行管理自身的人、财、物，但人、财、物的供给实际上是依赖于同级地方政府的，而在同级地方政府的行政级别高于同级地方法院、检察院的情况下，后两者极易受制于地方政府，从而引发司法地方化的问题。[2] 基于此，我国有必要采取相应的举措适度分离司法权与司法行政事务管理权。

其二，司法裁判执行权被分散配置于不同机关。一般而言，司法活动主要是对纠纷、争议进行判断和裁决，因此司法权主要是判断权、裁决权。尽管司法裁判的执行以司法裁判为根据，但是司法裁判执行权并不是司法裁判本身，它应当属于保障司法活动顺利进行的权力，也即属于司法行政权的范畴。[3] 然而，目前我国司法裁判执行权的横向配置不尽合理，主要表现为两个方面：①刑事裁判执行权被分散配置于法院、公安机关和司法行政机关。具体而言，根据我国现行《刑事诉讼法》之规定，法院负责罚金、没收财产和死刑的执行；公安机关负责拘役、剥夺政治权利和交付执行前剩余刑期在3个月以下的刑罚执行；隶属于司法行政机关的监狱承担死刑缓期二年执行、无期徒刑和有期徒刑的执行；基层司法行政机关负责管制、缓刑、假释的执

---

〔1〕 参见徐汉明："论司法权和司法行政事务管理权的分离"，载《中国法学》2015年第4期。

〔2〕 参见李志明："司法行政事务管理权配置：历史沿革、现实困境与发展趋势"，载《甘肃行政学院学报》2017年第1期。

〔3〕 参见江国华主编：《司法行政学》，武汉大学出版社2017年版，第37~38页。

行以及对监外执行罪犯的社区矫正。这种分散的权力配置方式带来了两个问题：一方面，司法审判权与司法裁判执行权有所混合，呈现出法院自己执行自己审理的案件的"自审自执"状态；另一方面，司法侦查权与司法裁判执行权有所混合，呈现出公安机关自己执行自己侦查的案件的"自侦自执"局面。"自审自执"和"自侦自执"可能导致审判机关、公安机关的自由裁量权膨胀，不利于建立国家司法权力系统内部的制约与监督机制，也会造成司法资源的浪费。②民事、行政裁判执行权被配置于法院。根据我国现行《民事诉讼法》和《行政诉讼法》之规定，民事、行政裁判的执行权由法院自身行使，这不仅带来了前述法院"自审自执"的问题，在一定程度上也是当下司法裁判"执行难"的原因。因为法院的执行效率毕竟不如行政机关。早在2014年，"审判权与执行权分离"的改革设想就已经被提出，但最高人民法院的改革方案是在法院内部分离审判机构和执行机构，执行机构又再被细分为执行裁判机构和执行实施机构。然而，多年来的实践表明，这种"内部审执分离"并未真正解决"执行难"的问题，也未能很好地遏制法院"自审自执"所带来的滥用自由裁量权问题。〔1〕综上，当前我国司法裁判执行权的横向配置应当得到调整。

其三，司法行政机关承接政府法制职权面临阻碍。政府法制机构是专门从事政府法制工作的政府内设机构，其职权包括组织行政立法、对法规或规章作备案审查、进行立法协调、审理或参与行政复议案件、参与行政诉讼案件等等，这些职权可以被统称为"政府法制职权"。最新一轮机构改革将政府法制职权整合到司法行政机关当中，其原因一方面在于两机构的行政职能相对接近，都是行政系统内部助力法治政府建设的重要力量，另一方面则在于两机构的行政职能存在交叉，例如两者均提供法律服务、负责法制宣传、组织法治评估等。〔2〕然而，司法行政机关在承接政府法制职权的过程中面临着阻碍，主要表现有二：①职权承接缺乏合法性保障。全国人大于2018年审议通过的《国务院机构改革方案》只提到了"将司法部和国务院法制办公室的职责整合，重新组建司法部"，但并未明确重组后的司法部具体拥有哪些职

---

〔1〕 参见陈瑞华："司法行政体制改革的初步思考"，载《中国法律评论》2017年第3期。

〔2〕 参见黄学贤、李凌云："政府法制机构与原司法行政机关整合：动因、问题及对策"，载《苏州大学学报（法学版）》2019年第2期。

权。这种"笼统授权"的方式可能导致新司法部在相关职责设定上有合法正当性不足之嫌。[1]同时，许多涉及政府法制机构职权的法律条文也没有进行修改，不足以作为司法行政机关行使有关职权的依据。[2]②职权履行面临中立性难题。司法行政机关是政府职能部门，而政府法制机构则是政府内设机构，前者在处理涉及本部门利益的事务时不像后者那样具有中立性。例如，在立法评估方面，当司法行政机关接替政府法制机构负责评估各部门的立法项目时，如果被评估的是司法行政相关立法，那么评估的中立性将难以保证。又如，在执法监督方面，司法行政机关将会自己对自己进行行政执法资格审查、行政执法案卷评查、行政执法人员考核等，监督的实效性不无疑问。再如，在行政复议方面，原先以司法行政机关为被申请人的案件可以由政府法制机构负责审理，但如今这类案件只能在司法行政系统内部解决，司法行政机关存在"自己当自己的法官"之嫌。

三、完善我国司法行政权横向配置的建议

通过前述分析可知，我国司法行政权之横向配置存在的问题主要有三：一是司法权与司法行政事务权管理权有所混合；二是司法裁判执行权被分散配置于不同机关；三是司法行政机关承接政府法制职权面临阻碍。在全面深化司法行政体制改革的背景下对司法行政权进行优化配置，需要重点解决的也正是这三个方面的问题。对此，本文提出三项改革建议：一是实现司法权与司法行政事务管理权的适度分离；二是将司法裁判执行权归由司法行政机关行使；三是完善司法行政机关对政府法制职权的承接。

(一) 将司法权与司法行政事务管理权适度分离

针对司法权与司法行政事务管理权的适度分离，理论界和实务界提出了不同的改革方案，主要可以被归结为以下四种：①外部完全分离模式。该模式的支持者认为，应当将法院、检察院的司法行政事务管理权统一归由司法行政机关行使，法院、检察院仅行使审判权、检察权。[3]②重心上移适度分

---

〔1〕 参见杨建顺："重新组建司法部的重要意义"，载《中国法律：中英文版》2018年第2期。

〔2〕 例如，《法规规章备案条例》第4条第2款规定："国务院部门法制机构，省、自治区、直辖市人民政府和较大的市的人民政府法制机构，具体负责本部门、本地方的规章备案工作。"在该条文未修改的情况下，由司法行政机关行使规章备案职权缺乏合法性依据。

〔3〕 参见孙业群："法院司法行政事务管理权研究"，载《中国司法》2004年第7期。

离模式。该模式又被称为"省级层面适度分离模式"，是 2014 年在上海、广东、湖北等 7 个省市开展的"建立省以下地方法院检察院人财物省级统一管理体制"改革所确立的模式。其核心内容是地方法院、检察院的人事管理由省级党委负责，而经费管理则由省级财政部门负责。〔1〕③内部适度分离模式。该模式是在重心上移适度分离模式的基础上被提出来的，旨在通过建立健全司法机关内部的审判、检察组织体系和司法行政事务组织体系，并实现二者的有效分离，同时完善司法机关内部人员分类体系，减少司法权与司法行政事务管理权的交叉，从而降低后者干预前者的可能性。〔2〕④外部综合分离模式。该模式的支持者主张依托中央政法委员会设立司法委员会，分国家和省两级，统一管理国家及省以下司法机关的人、财、物等司法行政事务。〔3〕目前，关于这几种改革方案的争论仍在持续，理论界和实务界均未达成共识。

对于前述四种改革模式，本文评析如下：①"外部完全分离模式"能够提高司法行政机关的工作效率，但司法行政机关毕竟对司法机关内部事务不熟悉，难以进行管理，并且这种模式也无法解决甚至可能会加剧"司法行政化"和"司法地方化"的问题，故不甚妥当。②"重心上移适度分离模式"对于解决"司法地方化"问题成效显著，但其并未在实质上改变司法机关内部司法权与司法行政事务管理权混合的局面，因而对于解决"司法低效化"和"司法行政化"的问题作用甚微，故仍不妥当。③"内部适度分离模式"能够在司法机关内部较好地实现司法权与司法行政事务管理权的分离，既能提高司法权运行效率，又能解决"司法行政化"的问题，同时在外部将司法机关的人、财、物供给收归省级党委和财政部门管理，有利于缓解"司法地方化"。此外，这种模式已经有了一定的试点经验积累，改革成本较小。④"外部综合分离模式"对于司法权和司法行政事务管理权的分离非常彻底，但其涉及国家权力结构的整体调整，改革成本极大，目前不具有现实可行性。综上，"内部适度分离模式"是当下分离司法权与司法行政事务管理权最为可行的改革方案。

---

〔1〕 参见李志明："司法行政事务管理权配置：历史沿革、现实困境与发展趋势"，载《甘肃行政学院学报》2017 年第 1 期。

〔2〕 参见徐汉明："论司法权和司法行政事务管理权的分离"，载《中国法学》2015 年第 4 期。

〔3〕 参见徐汉明："论司法权和司法行政事务管理权的分离"，载《中国法学》2015 年第 4 期。

（二）将司法裁判执行权归由司法行政机关行使

在司法裁判执行权的配置方面，为了避免法院"自审自执"和公安机关"自侦自执"之弊病，实现国家司法权力系统内部的合理分工和制约监督，改革的总体思路应当是将司法裁判执行权收归司法行政机关统一行使。具体而言，改革可以从两个方面着手：一是建立统一的刑罚执行体系；二是改革民事、行政执行体制。

其一，建立统一的刑罚执行体系。一方面，由公安机关负责执行的刑事处罚（包括拘役、剥夺政治权利、驱逐出境等在内的部分附加刑），都应转由司法行政机关予以执行。具体而言：①对被判处拘役的罪犯，可以放置在监狱内单独执行刑罚；②对被判处剥夺政治权利的罪犯，可以由司法行政机关联络其所在的村庄、街道或社区，以保证这一刑罚的有效执行；③对被判处驱逐出境的外国人、无国籍人，可以由司法部的司法协助部门根据国际条约或互惠原则加以执行。另一方面，由法院负责执行的死刑和罚金、没收财产等刑罚也应当转由司法行政机关予以执行。具体而言：①死刑可以由司法行政机关下属的监狱负责执行，专门在监狱内部设置死刑执行部门和执行设施；②法院判处的罚金刑和没收财产刑也可以由司法行政机关下设的执行部门负责执行，必要时可以采取查封、扣押、划拨、冻结、拍卖、变现等财产性强制执行措施。[1]这种改革能够将刑事裁判执行权收归司法行政机关统一行使，以规避法院"自审自执"和公安机关"自侦自执"之潜在风险。

其二，改革民事、行政执行体制。如前所述，"内部审执分离"并不能很好地解决民事、行政裁判由法院"自审自执"所带来的法院自由裁量权滥用以及"执行难"的问题。因此，笔者建议采取与"内部审执分离"相对的"外部审执分离"的模式，将民事、行政裁判的执行权全部交由司法行政机关统一行使。具体而言，与"内部审执分离"相似，民事、行政案件的办理可以被划分为实体审判、执行裁判、执行实施三个环节，只不过执行实施不再由法院内设的执行机构负责，而是由司法行政机关负责。通过司法行政机关这一行政机关来执行民事、行政裁判将更有助于解决"执行难"的问题，也能够对法院的自由裁量权有所控制。[2]需要注意的是，司法行政机关在执行

---

〔1〕 参见陈瑞华："司法行政体制改革的初步思考"，载《中国法律评论》2017年第3期。

〔2〕 参见陈瑞华："司法行政体制改革的初步思考"，载《中国法律评论》2017年第3期。

司法裁判的过程当中仍然应当受到法院的执行裁判机构的制约与监督。如果在执行实施的过程中发生执行标的变更、执行对象变化或者案外人提出异议等情况，应当立即中止执行活动，将有关事项交由执行法官裁决。如此一来，司法行政机关便能够统一行使民事、行政裁判执行权，这样既可以避免法院"自审自执"，也可以提高司法裁判的执行效率。

（三）完善司法行政机关对政府法制职权的承接

移除司法行政机关承接政府法制职权所面临的阻碍，其关键一方面在于加强司法行政机关承接政府法制职权的法律保障，这需要通过制定或修改相关法律、法规来实现；另一方面则在于解决司法行政机关履行政府法制职权的中立难题，这就需要进行相关的制度设计，使司法行政机关在必要时进行回避。

其一，加强职能整合的合法性保障。一方面，司法行政机关承接政府法制职权需要有明确、具体的法律依据。对此，有学者提出了两种方案：①由司法部在重组后的司法部"三定"规定的基础上，以部门规章的形式制定《司法部组织简则》；②由全国人大授权国务院以行政法规的形式制定《司法行政机关组织管理条例》，作为司法行政机关的职权依据。[1]本文认为，第二种方案更为可取，理由在于司法行政机关承接政府法制职权是全国性的改革，并且涉及司法行政机关与本级政府之间的关系协调，以行政法规作为其法律保障，相比部门规章而言更加能够确保中央和地方的改革工作依法顺利推行。值得注意的是，国务院于2006年曾经出台用以规范公安机关组织管理工作的《公安机关组织管理条例》，该行政法规可以作为制定《司法行政机关组织管理条例》的参考范例。另一方面，涉及政府法制机构职权的法律法规都应当进行修改，以作为司法行政机关行使相关职权的依据。以《法规规章备案条例》为例，该条例第4条第2款规定的"国务院部门法制机构，省、自治区、直辖市人民政府和较大的市的人民政府法制机构，具体负责本部门、本地方的规章备案工作"应当被修改为"司法部，省、自治区、直辖市人民政府和较大的市的人民政府的司法行政部门具体负责本部门、本地方的规章备案工作"。

---

〔1〕 参见黄学贤、李凌云："政府法制机构与原司法行政机关整合：动因、问题及对策"，载《苏州大学学报（法学版）》2019年第2期。

其二，解决职权履行的中立性难题。司法行政机关承接政府法制职权后面临的中立性难题表现为司法行政机关在处理涉及自身利益的事务时可能既当"运动员"又当"裁判员"。对此，可以考虑让司法行政机关在处理关涉自身的事务时进行回避，将相关职权转移给本级政府办公厅行使。这种职权转让之所以可行，理由有三：①政府办公厅属于政府的综合办事机构，具有地位上的中立性和超然性；②政府办公厅和政府法制机构都是政府内设机构，并且曾经有过合署办公的实践经验；③司法行政机关与政府办公厅同属行政系统的职能部门，职权转让并不违反行政组织法原则。[1]就具体制度设计而言，在立法评估方面，司法行政机关仍然负责对各部门的行政立法项目进行评估，但当被评估的是司法行政相关立法项目时，该项目应当被转交给政府办公厅。在执法监督方面，司法行政机关仍然负责监督各政府部门的行政执法行为，但其自身的行政执法资格审核、行政执法案卷评查、行政执法人员考核等工作都应当由政府办公厅开展。在行政复议方面，司法行政机关仍然负责审理行政相对人向本级政府申请的行政复议案件，但当其自身作为被申请人时，应当进行回避并将案件转交政府办公厅审理。

结　论

司法行政制度是为国家法治建设、政府法律事务和司法活动提供服务和保障的重要法律制度，是国家政治制度和司法制度的重要组成部分。[2]我国每一次对司法行政制度进行改革，都会涉及司法行政权的优化配置。[3]在现阶段，我国优化司法行政权之横向配置所面临的主要问题是司法权与司法行政事务管理权有所混合、司法裁判执行权被分散配置于不同机关以及司法行政机关承接政府法制职权面临阻碍。相应的完善建议有三：一是适度分离司法权与司法行政事务管理权；二是将司法裁判执行权集中到司法行政机关；三是完善司法行政机关对政府法制职权的承接。通过这些改革举措，相信我国司法行政权的横向配置将更加趋于优化，进而对于推进全面深化司法行政体制改革，乃至于对推动国家治理体系与治理能力现代化起到重要作用。

---

〔1〕　参见黄学贤、李凌云："政府法制机构与原司法行政机关整合：动因、问题及对策"，载《苏州大学学报（法学版）》2019年第2期。

〔2〕　姜海涛："司法行政制度改革发展40年回顾与展望"，载《中国司法》2020年第8期。

〔3〕　参见郝赤勇："我国司法行政制度及其改革发展"，载《中国司法》2011年第9期。

参考文献

[1] 董开军主编：《司法行政学》，中国民主法制出版社 2007 年版。

[2] 江国华主编：《司法行政学》，武汉大学出版社 2017 年版。

[3] 刘武俊："司法行政权的界说及其合理配置"，载《理论导刊》2003 年第 9 期。

[4] 王公义："我国司法行政体制的历史沿革"，载《中国司法》2004 年第 1 期。

[5] 朱羿锟、周菊、秦伟："司法行政权配置探微"，载《暨南学报（人文科学与社会科学版）》2004 年第 2 期。

[6] 孙业群："法院司法行政事务管理权研究"，载《中国司法》2004 年第 7 期。

[7] 郝赤勇："我国司法行政制度及其改革发展"，载《中国司法》2011 年第 9 期。

[8] 徐汉明："论司法权和司法行政事务管理权的分离"，载《中国法学》2015 年第 4 期。

[9] 李志明："司法行政事务管理权配置：历史沿革、现实困境与发展趋势"，载《甘肃行政学院学报》2017 年第 1 期。

[10] 陈瑞华："司法行政体制改革的初步思考"，载《中国法律评论》2017 年第 3 期。

[11] 陈瑞华："司法行政机关的职能定位"，载《东方法学》2018 年第 1 期。

[12] 杨建顺："重新组建司法部的重要意义"，载《中国法律：中英文版》2018 年第 2 期。

[13] 黄学贤、李凌云："政府法制机构与原司法行政机关整合：动因、问题及对策"，载《苏州大学学报（法学版）》2019 年第 2 期。

[14] 姜海涛："司法行政制度改革发展 40 年回顾与展望"，载《中国司法》2020 年第 8 期。

点 评

　　本文总体上思路清晰，内容丰富，符合专业性、关联性、规范性之要求。简要点评如下：第一，研究司法行政体制改革，应当立足于党和国家机构改革的宏观背景，并将其与司法体制改革相联系，关注各项改革如何协调的问题。第二，对于司法行政体制改革，除了司法行政权的配置，还有很多问题值得思考，比如机构改革与权力整合问题、行政立法问题、地方法规规章备案审查问题、监狱管理问题等。第三，分析司法行政权的配置，应当考虑以下问题：该权力由谁来配置？是宪法保留还是法律保留？目前通过行政法规或者改革纲要来分配司法行政权是否正当？此外，司法行政权的配置涉及国家权力配置的原则，如权力功能适当、权力行使便宜、权力行使高效、权力相互制约等等。第四，司法裁判执行难有很多方面的原因，并不完全是因为被执行人拒绝执行，还可能存在无财产可执行、权利人自己疏忽等情况，因此解决执行难问题要通盘考虑、多措并举，例如建立执行救助资金、完善商业保险、健全联合惩戒制度等。第五，对于刑罚执行权能否统一收归监狱行使的问题，不同的刑罚措施存在较大的差异，有分开管理的必要。批判现有制度首先要对其有充分的了解，在此基础之上才能进行合理的分析。

（点评人：武汉大学法学院讲师　彭超）

行政机关负责人出庭应诉制度论析

张　娜[*]

内容提要：行政机关负责人出庭应诉制度是法治政府建设的风向标，具有重大的符号价值和深远的象征意义，不仅有助于行政纠纷的实质性解决，也是政府自身建设的重要抓手。虽然此项制度的规范体系日臻完善，但相关规定仍较为原则，配套机制亦尚未建立，以致制度运行一度陷入形式化、运动化、庸俗化等旋涡。对此，本文建议通过细化行政机关负责人出庭应诉的责任标准，完善不作为的责任追究机制；建立健全行政机关负责人出庭应诉的监督考核与表现评价机制；健全行政机关应诉情况的社会公开机制等途径，以实现行政机关负责人出庭应诉制度由"出庭"到"出声"再到"出彩"的进阶转变。

关键词：行政机关负责人　出庭应诉　法治政府建设

引　言

2020年6月22日，最高人民法院发布《最高人民法院关于行政机关负责人出庭应诉若干问题的规定》（以下简称《负责人出庭应诉规定》），这部于法治政府基本建成收官之年发布的司法解释进一步巩固了行政机关负责人出庭应诉制度的法治基础，有利于促进行政争议的实质性化解，推动严格执法、公正审判迈上新台阶。行政机关负责人出庭应诉在地方实践之初就被赋予了多重功能期待，从地方法治实践上升为国家法律规定的制度演变进程也的确在很大程度上实现了预防与化解行政争议、推动建设法治政府、优化行政审

---

* 作者单位：武汉大学法学院。

判司法环境等预设功能。但必须承认的是，此项制度的运行质效依旧受制于根深蒂固的官本位思想，诸多方面不尽如人意，这也正是本文拟探讨的重要方面，希望借此推导、总结出行政机关负责人出庭应诉制度的完善路径。

一、行政机关负责人出庭应诉制度的法治化历程

回顾行政机关负责人出庭应诉制度的构建进程，党中央、国务院对此项工作的高度重视可见一斑。以时间轴为观察坐标，此项制度的大事记主要有以下几项：2014年10月，《中共中央关于全面推进依法治国若干重大问题的决定》明确提出，要"健全行政机关依法出庭应诉、支持法院受理行政案件、尊重并执行法院生效裁判的制度"。2014年11月修改的《行政诉讼法》增加规定"被诉行政机关负责人应当出庭应诉。不能出庭的，应当委托行政机关相应的工作人员出庭"。（第3条第3款），从而将行政机关负责人出庭应诉纳入了行政诉讼法律规范的框架体系，奠定了此项制度的成文法基础。此后，国务院也紧锣密鼓地发布了《关于加强和改进行政应诉工作的意见》，最高人民法院也在《最高人民法院关于适用〈中华人民共和国行政诉讼法〉的解释》中专设"行政机关负责人出庭应诉"板块，进一步体现出了"修法者在解决行政审判难问题上的中国智慧"。[1] 再往后发展，便是文首提到的《负责人出庭应诉规定》的出台。

对于行政机关负责人出庭应诉制度，学界普遍认为其体现了"社会矛盾化解和社会管理创新的大智慧"，集"实践智慧、本土经验和中国特色"于一身，[2] 其理论依据在于：此项制度在规范文本上从"无"到"有"、从"有"到"优"的可视事实，实际上根源于其背后政治、经济、文化、社会背景的无形支撑。换言之，正是丰富且活跃的地方实践，引发并推进了此项制度自下而上、由边缘到中心的演进过程。具体来说，行政机关负责人出庭应诉制度萌芽于20世纪90年代的三个事件：具有开创性意义的是1996年浙江省平阳县人民政府发布的《行政首长出庭应诉工作暂行办法》；司法领域的开创之举是1998年陕西省合阳县人民法院向县委、县政府提交的行政机关负责人出

---

〔1〕 章志远："行政机关负责人出庭应诉制度的法治意义解读"，载《中国法律评论》2014年第4期。

〔2〕 顾双彦、李店标："行政机关负责人出庭应诉与法治政府建设"，载《黑龙江社会科学》2020年第2期。

庭应诉的司法建议；第三个标志性事件则是 1999 年陕西省合阳县人民政府和人民法院联合下发的《关于"贯彻行政首长出庭应诉制度"的实施意见》。[1]进入 21 世纪以后，此项制度在我国可谓遍地开花。据学者的不完全统计：至 2014 年 11 月 1 日《行政诉讼法》通过之日，全国各地共颁布了 230 多个有关行政机关负责人出庭应诉问题的规范性文件。[2]

当然，行政机关负责人出庭应诉制度由地方法治实践上升为国家法律规定之路并非一帆风顺，典型表现即是 2014 年《行政诉讼法》的修法波折。当时，全国人大常委会法工委起草的一审稿持保守谨慎态度，并未将"行政机关负责人出庭"相关表述放入草案中；而二审稿中虽有相关表述，却饱受学者质疑，以致全国人大常委会主持修改相关条款，最终成型于三审稿。然而，由于行政机关负责人出庭应诉行为本身具有强烈的象征意义，承载了公众在"民告官"等朴素正义观基础之上的道德期待，是故，此项制度在立法与实践中始终面临着"立法过于原则难以操作""权责分配模糊"等指摘。这也是直至 2020 年最高人民法院仍在推出专门的司法解释对此项制度予以详细规范的重要原因。

二、行政机关负责人出庭应诉制度的功能预设与法理质疑

（一）行政机关负责人出庭应诉制度的功能预设

行政机关负责人出庭应诉制度所体现的浓郁实践智慧和中国特色，使其成为优化行政审判外部环境的新模式。其也因此被学者们誉为"执政为民的试金石""法治政府建设的风向标""政府自身建设的好抓手"。[3]其承载的功能预期，概言之，表现为预防和化解行政争议、提升依法行政能力以及优化行政审判司法环境三个方面。[4]

---

〔1〕顾双彦、李店标："行政机关负责人出庭应诉与法治政府建设"，载《黑龙江社会科学》2020 年第 2 期。

〔2〕庞忠："关于被诉行政机关负责人出庭应诉情况的调研报告——以新行政诉讼法第三条第三款的实施为背景"，载 http://ylszy. chinacourt. org/article/de-tail/2015/12/id/1765238. shtml.

〔3〕参见江必新："积极推进行政机关负责人行政诉讼出庭应诉工作"，载《人民法院报》2011 年 7 月 23 日。

〔4〕据学者统计，关于前两大目的的条文有 107 条，占 92.3%，且多同时出现；关于行政审判环境优化为规范目的的条文有 13 条，占 13.5%。此外，还存在少量文本规定以强化对行政行为的司法监督为目的，如《上海市金山区行政机关负责人行政诉讼出庭应诉和旁听审理实施办法》。参见喻少如："功能主义视阈下的行政机关负责人出庭应诉制度"，载《法学评论》2016 年第 5 期。

行政机关负责人出庭应诉制度之所以承载着如此意义重大的功能预期，根源于其由地方法治实践上升为国家法律规定背后的法治逻辑：其一，此项制度契合了依法行政、国家治理体系和治理能力现代化等法治理念。为行政机关负责人设置出庭应诉的作为义务，倒逼拥有行政决断权的负责人从组织指挥、事项决策、命令监督的幕后走向诉讼对抗、争议协调、共识凝练的台前，完成如此身份转化的成本则是法律知识、法治思维需求的增长与重视。[1] 其二，行政诉讼借由引进这一新制度，为传统封闭对抗型行政诉讼模式提供了一个新的出口，使之朝着开放合作的方向转换。

笔者认为，对于行政机关负责人出庭应诉制度的功能预设，还可以从以下四个角度解读：纠纷解决的技术功能；意义传达的符号价值；倒逼依法行政；贯彻首长负责制。具体来说：

1. 具有重大的符号价值和深远的象征意义

行政机关负责人出庭应诉制度的实质精神并不在于定分止争（这不足以成为其区别于调解制度的特质），而在于其内含的对中国传统政治文化中民本思想的传承，在当前的文化背景下，体现为其在弘扬法治精神上的价值意蕴。行政机关负责人与其他行政机关工作人员的最大区别无疑是行政机关负责人这一身份所具有的象征意义。若借用国家法人理论，将整个国家或者每个国家机关视为一个法人，则行政机关负责人的行动和态度就将被视为整个法人机关的行动和态度，行政机关负责人出庭应诉意味着整个行政机关站在了直面行政执法问题、担当法律责任、维护司法权威的第一线，这对于弘扬法治精神、营造法治氛围而言无疑具有风向标意义。

2. 促进行政争议的实质解决，产生个案效应

行政机关负责人出庭直接体现了行政机关对案件的高度重视，这于原告而言首先是心理上的受尊重感和满足感。此外，"行政首长出庭，通过面对面的方式进行交流，行政相对人可将自己的诉求直接告知行政首长，有利于现场沟通问题的症结点，并对纠纷做出实质意义上的及时处理"。[2]官民在审判庭上的正面交锋有利于原告表达诉求、被告倾听民意，从而达成双方合

---

〔1〕 喻少如："功能主义视阈下的行政机关负责人出庭应诉制度"，载《法学评论》2016 年第 5 期。

〔2〕 胡晓玲："行政首长出庭应诉制之价值意蕴及其技术性改良设计"，载《中北大学学报（社会科学版）》2016 年第 5 期。

意。如此，当事人之间的行政争议将有望通过判决的高效执行而得到实质性化解。

3. 增强依法行政能力，树立责任政府形象

行政机关负责人出庭应诉对于提高执法水平无疑具有强大的倒逼作用。就个案而言，其能够促使以行政机关负责人为中心的相关行政工作人员充分了解案情，主动检视执法过程中存在的问题。更重要的是，这种行政机关被诉以及负责人出庭应诉的可能性的存在，无形中敦促和警示着行政机关秉公执法，正视并保护公民的合法权益，最终建成责任政府。

4. 贯彻首长负责制，督促行政机关负责人履职

根据我国《宪法》第86条和第105条之规定，我国的各级行政系统内部均实行首长负责制。[1]因此，从理论上看，行政机关负责人被天然地当成行政行为的"知情者""决断者""责任者"，无论行政机关作出何等违法行为，最终都可归咎至行政机关负责人身上。所以就自然衍生出了行政机关负责人代表本机关出庭应诉、配合解决行政争议这一道德和法定义务了。

（二）行政机关负责人出庭应诉制度的法理质疑

行政机关负责人出庭应诉制度在制度设计之初便蕴含着很强的实用主义色彩，目的导向明确，旨在服务于转型社会的实践发展。然而仍存在一定的不合理之处，进入正式法律文本并不意味着理论研究使命的完成。此项制度实效性再强，也不能完全消释制度本身可能存在的法理疏漏，而正当性存疑的不良后果就是实践运作缺乏坚实的理论支撑，以致该项制度缺乏确保长远发展的基础。

行政机关负责人出庭应诉制度面临的首要质疑就是应诉行为是否在司法审查的权限之内，若否，则强制负责人出庭即是义务的不合理施加，构成司法权对行政权的不当限制。对此，笔者的思考进路是：

第一，出庭应诉原则上属于诉讼中被告一方的权利，而非义务。因为义务的履行意味着不利法律后果的避免，而应诉行为显然不必然带来行政机关的胜诉判决。行政机关是否负有义务，取决于法院的裁判结果，而非行政机

---

[1] 我国《宪法》第86条第2款规定："国务院实行总理负责制。各部、各委员会实行部长、主任负责制。"第105条第2款规定："地方各级人民政府实行省长、市长、县长、区长、乡长、镇长负责制。"

关的应诉行为。质言之，行政诉讼法原则上强制行政机关负责人出庭，有违权利的自由处分原则，是义务的不当施加。当然，在法律明文规定行政机关负责人"应当"出庭的情形下，[1]行政机关负责人出庭就应当是一项义务而非权利。

第二，司法权在定分止争的过程中应当保持自身的被动、中立等谦抑本性，居中裁断，不能厚此薄彼。而行政诉讼法的诸多规定则显示出了理论上的悖论与无奈。具体表现为：一方面，立法倾向于便民利民、施予行政机关更多义务，体现着法治的进步；另一方面，这种权利义务分配的厚此薄彼，又违反了诉讼法中当事人地位的平等、权利义务的对等的理论。具体到行政机关负责人出庭应诉制度，在出庭应诉只是"可以"而非"应当"的情形下，法院至多只能建议、倡导，而不能强制出庭，否则即违背了司法中立原则。

第三，"任何一种制度的功能都是有限的，如果不顾及事物的性质，不按照事物固有的功能进行制度设计，必将因违背社会规律而受到制裁。因此，三权在配合与制衡的过程中，均有其界限，不能僭越"。[2]在我国，司法审查的范围仅限于行政行为的合法性以及特定情形下的合理性，而行政机关作出的不产生外部法律效力的行为，亦即内部行政行为不属于人民法院行政诉讼的受案范围。就行政机关做被告的情形而言，由于其无论是选派何种级别的工作人员出庭（是选派行政机关负责人抑或普通工作人员），都不会影响行政机关对诉讼结果的承受。因此，被告选派出庭人员属于行政机关的内部管理事项，法院对此不宜干涉，否则即侵犯了行政机关的自治领域。然而，在行政机关负责人出庭应诉行为之象征意义的统摄下，出庭人员的选派在很多时候介入了司法干预的因素，而不再是可以由行政机关内部自主决定的事项，这在法理正当性上存疑。

第四，回到前文一直强调的此项制度的实效性，因为在试验地区行之有效就推而广之，进而上升到法律层面，肯定其是一项好制度，这是明显的由

---

〔1〕 例如《负责人出庭应诉规定》第4条所规定的，"对于涉及食品药品安全、生态环境和资源保护、公共卫生安全等重大公共利益，社会高度关注或者可能引发群体性事件等的案件，人民法院应当通知行政机关负责人出庭应诉。"

〔2〕 田勇军：《行政诉讼法》中'被诉行政机关负责人应当出庭应诉'之理论分析"，载《西部法学评论》2015年第6期。

果推因的思维——以结果的好坏来评判制度的合理与否——不符合检验司法制度的规则。司法制度是公民权利保障的最后一道屏障，其追求的是公平和正义而非简单的"及时、有效"地化解行政争议，这要求制度设计者拥有相当程度的全局观，要求相关的顶层设计具备理论上的自洽性，而绝不能是一厢情愿的假设和试点效果的放大。另外，即便《行政诉讼法》第3条已经原则上强制被诉行政机关负责人出庭应诉，并且2015年4月发布的《最高人民法院关于适用〈中华人民共和国行政诉讼法〉若干问题的解释》第5条还对"行政机关负责人"做了"包括行政机关的正职和副职负责人"的说明，也并不能保障行政机关负责人出庭应诉在日后长时间内仍能保持今天的这种"及时、有效"。

第五，针对部分支持者所声称的"行政机关负责人应诉制度有利于贯彻首长负责制"，这显然是想当然的推论。理由在于首长负责制不等于事必躬亲，而且即便行政机关负责人是行政行为的"知情者""决断者""责任者"，这与行政负责人出庭应诉也没有必然的因果关系。况且，实践中机关负责人还并不一定是涉诉行政行为的知情者、决断者，其充其量只是下级汇报的倾听者而非执法一线的亲历者。再者，首长负责制中的责任更多的是指涉政治责任，而非强制出庭应诉的司法义务。另外，负责人就一定是涉诉行政行为的决断者吗？我国行政机关内部决策实行的是民主集中制，是民主下的集中，是众人出谋划策、行政机关负责人最后拍板，而不是单纯的一言堂。因此，以"行政机关负责人是行政行为的决断者"为由强制负责人出庭在理论上略显牵强。

综上，笔者对行政机关负责人出庭应诉制度的功能预设及功能实现之不能持审慎与辩证态度。制度的新生必然伴随着许多功能期待，而制度的行稳致远必然离不开制度运行过程中的不断调试，这是一个"平衡—失衡—再平衡"的循环演进过程，也是行政机关负责人出庭应诉制度保持生命力的不二法门。

三、行政机关负责人出庭应诉制度的实证考察

虽然前文指出了行政机关负责人出庭应诉制度面临的诸多理论质疑，但在当下中国社会转型的制度背景下，实用主义和功能主义尚有很大的应用空间，因此理论上的求全责备未必能成为法治发展的最优选择。相反，基于实

效性的考虑而作出的制度选择或许才是最明智的权宜之计。质言之，在行政诉讼法已经明文规定行政机关负责人出庭应诉的前提下，理论研究的重点也应有所转移，应当从着重批判质疑，转向承认现实以及解决制度发展面临的问题。

于此项制度而言，在 2020 年《负责人出庭应诉规定》公布以前，适用于全国的规范依据主要有二：一是《行政诉讼法》第 3 条第 3 款；[1]二是 2018 年《最高人民法院关于适用〈中华人民共和国行政诉讼法〉的解释》第 128 条。[2]在此项制度已经获得理论与实务界的广泛关注的情况下，上述规定对于制度的有效运行无疑力有不逮，主要表现为：

首先，单从法律文本的字面表述来看就面临以下困惑：①"被诉行政机关负责人""行政机关相应的工作人员"等概念缺乏较为清晰的界定，如到底是指行政机关最高负责人还是分管负责人？是具体的行政执法人员还是负责法规工作的人员？②哪些案件需要行政机关负责人出庭？换言之，"应当"出庭之"应当"的标准或条件怎么明确？③许多地方设置了出庭率，如果承认这一做法，那么出庭率规定为多少较为合理？由谁来确定最为合适，是行政机关还是法院？④"不能出庭"的情形包括哪些？谁有权判定是否属于"不能出庭"的情形？⑤行政机关负责人该出庭而不出庭时，会受到处分吗？是党纪处分还是行政处分，抑或是更严厉的法律责任？谁有权处分？可否直接处分违法者，或是须依靠行政机关？在 2020 年《负责人出庭应诉规定》公布以前，类似困境还有不少，下文拟选取各地制度实施中普遍存在的几大问题予以分析。

（一）制度设计与制度运行形式化

无论何种设计良好的制度，都最怕在实际执行过程中陷入形式化、走过场的漩涡。作为后起之秀的行政机关负责人出庭应诉制度在很多地方也暴露了这一弊端，主要包括文本规定与出庭实践两个方面：[3]

---

〔1〕《行政诉讼法》第 3 条第 3 款规定："被诉行政机关负责人应当出庭应诉。不能出庭的，应当委托行政机关相应的工作人员出庭。"

〔2〕 2018 年《最高人民法院关于适用〈中华人民共和国行政诉讼法〉的解释》第 128 条："行政诉讼法第三条第三款规定的'行政机关负责人'，包括行政机关的正职、副职负责人以及其他参与分管的负责人。机关负责人出庭应诉的，可以另行委托一至二名诉讼代理人。行政机关负责人不能出庭的，应当委托行政机关相应的工作人员出庭，不得仅委托律师出庭。"

〔3〕 章志远："行政诉讼中的行政首长出庭应诉制度研究"，载《法学杂志》2013 年第 3 期。

首先，在文本规定上，各地蜂拥出台规范性文件以细化此项制度，然而比较之下可以发现规则之间存在的"雷同"或"抄袭"现象。例如，普遍规定"本年度第一件被诉行政诉讼案件""社会影响重大、对单位执法活动有影响的行政诉讼案件"属于行政机关负责人必须出庭的案件。然而，很少有文件会阐明年度首个被诉案件必须由行政机关负责人出庭的法理何在，也未见有文件明确界定"社会影响重大""对单位执法活动有影响"等模糊概念。此等盲目借鉴的地方立法行为对于司法实践而言，非但没有很高的可操作性，有时反倒会因各方理解不一而产生新的争议（例如，原告认为该案属于行政机关负责人必须出庭的案件，而行政机关则予以否认）。

其次，就制度实践而言，普遍存在的指标式考核使得此项制度几乎沦为"数字工程""政绩工程""形象工程"。由于存在前述的地方规范性文件相互之间盲目借鉴的情况，各地规定中普遍存在量化考核条款，即强行制定各种严格量化的数字指标，规定了行政机关负责人每年出庭的次数要求或比例控制。虽然此等设计的初衷在于督促行政机关负责人认真履职，但实践中却经常异化为极具功利色彩的"晒单行为"，将"出庭应诉率"机械地等同于"出庭应诉"本身。对数字的片面追求直接掩盖了此项制度的真实目的——实质性解决纠纷、倒逼依法行政。

（二）审判模式和审判结果深受"官本位"思想影响

无论行政机关负责人出庭应诉制度承载了多少功能期待，其始终未能逃脱行政诉讼制度设计的本质与核心：保证公正审判、及时解决行政争议，进而维护相对人的合法权益，监督行政机关依法行使职权。然而，此项制度的实际运行模式有时却背离了立法初衷，表现为审判模式和审判结果深受"官本位"思想影响。

首先，在审判模式上，一是存在场景布置和庭审地点上的异象，二是存在审判长级别对等的异象。就前者而言，许多地方法院一改传统的"法台式"场景布置，转而仿行山东德州法院推行的行政案件"圆桌审判"模式。且不说这种做法是否能够达到"构建拉近官民距离、平等对话交流和协调化解矛盾的平台"的原初目的，其在形式上就是有违行政诉讼理念的——行政诉讼法原则上禁止行政案件以调解结案，而圆桌式的审判形式恰恰营造了类似于调解与和解的舒缓氛围，这对于维护法庭审判的严肃性以及审判结果的公正性而言并不有利。毕竟，行政相对人与行政机关的矛盾缘起于尖锐的行政争议，理当得到"法台式"的严肃审判，而不是"有事好商量"式的相互妥协。另外，庭审地点的选择也有失妥当，部分地方法院采取了"庭审进机关"的做法，即到被诉行政机关的场所内开庭。这并不是简单的地点选择的问题，而是有着深刻的隐喻，极易让行政相对人和社会公众误解为法院的态度向行政机关倾斜，有损判决的可信度和司法尊严。就后者而言，实践中不少法院默示了行政审判庭采取的"行政机关负责人与审判长层级对等"的做法，也就是对于行政机关负责人亲自出庭的案件，法院方面往往安排院长或副院长（至少也是行政庭长）亲自担任审判长。另外，也有些地方法院采取了行政机关负责人不来就不开庭的措施，从反面来看，这无疑强化了人民心中"一把手"的重要性。这无疑会招致民众诟病，对行政机关负责人出庭应诉制度的运行效果和社会效应而言其负面作用显而易见。

其次，在审判结果上，虽然行政诉讼法规定调解仅适用于少数特例，但从学者们的统计数据上看，行政机关负责人出庭应诉的案件即便是以判决形式结案的，原告胜诉的比例也极低。虽然不敢断言这个结果将全国所有案件都纳入了统计和评估范围，但至少也反映出了制度运行本身存在的问题。很难不让人心生疑问：畸高的和解率与畸低的原告胜诉率之间的强烈反差是否与行政机关负责人出庭应诉存在直接关联？是事实使然，原告诉求得不到法律的充分支持，还是因行政机关负责人的存在而影响了判决结果？其间是否存在着行政机关负责人的选择性出庭（选择胜诉率高的案件出庭）？

（三）应出庭而未出庭的程序规制尚未构建

在各个有关此项制度的法律文本中，几乎均有"被诉行政机关负责人应当出庭应诉。不能出庭的，应当委托行政机关相应的工作人员出庭"这一类表述。后一句话虽然是考量各种现实因素（例如，行政机关负责人公务繁忙，实在无暇兼顾）后的结果，但却隐藏着制度漏洞。故需要构建一套尽可能完备的程序来加以规制，避免该项规定沦为行政机关负责人拒绝出庭的借口。虽然这几乎成了理论界的共识，但从各地五花八门的规定来看，我国对于这一问题未能达成统一。例如，有的规定行政机关负责人应当出庭应诉而不能出庭的，应当报经同级人民政府或上一级人民政府同意；或者应向同级人民政府法制机构书面说明情况；或者仅仅报同级人民政府同意。有的则规定行政机关负责人应当出庭应诉而不能出庭的，应向审判机关书面说明理由；或者应当向人民法院说明情况；或者应事先向人民法院作出说明，经人民法院

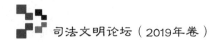

同意。[1]面对各地规范性文件的"自立门户"，我国亟须构建一套全国统一的程序规则，以宏观把握制度的运行状态与运行效果。

四、行政机关负责人出庭应诉制度的进阶路径

在法治政府建设过程中，行政机关负责人扮演着头雁角色，其积极出庭应诉的行为可以收获良好的示范效应，表征整个行政机关应当恪守的原则与立场。针对制度运行中存在的"告官不见官""出庭不出声""出声不出彩"等现实问题，行政机关负责人要充分发挥头雁效应，主动应诉、积极发声、努力出彩，进而带头完成从不出庭到"出庭—出声—出彩"的进阶转变，彰显法治国家、法治政府、法治社会建设过程中的制度力量和人文关怀。[2]

（一）制度进阶的总体思路

心的志向决定脚的方向，行政机关负责人作为制度建立健全的核心角色，其思想观念的法治化程度深刻影响着制度运行实效。因此，只有行政机关负责人将法治观念内化于心、外化于行，信仰法治、坚守法治、践行法治，此项制度才能真正成为法治政府建设的引导力和推动力。要想实现"出庭—出声—出彩"的进阶转变，我们必须遵循以下总体思路：

首先，应克服"出庭无用论"的错误思想，完成由"告官不见官"向"出庭"的最低进阶转变。如前所述，虽然法治政府、服务政府建设已经取得了长足进步，但同样不能否认的是，官本位思想依旧在不少领导干部心中根深蒂固。这种传统思想渗透在司法实践中表现为行政机关负责人不能完全理解行政机关负责人出庭应诉制度的设计理念和运行规则，进而未能引起足够重视，导致出庭率过低。对此，行政机关必须首先完成从"告官不见官"向"主动出庭"的进阶转变，通过将出庭作为加强社会管理的基本方式来向公众展现其通过行政诉讼用法治方式解决行政纠纷的诚意与决心。

其次，应摒弃"出庭形式论"的消极思想，实现由"出庭"到"出声"的二次进阶转变。由于行政机关负责人出庭应诉制度旨在推动行政争议的实质性化解和行政执法水平的提升，因此行政机关负责人的"介入感"和"参与感"尤为重要。如果行政机关负责人出庭但不出声、应诉但不应答，其对

---

〔1〕 详见黄学贤："行政首长出庭应诉的机理分析与机制构建"，载《法治研究》2012年第10期。

〔2〕 参见钟垂林："行政机关负责人出庭应诉的三个进阶"，载《人民法院报》2019年4月9日。

前述制度目标的达成无疑会造成极为负面的影响，甚至会使出庭应诉制度沦为摆设。[1] 随着制度规范的不断健全，行政机关负责人出庭应诉的比率有所上升，但与此同时，"出庭不出声"又引发了新的制度运行忧虑。究其原因，既可能源于负责人存在不了解涉诉行政事务、不熟悉诉讼流程的"本领恐慌"，又可能归因于负责人对委托律师的过分依赖。对此，应当再次强调行政机关负责人对"出庭应诉"制度的全面遵循，既要"出庭"，又要"应诉"；既要站在行政机关的立场向法庭和相对人详细阐明案件的事实问题、法律问题和程序适用问题，让他们知悉当初作出该涉诉行政行为的事实和法律依据，又要在庭审后就案件暴露的行政管理缺陷向所在机关发声，督促执法人员切实、依法履行职责。

最后，应改造"出声过场论"的呆板模样，完成由"出声"向"出彩"的最后进阶转变。在行政审判程序中，行政机关负责人并非提线木偶，也不应做单纯的符号象征，而是应该积极发挥自身作用，实实在在地参与和推进诉讼进程，进而依法影响审判结果。行政机关负责人要完成出庭应诉的角色转变，必须要将法治思维和法治方式贯彻于庭前、庭中、庭后发生的各项活动，以此来提升履职效果。[2] 庭前，行政机关负责人要为出庭应诉做足功课，通过询问现场执法人员、查阅相关法律规定等方式预判据以作出涉诉行政行为的事实证据是否符合法律规定、执法程序是否实现程序正义，从而取得心理预期；庭中，要主动行使法定的辩论权，积极回应行政相对人关于行政决定之事实认定、法律和程序适用方面的质疑，尤其是要注重在法庭辩论阶段从事实和法律的双重角度就焦点问题发表意见；庭后，要积极配合法院推动调解，向行政相对人诚恳承认执法错误，就行政管理中存在的普遍问题向单位反馈，推动行政裁判文书、调解书的执行，促进行政争议的实质化解，倒逼行政执法体制改革。

（二）制度进阶的具体设计

1. 细化责任标准和不作为的责任追究机制

要转变"告官不见官"的局面、提升行政机关负责人出庭应诉的积极性，

---

[1] 黄永维、梁凤云、章文英："《最高人民法院关于行政机关负责人出庭应诉若干问题的规定》的理解与适用"，载《人民法院报》2020年6月25日。

[2] 参见钟垂林："行政机关负责人出庭应诉的三个进阶"，载《人民法院报》2019年4月9日。

就必须在制度上缩小出庭与否的裁量空间，必须进一步明确必须出庭的案件类型、明确不出庭的正当理由的范围、设置最低出庭率、建立出庭应诉通报机制、完善不出庭应诉的追责体系等，以全方位督促行政机关负责人依法履职、配合司法程序，推动行政争议的实质性解决。

对于行政机关负责人出庭应诉的案件适用范围，《负责人出庭应诉规定》第4条作出了较为详细的规定，尤其是区分了"应当"出庭与"可以"出庭的不同情形。[1]对此，需要特别注意的是，制度运行质效必须以问责机制作为托底和保障，完善行政机关负责人不依法出庭应诉的责任追究制度是保障制度目的的实现的题中应有之义。因此，我们可以根据追责主体的不同，考虑以下三种路径：

其一，司法机关追责。应当赋予原告申请行政机关负责人出庭的权利，再由案件主审法官裁定是否准予申请。换言之，将行政机关负责人应否出庭的决定权交给法院。对于法院裁定应当出庭而行政机关负责人拒不出庭的，法院可以发出必须出庭的通知。对于仍不履行的，法院可以依法采取相关措施。

其二，上级行政机关追责。鉴于行政系统特有的等级秩序，可以考虑赋予行政机关的上级或者同级监察机关针对怠于出庭行为的处分权，由其依据相关规定对行政机关及其负责人进行行政处分。[2]同时，也要探索将出庭率纳入绩效考核范围等多种路径，倒逼行政机关负责人依法出庭履职。

其三，立法机关追责。要积极发挥立法机关对行政的监督作用，对于情节恶劣的拒不出庭行为，可以考虑由同级人大及其常委会追究其责任。

2. 建立健全监督考核与表现评价机制

在依旧以政绩为职位升降之主要标准的当下中国，将政绩与监督考核机制挂钩，能够有效推动诸多良好制度的落地落实与发挥实效，行政机关负责人出庭应诉制度概莫能外。为了避免制度运行流于形式，应当加强对出庭情

---

[1] 依据最新发布的《负责人出庭应诉规定》第4条，当案件涉及食品药品安全、生态环境和资源保护、公共卫生安全等重大公共利益，社会高度关注或者可能引发群体性事件时，行政机关负责人负有出庭应诉义务；当被诉行政行为涉及公民、法人或者其他组织重大人身、财产权益，或者属于行政公益诉讼，或者是被诉行政机关的上级机关规范性文件要求行政机关负责人出庭应诉等情形，法院"可以"通知行政机关负责人出庭应诉。

[2] 参见谢翀："行政首长出庭应诉的现实困境和制度建构"，载《福建行政学院学报》2016年第6期。

况的监督考核与表现评价；要深刻把握"热炉效应"，[1]及时惩处那些拒不履行出庭义务的行政机关负责人。同时，要将应诉率、胜诉率、调解率及其对相关规范性文件的执行情况纳入年度考核范围；还可以探索建立行政相对人和庭审法官对负责人庭上表现的评价机制，以便行政机关对自身执法能力进行合理评估。

3. 健全行政机关应诉情况的社会公开机制

"阳光是最好的防腐剂"，机制公开是最好的监督利器。类似于一般行政案件，整个庭审过程包含出庭应诉、举证质证、答辩等多个流程，应当将行政机关负责人在各个环节的具体表现通过公开机制告知社会，以推动外部力量对行政与审判活动的监督。而此处提及的公开机制，存在多元化的表现形式，可以是裁判文书上网、法院的审判白皮书、法院工作报告，也可以是新闻媒体监督、地方党委或人大专题汇报会等；公开的内容，应当聚焦于出庭率、庭审表现和答辩、举证情况；也要建立与政府法制机构的定期沟通机制，取得他们的配合与支持，共同对公众反馈的情况进行研判，以便进一步改进工作。

结　语

理想与现实、规范与实践之间总是难免存在差距，制度构建的重要作用在于不断缩小这种差距。而一项制度的好坏无需过多的辩护，时间会给出答案；学术研究的任务就在于给出更多的认识和更全面的解释，在此基础上展开较为深入的批判，最后求得该项制度中良善面向的最大化发挥和积极优化。行政机关负责人出庭应诉制度具有重要的象征意义和巨大的实际效用，在制度成型与发展的近十年里，的确满足过人们的诸多期待。面对制度运行过程中尚存的弊端，如何将该制度从"中国特色"形塑成"中国经验"是我们需要为之努力的基本取向。因此，不断反思和总结地方法治实践的经验教训，与时俱进地完善制度规范体系，以实践促进法治，以法治保障实践，才是制度发展正道。

---

〔1〕"热炉效应"是指组织中的任何人触犯规章制度都要受到处罚。相对应的"热炉"规则：其一，警告性原则：不用手去摸也知道炉子是热的，是会灼伤人的；其二，一致性原则：每当你碰到热炉，肯定会被火灼伤；其三，即时性原则：当你碰到热炉时，立即就被灼伤；其四，公平性原则：无论是谁碰到热炉，都会被灼伤。

参考文献：

[1] 喻少如："功能主义视阈下的行政机关负责人出庭应诉制度"，载《法学评论》2016年第5期。

[2] 章志远："行政机关负责人出庭应诉制度的法治意义解读"，载《中国法律评论》2014年第4期。

[3] 黄学贤："行政首长出庭应诉的机理分析与机制构建"，载《法治研究》2012年第10期。

[4] 黄永维、梁凤云、章文英："《最高人民法院关于行政机关负责人出庭应诉若干问题的规定》的理解与适用"，载《人民法院报》2020年6月25日。

[5] 田勇军："《行政诉讼法》中'被诉行政机关负责人应当出庭应诉'之理论分析"，载《西部法学评论》2015年第6期。

[6] 章志远："行政诉讼中的行政首长出庭应诉制度研究"，载《法学杂志》2013年第3期。

[7] 顾双彦、李店标："行政机关负责人出庭应诉与法治政府建设"，载《黑龙江社会科学》2020年第2期。

[8] 江必新："积极推进行政机关负责人行政诉讼出庭应诉工作"，载《人民法院报》2011年7月23日。

[9] 胡晓玲："行政首长出庭应诉制之价值意蕴及其技术性改良设计"，载《中北大学学报（社会科学版）》2016年第5期。

[10] 钟垂林："行政机关负责人出庭应诉的三个进阶"，载《人民法院报》2019年4月9日。

[11] 谢翀："行政首长出庭应诉的现实困境和制度建构"，载《福建行政学院学报》2016年第6期。

点　评

　　长期以来，行政机关负责人出庭应诉制度面临着正当理由认定不明、委托制度运作偏误、权利义务定位不准、缺席判决适用存疑等理论诘问。究其原因，在很大程度上在于行政主导的权力机构模式下根深蒂固的"官本位"思想，以及司法权力的配置与行政级别之间的失衡。要切实发挥行政机关负责人出庭应诉制度的示范效应，必须要兼顾内外在体制机制的优化。尤其是应重点考虑以下两点完善路径：第一，应及时在立法文本中引入"正当理由"，为不出庭应诉提供法定标准，同时授权最高人民法院确立统一的指导性规定，再由各地出台实施细则，增加相应情节和程序规范。第二，应健全配套体制机制，优化政绩考核评价体系。要将现行的政绩考核评价体系加以革新，不再限于单一的经济指标，应该注入"法治GDP"，把负责人出庭应诉作为各地各级全面依法治省（市、县等）委员会的重要工作内容，纳入两会政府工作报告和政府机关年度考核及执法质量考核评议范围，作为检验依法行政水平的重要指标，并设定法律责任和保障性措施，实现激励机制与惩治机制的并存，从而提升制度成效。

（点评人：武汉大学法学院讲师　梅扬）

行政规范性文件附带审查制度之审视

朱 义*

内容提要： 构建完善的行政权力监督体系，离不开有效的行政规范性文件审查机制。目前，行政规范性文件附带审查制度存在着审查范围片面、审查对象辨识困难、制度运行的规范供给不足和难以突破既有审查机制的窠臼等问题。为此，完善行政规范性文件的审查范围，明确行政规范性文件的识别，增强对审查机制运行的规范供给，充分发挥司法机关审查结果的效能，方能使当前的困境得以解除。

关键词： 行政规范性文件　审查机制　附带审查制度

问题的提出

行政规范性文件有着多样的外观和丰富的内涵。本文所称之行政规范性文件，仅限于行政机关制定的具有普遍约束力的决定、命令、通知、答复等规范性文件，不包括行政法规和政府规章，即《行政诉讼法》第 53 条所称之"规范性文件"。

可诉行政行为的范围仅限于具体行政行为。行政诉讼法的这一规定引发了诸多争议，催生了不同观点。关于可诉行政行为范围的争论和探讨促进了行政规范性文件附带审查制度的产生和发展。2014 年修正的《行政诉讼法》第 2 条取消了"具体"二字，这虽未从本质上改变我国行政法一贯以来将行政行为二分的传统，从而实现抽象行政行为的可诉，但在此基础上，我国建立了行政规范性文件附带审查制度。这一度被认为"是对长期以来把有关抽

---

* 作者单位：武汉大学法学院。

象行政行为纳入司法审查范围的一个回应",[1]是我国法院依法对行政行为进行司法审查，进而完善行政权力监督和公民权利保护的重要标志。

为确保这一制度落地，我国司法机关进行了诸多努力和摸索。2015年出台的《最高人民法院关于适用〈中华人民共和国行政诉讼法〉若干问题的解释》（以下简称《行诉解释》），明确了原告在附带审查中提出审查请求的时间和人民法院对审查结果的处理方式。尔后，最高人民法院在2018年出台的《行诉解释》中就这一制度的运行作出了进一步的规定。同年10月30日，最高人民法院围绕行政诉讼附带审查行政规范性文件这一课题发布了一批典型案例。尽管司法机关为此进行了诸多探索，但目前为止仍收效甚微。在此，本文拟对我国行政规范性文件附带审查制度的运行情况进行探讨并在此基础上提出一些建议。

一、行政规范性文件附带审查制度的必要性

（一）行政规范性文件存在的必然性

行政行为存在的必然性是由行政权本身的执行性所决定的。在现代行政国家的背景下，行政权已触及社会生活的各个方面。基于依法行政的基本原则，行政行为受到了法律规范的严格约束。法律规范的原则性、抽象性会不可避免地导致其可操作性缺乏，并且在我国，"行政规范性文件在很大程度上就是当下政策的主要载体"。[2]在此背景下，无论是出于对效率的追求还是出于对专业素养的考量，具体可行的操作规则均比严谨精妙的法律规范更具有现实意义。简言之，我国行政主体及其工作人员在行政活动中对行政规范性文件存在需求甚至依赖，且这种需求在基层表现得尤为突出。

我国复杂多样的行政场域同样导致了行政规范性文件存在的必然性。作为一个疆域辽阔、发展不平衡、地方差异显著的大国，在基本法律框架内因地制宜地开展地方治理显得尤为重要。以城市建设、环境保护为例，各地都需要结合自身的自然条件、经济社会发展情况而不能"一刀切"地套用相同的标准。简而言之，完全依据狭义的法律行政，或者即使依靠法律法规行政，

---

〔1〕 程琥："新《行政诉讼法》中规范性文件附带审查制度研究"，载《法律适用》2015年第7期。

〔2〕 黄学贤："行政规范性文件司法审查的规则嬗变及其完善"，载《苏州大学学报（哲学社会科学版）》2017年第2期。

在我国都不具有现实可能性。

（二）行政规范性文件违法现象频发

数量巨大的行政规范性文件虽然对行政活动的开展具有重要意义，但随之而来的问题也不少。因此，对行政规范性文件的监督不容忽视。在最高人民法院关于行政诉讼规范性文件附带审查的典型案例发布会上，最高人民法院行政审判庭时任庭长黄永维指出："当前规范性文件'任性'的情况还比较常见，对规范性文件的审查是司法监督需要重点关注的领域。"[1]另外，地方法治实践也表明行政规范性文件的"任性"现象频发。例如，2018年浙江省原法制办联合发改委开展的全省涉及"黑名单"制度的行政规范性文件专项清理中，各部门共清理了存在问题的"黑名单"制度的规范性文件300件，其中废止79件，拟废止65件，修改7件，拟修改149件。[2]除此之外，根据《2018中国法律年鉴》关于"中央国家机关各部门法治建设"的数据，在国务院的要求下，各部门在完成"放管服"改革涉及的行政规范性文件清理工作中清理、废止了大量"问题文件"。[3]

（三）既有审查机制作用有限

行政规范性文件的审查和监督事关我国行政权力监督体系的构建和完善。在行政规范性文件附带审查制度确立以前，我国政府和人大都已对这一课题进行了探索和实践，但收效甚微。

1. 行政系统内部的审查机制

在行政规范性文件附带审查制度确立之前，行政系统内部已经建立了行政规范性文件审查机制，主要包括行政规范性文件备案审查制度和行政复议中的行政规范性文件附带审查制度。根据《宪法》第89条第1款第13项和第108条之规定，对于国务院各部委、地方各级行政机关发布的不适当的行政命令、指示和规章，国务院有权改变和撤销。同样，地方各级人民政府也有权对其各部门和下级人民政府不适当的行政决定进行改变和撤销。这构成

---

〔1〕"最高人民法院举行行政诉讼附带审查规范性文件典型案例新闻发布会"，载国务院新闻办公室网站 http://www.scio.gov.cn/32344/32345/37799/39499/39504/Document/1643955/1643955.htm，最后访问日期：2020年10月6日。

〔2〕参见"浙江省清理违法'黑名单'制度"，载人民网 http://zj.people.com.cn/n2/2018/0905/c186806-32016211.html，最后访问日期：2020年10月6日。

〔3〕参见中国法律年鉴编辑部编辑：《2018中国法律年鉴》，中国法律年鉴社2018年版，第746~782页。

了我国行政系统内部对规范性文件进行审查和监督的宪法基础。

就行政规范性文件备案审查制度而言，已有研究表明，在国务院的要求下各地早已出台了本地区的有关规定。"截至 2005 年，全国 31 个省、自治区、直辖市的人民政府已建立起行政规范性文件的备案审查制度。实际上，不仅是省级政府，其他各级地方人民政府也建立了规范文件的备案审查制度对各类'红头文件'进行审查和监督。"[1]通过北大法宝检索可以发现，我国地方各级政府多通过政府令的形式对行政规范性文件的备案进行规定。其中最早的是河北省唐山市政府于 1990 年颁布的《唐山市行政机关规范性文件备案规定》，最新的是于 2019 年 8 月公布实施的《山东省司法厅关于行政规范性文件备案审查程序规定》。[2]除此之外，2018 年国务院也发布了《国务院办公厅关于加强行政规范性文件制定和监督管理工作通知》（以下简称《工作通知》）。从中不难看出，我国一直力图在行政系统内部逐步完善行政规范性文件备案审查机制。

除行政系统内部的行政规范性文件备案审查机制外，我国行政机关关于行政规范性文件附带审查的探索还包括 1999 年颁布的《行政复议法》，其中对行政复议程序中提起行政规范性文件附带审查的问题进行了明确。[3]虽然其在文本中对行政规范性文件的提法使用的是"规定"一词，但其所指称的对象与当前行政规范性文件附带审查制度所涵盖的对象范围一致，历次修订的《行政复议法》也对这一规定进行了承袭。

2. 人民代表大会常务委员会的审查机制

根据《宪法》第 104 条第 1 款的规定，对于本级政府作出的不适当的决定和命令，县级以上人大常委会享有将其撤销的权力。从 2003 年至今，我国共有 25 个省级行政区，通过地方性法规落实了人大常委会对行政规范性文件的备案审查制度。经过不懈的摸索，各地出台的与之相关联的各级地方性法规共计 200 余部，[4]力图不断完善各级人大常委会对行政规范性文件的审查，

---

〔1〕 参见刘松山："违法行政规范性文件之责任追究"，载《法学研究》2002 年第 4 期。

〔2〕 参见 https://www.pkulaw.com，最后访问日期：2020 年 10 月 8 日。

〔3〕 1999 年颁布的《行政复议法》第 7 条第 1 款规定："公民、法人或者其他组织认为行政机关的具体行政行为所依据的下列规定不合法，在对具体行政行为申请行政复议时，可以一并向行政复议机关提出对该规定的审查申请：（一）国务院部门的规定；（二）县级以上地方各级人民政府及其工作部门的规定；（三）乡、镇人民政府的规定。"

〔4〕 参见 https://www.pkulaw.com，最后访问日期：2020 年 11 月 8 日。

有效落实对行政主体的监督。

从中不难看出，我国行政机关和人大常委会已就行政规范性文件的审查机制作出了多方面的探寻，但行政规范性文件违法频发的现象仍未能得到有效遏制。其中的缘由主要包括：首先，由于行政规范性文件的数量庞大，无论是人大常委会还是行政机关的备案审查都未能发挥长效机制作用，对备案文件的审查力度都十分有限。甘肃省政府办公厅的通报显示：2017年，全省县级以上政府备案审查机关备案审查行政规范性文件共453件，较上年增长32.4%；省级政府备案审查机关备案审查规范性文件总数较上年增长56.5%；全省各级政府备案审查机关共纠正违法违规规范性文件11件，占报备规范性文件总数的2.4%。[1]其次，单一的文本审查并不足以充分发现行政规范性文件中存在的问题，而具体的行政行为在很大程度上则能更多地暴露出行政规范性文件存在的违法问题。另外，相较于司法机关进行的行政规范性文件附带审查而言，现有审查机制在专业性和中立性上都缺乏说服力。因此，在行政诉讼中对行政规范性文件的合法性进行审查是必要且有益的。

二、行政规范性文件附带审查制度的现实考量

（一）行政规范性文件附带审查制度的定位

2014年修正后，《行政诉讼法》虽然打破了抽象行政行为不受法院审查的传统，但其第53条关于行政规范性文件附带审查范围的规定并未涵盖行政法规和政府规章，这暗含了我国司法权审查抽象行政行为的有限性。有学者据此认为行政诉讼及行政规范性文件附带审查制度并非是真正意义上的司法审查。理由是："这个制度并未赋予法院对法律乃至行政法规的合法性审查权。司法审查这一传统的法律概念，有着固有的和本质的内容，尽管各国的宪法体制、历史文化及法律传统不同，但作为法院审查立法机关制定的法律的合法性以及行政机关行政行为的合法性这一特点不应改变"。[2]行政规范性文件附带审查制度作为行政权力监督体系和公民权利救济制度的组成部分，运用了司法审查制度的原理，但不等于是中国的司法审查制度，而是基于我国国家权力架构和社会实际所确立的行政权力监督体系的分支。行政规范性

---

〔1〕"甘肃省去年纠正违法违规规范性文件11件"，载 http://gansu.gansudaily.com.cn/system/2018/05/14/016962925.shtml，最后访问日期：2020年10月6日。

〔2〕董晧："论行政审判对行政规范的审查与适用"，载《中国法学》2000年第5期。

文件附带审查制度的初衷是完善行政规范性文件监督体系，从实效上纠正违法的行政规范性文件，从而实现对行政规范性文件监督的加强，促进行政权力监督体系日臻完善。[1]无论是《行政复议法》还是《行政诉讼法》，都将对抽象行政行为的附带审查范围限定在行政规范性文件，都是结合我国实际进行综合考量后作出的现实选择，也可以说是为确保行政规范性文件的合法性落地而进行的机制探寻。因此，我们应对结合中国实际，解决中国问题的制度探寻抱有充分的自信。

（二）国务院作为最高行政机关的自主性和最高性

行政机关虽是国家权力机关的执行机关，但行政权的行使亦有能动性。法律只是构成了行政的框架，行政机关要在此框架内积极地、创造性地塑造社会秩序，促进社会正义，增进公共利益。因此，行政必须要有一定的灵活性、便宜性和机动性。[2]同时，司法亦非万能，未被纳入司法监督的对象不意味着不受监督。国务院作为我国的最高行政机关，是人民代表大会制度展开的结果，具有充分的民主性和合法性。基于行政机关的最高性和行政职权的自主性，再加上中国共产党的领导和全国人大常委会的监督，辅之以科学的立法技术和日渐完善的行政法规制定程序，国务院在行政规范性文件附带审查制度乃至整个行政诉讼制度中都享有"豁免权"也不无道理。这充分体现了司法权的克制以及对行政权的尊重和妥协。司法权对行政权的尊重以及司法权和行政权间的平衡妥协是维系平衡的基本方式，并衍生出了诸多行政法理论。"行政首次判断权理论即提倡通过界定法院介入行政权的时机和程度来平衡司法权与行政权的关系，从而在保障司法权对行政权监督的基础上，保持行政权的独立性。"[3]

（三）行政法规、规章在我国法律体系中的定位

就适用而言，行政法规和规章与行政规范性文件相比更为普遍，涉及的问题也更为宏观、重要。因此，其制定程序的规范性也更为严格。《立法法》在第三章、第四章和第五章分别就行政法规和规章的制定、适用、审查备案等作出了较为明确的规定，这在一定程度上为其合法性增加了"保险"。另

---

〔1〕 参见江国华、易清清："行政规范性文件附带审查的实证分析——以947份裁判文书为样本"，载《法治现代化研究》2019年第5期。

〔2〕 参见李洪雷：《行政法释义学：行政法学理的更新》，中国人民大学出版社2014年版，第72页。

〔3〕 参见陈丽琛："行政首次判断权原则的理念与实务"，载《长沙大学学报》2017年第3期。

外，行政法规和规章制定机关具有较高的行政级别，这也构成对其科学性和合法性的有力保障。因此，从理论上来说，行政法规、规章的违法风险是低于行政规范性文件的。当然，这种合法性保障是相对的，例如国务院制定的《城市流浪乞讨人员收容遣送办法》和《关于劳动教养问题的决定》就一度成了法治发展史上的反面案例。总之，在当前行政诉讼对行政规范性文件的审查仍然处在发展完善阶段的情况下，当前的行政规范性文件附带审查制度存在着诸多待回应的理论和实践问题，行政法规、规章在我国法律体系中的定位有效地降低了其合法性存在问题的风险，目前的审查机制基于对实际的综合权衡后作出了当下的选择。

三、行政规范性文件附带审查制度的不足

（一）审查范围所涉行政主体片面

现有关于行政规范性文件附带审查范围的讨论，多聚焦于是否应将审查范围扩大至政府规章和行政法规。本文主要是从行政主体的角度出发，关照行政规范性文件附带审查制度的审查范围之缺漏。在通常情况下，我国行政主体主要分为职权主体和授权主体。"其中职权主体是从宪法和相关组织法中取得行政职权而无须其他组织授权的行政主体，主要包括各级人民政府及其职能部门和派出机关等；而授权行政主体是源自于其他有权主体依照法律、法规以及规章的规定授予行政职权的行政主体。"[1]简言之，作为典型职权性行政主体，行政机关并不等同于行政主体。

根据《行政诉讼法》第53条之规定，公民、法人或者其他组织提起附带审查的规范性文件范围仅限于部分行政机关所制定的规范性文件。作为授权性行政主体，法律、法规、规章授权组织的具体行政行为虽然可诉，但其制定的行政规范性文件并未被《行政诉讼法》第53条纳入附带审查的范围。反观2018年5月16日国务院办公厅发布的《工作通知》，其定义的行政规范性文件制定主体不仅包括行政机关等传统典型的职权性行政主体，还涵盖了法律、法规授权的组织等授权性行政主体。立法机关与行政机关对行政规范性文件制定主体的界定差异，导致行政规范性文件这一在审查制度中衔接司法和行政两端的纽带出现错位，不可避免地造成了审查制度的裂隙。因此，《行

---

〔1〕 江国华：《中国行政法（总论）》（第2版），武汉大学出版社2017年版，第82页。

政诉讼法》第 53 条规定的行政规范性文件附带审查范围作为行政规范性文件附带审查的制度基础，却未涵盖授权性行政主体，是存在缺憾的。

（二）审查对象"表"与"里"难辨

行政规范性文件的形式和内核，是行政规范性文件附带审查制度无法回避却又难以回答的问题。一方面，行政规范性文件的形式识别面临困境。"目前行政规范性文件识别的主要依据是中共中央办公厅、国务院办公厅联合下发的《党政机关公文处理工作条例》，该工作条例规定了 15 种公文种类。"[1]行政规范性文件的表现形式纷繁复杂，各类型间区分不明确，适用不规范，导致在审查过程中难以根据文件的形式高效、准确地进行识别。另一方面，内容识别是行政规范性文件和其他规范性文件的有效途径，但这需以完善的事权划分为前提。"虽然我国已对规章和行政规范性文件制定事项的范围作出了规定，但现实中划分不清的现象仍然频发。"[2]

基于此，在《行政诉讼法》规定的有限审查范围下，行政规范性文件识别问题带来的挑战和风险愈发凸显。主要体现为：第一，行政主体利用行政规范性文件形式规范的漏洞规避审查，将本应制定为行政规范性文件的事项制定为审查范围之外的规范性文件；第二，行政主体对规范性文件制定形式的认识偏差，造成行政活动中主观非故意但客观上导致文件制定不规范的后果。以网约车的监管为例。为实施《网络预约出租汽车经营服务管理暂行办法》，各地陆续出台了相关规定。然而，不同的是，上海、广州等地出台的文件形式为政府规章，而北京、厦门等地则是制定了有关网约车监管的行政规范性文件。[3]对以网约车为代表的新生市场主体的监管，对于行政机关来说本就充满挑战。与之相关的层出不穷的纠纷一旦进入司法程序，行政机关出台的文件性质会直接影响行政相对人的权利救济和附带性审查制度的运行。因此，在行政诉讼附带性审查中，加紧对行政规范性文件的"规范"刻不容缓。

---

〔1〕 李巧玉："行政规范性文件多重审查衔接机制建构"，载《黑龙江省政法管理干部学院学报》2019 年第 3 期。

〔2〕 武芳："论地方政府规章和行政规范性文件的制定事项范围划分标准"，载《河北法学》2017 年第 7 期。

〔3〕 武芳："论地方政府规章和行政规范性文件的制定事项范围划分标准"，载《河北法学》2017 年第 7 期。

（三）制度运行的规范供给不足

制度的构建和完善是其有效运行的必要前提。行政规范性文件附带审查制度作为完善我国行政规范性文件审查体系、实现依法行政的新抓手，是《行政诉讼法》中较为年轻且富有中国特色的制度。从实体角度来看，行政规范性文件的概念、审查范围以及审查标准都饱受争议。从程序方面来看，行政规范性文件附带审查制度与行政诉讼程序的衔接，有诸多的问题亟须立法机关作出回应。但在立法方面，《行政诉讼法》中关于行政规范性文件附带审查制度的条文只有两个——第53条和第67条；在法律解释方面，《行诉解释》中关于这一制度的条文仅有七个。法律规范的供给不足导致人民法院在审理相关案件时无所适从。

为此，2018年10月30日，最高人民法院发布了九起行政诉讼附带审查行政规范性文件的典型案例，对缺乏法律规范指引但在司法实践中存在普遍争议的问题予以回应。其中，通过"成都金牌天使医疗科技有限责任公司诉四川省成都市科学技术局科技项目资助行政许可案"和"毛某梅、祝某义诉浙江省江山市贺村镇人民政府行政强制及行政赔偿案"，最高人民法院进一步明确了行政规范性文件附带审查中附带性的内涵。主要包括：其一，行政规范性文件只有在作为被诉行政行为的依据且是直接依据时才可能成为人民法院的审查对象。其二，行政规范性文件的附带范围只限于被诉行政行为的合法性审查。除此之外，关于行政规范性文件的制定程序是否应审查、附带审查中的审判组织、证明责任分配、审判程序适用等诸多充满争论的问题仍待法律规范予以回应。

（四）制度效果未能打破权力叠加的窠臼

我国行政规范性文件审查目前面临的困境主要是有制度而无实效，行政规范性文件附带审查制度面临的最大挑战是避免重蹈覆辙。原有审查机制所发挥的作用有限，是司法机关被寄予如此期望的主要原因之一。但行政规范性文件附带审查制度并未发挥出比前两者更让人满意的作用。"在行政诉讼原告胜诉率普遍不高的整体状况下，有理由追问，这一制度在多大程度上能够承载并实现期待？"[1]我国行政规范性文件附带审查的运行现状并未摆脱权力叠加、制度堆叠的尴尬，尚不足以承担更多的期待，甚至不孚众望。

---

〔1〕 张婷："行政诉讼附带审查的宪法命题及其展开"，载《法学论坛》2018年第3期。

这其中的原因是多方面的：首先，《行政诉讼法》本身的规则构建未能超越既有制度，"在行政规范性文件审查方式上，2014 年《行政诉讼法》实际上'移植'了《行政复议法》的规定，即采用了'附带审查'（间接审查）的方式"。[1]其次，司法机关的权威缺失和司法权能产生的威慑有限也是其中的重要原因。因此，充分保障司法机关的审查结果得以落实，提高司法机关审查结果的约束力和执行力迫在眉睫。

四、对行政规范性文件附带审查制度的补充

为了避免这一制度成为权力的叠加；为了使行政规范性文件附带审查制度不断推进，从而拓宽其审查的范围；为了随着人民法院审查水平的提升和司法理念的转变而把抽象行政行为逐步纳入行政诉讼的受案范围，必须努力推进行政规范性文件附带审查制度的有效性提升。为此，最高人民法院通过出台司法解释、发布典型指导案例等方式进行了有益的探索，但都未能取得根本性的突破。这个问题的解决还需要我们进行更多的探索。因此，笔者在上文提出的问题基础上在此提出以下几点建议。

（一）完善行政规范性文件的审查范围

学界普遍争议的行政法规和政府规章是否应被纳入附带审查范围的问题，是附带审查范围大小的问题。而授权性行政主体制定的行政规范性文件是否被纳入审查范围，关系着附带审查范围是否周延。授权性行政主体作为行政行为的发出者，其具体行政行为被纳入行政诉讼受案范围的同时，其制定的行政规范性文件也应被纳入《行政诉讼法》规定的附带审查范围。只有如此，方能使行政规范性文件附带审查范围更完整地覆盖监督对象，实现监督体系的完善，促进对行政权力的监督。"虽然《行政诉讼法》认为法院对行政规范性文件附带审查的范围只包括除规章以外的国务院部门、地方人民政府及其部门制定的规范性文件，但是法律法规授权组织制定的行政规范性文件理应也属于法院附带审查范围。"[2]因此，笔者建议将《行政诉讼法》第 53 条第 1 款所规定的可审查的行政规范性文件制定主体的范围修正为：国务院部门、

---

〔1〕 孙首灿："论我国行政规范性文件的司法审查方式"，载《邵阳学院学报（社会科学版）》2020 年第 1 期。

〔2〕 李巧玉："行政规范性文件多重审查衔接机制建构"，载《黑龙江省政法管理干部学院学报》2019 年第 3 期。

地方人民政府及其部门和法律法规规章授权的组织。

（二）减小行政规范性文件识别的阻力

我国享有行政规范性文件制定权的主体数量庞杂，级别参差不齐。尤其是部分行政主体同时拥有行政规范性文件、规章甚至行政法规的制定权，导致对行政规范性文件的识别更为困难。因此，为了加强对行政规范性文件的识别，我国可以从以下几个方面着手：其一，从形式方面着手。精简、明确行政规范性文件的种类和形式。在《工作通知》和《党政机关公文处理工作条例》的基础上，由国务院明确行政规范性文件的形式，制定统一的行政规范性文件模板和格式，让各级行政主体在制定行政规范性文件有章可循的同时，也使格式要件成为规范行政规范性文件识别的途径之一。其二，从内容上着手。在《立法法》的基础上，通过内部权限的清晰划分对行政主体制定各种文件的权限范围和事项内容予以明确，减少文件形式的误用和滥用。其三，制定机关在文件的制定和公布阶段，应主动对文件性质加以明确，以提高文件的确定性和公信力，减轻人民法院审理过程的识别风险和审判负担。[1]

（三）增强对附带审查机制的规范供给

对于当前行政规范性文件附带审查面临的诸多实体和程序争议，理论争鸣的百花齐放当然是大有裨益的。与此同时，制度的有效运行和司法机关的有序运转以及法官对具体争议的裁判都有赖于充分的规范指引。因此，立法机关和司法机关应对目前普遍存在的问题予以回应。就立法机关而言，应结合制度的运行情况，对司法裁判中出现的具体问题进行充分调研后通过立法予以回应，从而充实《行政诉讼法》关于附带审查制度的规定；就司法机关而言，应充分发挥司法解释和指导性案例对司法实践的重要作用，规范审查程序，为审查的开展提供切实的依据。

（四）充分发挥附带审查结果的效能

行政规范性文件附带审查制度，虽然旨在完善行政规范性文件审查监督体系，但始终未能突破行政系统内部审查机制和人民代表大会常务委员会审查机制的局限。为了充分发挥附带审查结果的效能，我国可以从以下几个方

---

〔1〕 参见王春业："从全国首案看行政规范性文件附带审查制度完善"，载《行政法学研究》2018年第2期。

面入手：

其一，落实司法建议的回复和责任机制。根据《行政诉讼法》的规定，司法机关对于行政规范性文件审查结果不合法的，只能以发司法建议的方式进行监督。然而，建议的局限众所周知，司法建议也不例外。其"一般是人民法院行使审判权时，对与案件有关但不属于人民法院审判工作所能解决的一些问题向有关单位和个人提出的合理化建议"。[1]这种监督方式致使附带审查结果的监督力度十分有限。这种监督机制的乏力也体现在了2018年出台的司法解释中。其中第149条除了明确规定了人民法院应当向制定机关提出建议外，还新增规定了人民法院"可以抄送制定机关的同级人民政府、上一级行政机关、监察机关以及规范性文件的备案机关"。这个规定从侧面显示出，人民法院在自身监督机制乏力的情况下，又开始转而寻求通过行政系统内部的领导机制来向行政规范性文件的制定机关施压，从而达到纠正行政违法的效果。这种单方面的信息报送和备案机制反而不利于行政规范性文件附带审查机制权威的树立。因此，必须通过常态化的责任追究机制来督促被审查主体积极对审查结果予以回应，对人民法院发出的司法建议予以回复，加以落实。

其二，充分转化法院的审查结果。行政诉讼个案审查的模式会带来重复审查和司法资源浪费的问题。[2]与具体行政行为不同，抽象行政行为的反复适用性决定了行政规范性文件附带审查有助于从源头上遏止行政主体以同一违法行政规范性文件作为依据不断地作出行政行为。但是，在目前个案审查、个案裁判的模式下，人民法院并不能直接因为行政规范性文件违法而对其效力作出判断，所有基于同一行政规范性文件违法而产生争议的行政相对人都需要依据对其作出的具体行政行为重复请求法院审查从而实现权利救济。从人民法院作出判决到行政规范性文件的违法问题得到纠正，其间不可避免的时间差会导致违法的行政规范性文件不断重蹈覆辙。因此，法院审查结果的个案效力，不能有效地发挥行政规范性文件附带审查制度相较于具体行政行为审查的优势。

---

〔1〕 林莉红：《行政诉讼法学》（第4版），武汉大学出版社2015年版，第212页。

〔2〕 参见江国华、易清清："行政规范性文件附带审查的实证分析——以947份裁判文书为样本"，载《法治现代化研究》2019年第5期。

综上，为了落实司法建议的回复和责任机制，充分转化法院的审查结果：一方面，人民法院可以充分运用裁判文书公开制度将审查结果及时公开，这既能起到共享审查结果、节约司法资源和避免同案不同判的效果，还能发挥公众舆论对行政主体的监督作用。另一方面，行政机关与司法机关之间应该建立双向常态沟通机制，在让各级行政主体对其下属主体存在的审查结果违法、司法建议回复和违法情况改正等事项信息进行有效掌握的情况下，将其纳入考评的范围，在信息互通的基础上增强行政系统内部对人民法院审查结果的重视，实现司法和行政的良性互动。

结　语

行政规范性文件附带审查制度的不足及其完善是关乎国家权力平衡和法规范体系调整的系统工程。只有通过各国家机关的合力，发现问题、直面问题、解决问题，方能实现制度的完善，保障制度效能的发挥，构建符合我国实际的行政权力监督体系。

参考文献

［1］程琥："新《行政诉讼法》中规范性文件附带审查制度研究"，载《法律适用》2015年第7期。

［2］黄学贤："行政规范性文件司法审查的规则嬗变及其完善"，载《苏州大学学报（哲学社会科学版）》2017年第2期。

［3］中国法律年鉴编辑部编辑：《2018中国法律年鉴》，中国法律年鉴社2018年版。

［4］刘松山："违法行政规范性文件之责任追究"，载《法学追究》2002年第4期。

［5］董皞："论行政审判对行政规范的审查与适用"，载《中国法学》2000年第5期。

［6］江国华、易清清："行政规范性文件附带审查的实证分析——以947份裁判文书为样本"，载《法治现代化研究》2019年第5期。

［7］陈丽琛："行政首次判断权原则的理念与实务"，载《长沙大学学报》2017年第3期。

［8］李巧玉："行政规范性文件多重审查衔接机制建构"，载《黑龙江省政法管理干部学院学报》2019年第3期。

［9］武芳："论地方政府规章和行政规范性文件的制定事项范围划分标准"，载《河北法学》2017年第7期。

［10］张婷："行政诉讼附带审查的宪法命题及其展开"，载《法学论坛》2018年第3期。

［11］孙首灿："论我国行政规范性文件的司法审查方式"，载《邵阳学院学报（社会科学版）》2020年第1期。

[12] 王春业："从全国首案看行政规范性文件附带审查制度完善"，载《行政法学研究》2018 年第 2 期。

[13] 李洪雷：《行政法释义学：行政法学理的更新》，中国人民大学出版社 2014 年版。

[14] 江国华：《中国行政法（总论）》（第 2 版），武汉大学出版社 2017 年版。

[15] 林莉红：《行政诉讼法学》（第 4 版），武汉大学出版社 2015 年版。

点　评

　　规范性文件附带审查制度在 2014 年《行政诉讼法》中的确立主要有三个方面的考量：第一，规范性文件在我国长久存在，在庞大的国家治理中，针对特殊性问题必须有相应的细则对上位法进行细化，再根据细则实施，这是具有中国特色的规范体系；第二，法院自有《行政诉讼法》以来，一直在有意无意地对规范性文件的合法性作出判断，即首先找出上位法依据，然后将其与作出行为的依据进行对照，据此认定是否合法。2004 年最高人民法院的《关于审理行政案件适用法律规范问题的座谈会纪要》对此作出过具有指导意义的规定，即人民法院在审理案件的过程中如果认为行为所依据的规范性文件存在合法性的问题，可以对其进行合法性审查；第三，当事人对行政行为提起诉讼时，往往也对行政行为的依据有争议，行政诉讼法中的合法是指规章以上的法，而行政行为通常是根据某条某款的细则来作出的，当当事人提起诉讼的时候，很可能就是基于细则与某条法律相冲突。2014 年修改《行政诉讼法》时，关于立法目的的规定中删去了行政机关前的"维护"二字，增加了"解决行政争议"，意味着行政诉讼法向司法审查法的转变，其落脚点即工具价值是监督行政机关依法行政。将规范性文件纳入司法审查是适应大时代潮流的，但同时也应该把握尺度。法院不是万能的，司法改革要做减法，不能随便扩大受案范围。我国法院的定位是审判机关，与行政机关和人大职能分立，法院对文件合法性进行审查，是因为规范性文件是行政行为作出的依据，审查也仅限于作出依据的具体的某条某款，不应该盲目扩大范围，对全文进行审查。审判机关的判断权不是无限的，要遵循不告不理、个案审查的原则，所谓抽象审查、全面审查都不应该由法院来完成。

（点评人：武汉大学法学院教授　江国华）

跨区域行政审判组织的宪法学思考

李健康*

内容提要：跨区域行政审判组织包括跨区域法院和跨区域行政案件集中管辖两种，二者都承载了保持司法中立性、保障司法公正的目标和整合司法资源的功能。开展跨区域行政案件集中管辖没有突破跨区域行政审判组织和原有的行政区域法院的隶属关系，因此完全可以在现有的宪制框架中设立跨区域行政审判中心和跨区域行政审判庭。跨区域法院则不能被完全纳入现有的宪制框架，须认真地从组织法和央地关系的角度考虑其地位和作用。在组织法上，跨区域法院应由其所跨区域共同的上级人大产生，对其负责，受其监督；应受所跨区域共同的上级党委领导；应按照案由、地域管辖和级别管辖的规则处理其与普通法院的关系。在央地关系中，司法权具有地方事权的属性，相应地，跨区域法院也具有地方性，设立跨区域法院的目的不是去除司法的地方化，而是去除司法的行政化。

关键词：跨区域行政审判　司法中立　司法去地方化

十八届三中全会以来，在全面推进依法治国的大方略下，深化司法体制改革被提上日程。按照《中共中央关于全面深化改革若干重大问题的决定》的构想，要"探索建立与行政区划适当分离的司法管辖制度"。随后，《中共中央关于全面推进依法治国若干重大问题的决定》再次提出"探索设立跨行政区划的人民法院和人民检察院，办理跨地区案件"。根据前述两个中央文件的指导精神，2014 年全国人大修改《行政诉讼法》。修改后的《行政诉讼法》

---

* 作者单位：武汉大学法学院。

第 18 条第 2 款规定:"经最高人民法院批准,高级人民法院可以根据审判工作的实际情况,确立若干人民法院跨行政区域管辖行政案件。"同年,中央深改组制定并发布《设立跨行政区划人民法院、人民检察院试点方案》,在北京、上海两地开展跨区域行政审判的试点,具体的试点单位是北京市第四中级人民法院和上海市第三中级人民法院。2015 年,最高人民法院发布《人民法院"四五"改革纲要》,继续提出"建立与行政区划适当分离的司法管辖制度","探索设立跨行政区划的法院",同年制定发布的《关于人民法院跨行政区域集中管辖行政案件的指导意见》是对《人民法院"四五"改革纲要》在行政审判制度上的落实。

"十八届四中全会为深化司法体制改革描绘了基本框架,而推进改革亟待破解的重要命题就是在宪制框架内正确处理与司法体制相关联的多重关系。"[1] 在现有的司法体制中,法院的管辖范围按照行政区域确定,法院的层级也对应着相应行政区域的行政层级。设立跨区域行政法院,意味着现有的宪制框架需要修改。设立跨区域行政审判组织须处理好其与人大、党委、普通法院之间的关系,也涉及如何在单一制的央地关系中理解跨区域行政审判组织的意义。本文即着力于厘清跨区域行政法院在我国宪制关系中的地位和作用。

一、跨区域行政审判组织的构想

(一) 制度设计

《人民法院组织法》第 12 条将我国的人民法院分为三种类型,即①最高人民法院,②地方各级人民法院,③专门人民法院;《人民法院组织法》第 13 条将地方各级人民法院分为高级人民法院、中级人民法院和基层人民法院;专门人民法院包括铁路运输法院、海事法院、知识产权法院等,专司某一区域内的特定类型纠纷。不管是地方各级人民法院还是专门人民法院,都依赖于特定的行政区域,其对案件的管辖范围都限于该特定的行政区域,法院的层级也根据该特定行政区域确定。跨区域行政审判组织的出现将打破这样的局面,跨区域行政审判制度的精神在于解除审判组织和行政区域之间的关联。以跨区域行政审判试点单位北京市第四中级人民法院(原北京市铁路运输中级人民法院,以下简称"北京四中院")为例,按照《北京市高级人民法院

---

〔1〕 秦前红、苏绍龙:"深化司法体制改革需要正确处理的多重关系——以十八届四中全会《决定》为框架",载《法律科学(西北政法大学学报)》2015 年第 1 期。

关于北京市第四中级人民法院案件管辖规定》，北京四中院管辖所有以北京市各区政府为被告的第一审行政案件。在此之前，北京市第一、二、三中级人民法院按照片区分别管辖各自片区内以各该区政府为被告的一审行政案件。

（二）制度目标

1. 保障行政审判的中立性

司法是法官适用法律的活动，它承载着解决纠纷、维护社会稳定的重要功能。不管从保障权利的目的出发，还是从维护司法权威的目的出发，司法公正的意义都是非常突出的。为了保障司法公正，我国《宪法》《人民法院组织法》以及三大诉讼法都作出了非常细密的规定。例如，我国司法制度和实践在审判管理制度、陪审制度、审判技术等方面形成了较为周详的安排。[1]由于公正是一种价值评判，这些制度无法直接保障司法公正，但这些制度安排能够保障司法的中立性，司法中立是司法公正的前提，当司法保持中立时，司法公正便多了一份实现的可能。

在司法中立性上，行政审判活动比民事、刑事审判活动面临更多的挑战。一方面，行政审判的被告一方是行政主体，多为地方政府及其部门，加上利益裙带关系，一个行政案件中还可能涉及上级乃至上上级政府甚至党委，而法院在人事编制、财政甚至后勤保障上都要受制于地方政府。如果政府机关和党委干涉行政案件的审理，行政审判组织将面临巨大的压力。另一方面，行政审判工作还可能会面临法院内部的行政干预。实践中，个别法院存在法院领导为争取到人事和财政上的利益而干预行政案件审理的现象。[2]行政审判活动是司法监督、遏制行政权的主要形式，它是最需要去行政化的审判工作，可恰恰就是因为这个特点，它最容易滋生司法行政化。司法行政化会威胁到司法中立性，如果行政审判的中立性无法得到保障，那么我们念兹在兹的依法治国将越发遥远。设立跨区域行政审判组织能够将行政审判组织与行政区域分离开，在行政诉讼中，作为被告的行政主体就会产生客场感，从而减少行政权对司法中立的威胁。[3]从保障司法中立性、发挥司法审判应有功能的角度说，跨区域行政审判的探索在如今的司法体制改革中有其地位与意义。

---

〔1〕 参见魏胜强："司法公正何以看得见——关于我国审判方式的思考"，载《法律科学（西北政法大学学报）》2013年第6期。

〔2〕 参见马怀德："行政审判体制改革的目标：设立行政法院"，载《法律适用》2013年第7期。

〔3〕 参见王耀海："跨行政区划法院的客场机理"，载《人民法治》2016年第1期。

2. 优化行政审判的资源配置

司法资源的配置会影响到司法功能的发挥，在我国，司法资源配置中的问题主要表现在"人案矛盾"上，这在基层法院和经济发达地区的法院体现得尤为明显，其中的缘由是政法编制的分配。[1]法院人员编制的依据是其辖区的户籍人口数，但是在一些拥有大量流动人口的地区，户籍人口与当地的总人口之间的差距比较大。根据我国的诉讼管辖制度，法院对案件的管辖权一般根据住所地或经常居住地而不是户籍地确定，这就意味着与户籍人口数适配的司法人力要处理来自户籍人口和流动人口的诉讼。在维持现有的编制制度不变的情况下，将不同区域间的办案力量整合起来是解决司法资源区域间配置不均衡的较为可取的方式。

跨区域行政审判组织优化司法资源配置的功能体现在两个方面：首先，跨区域行政审判组织能够在普通法院和专门法院之间实现司法资源的优化配置。就目前的实践来看，跨区域行政审判组织多依托现有的铁路运输法院建立。全国现有 17 个铁路运输中级人民法院，59 个铁路运输基层人民法院，遍布全国 25 个省、自治区，4 个直辖市。在全国 34 个省份中，除西藏、海南未设铁路法院外，铁路运输法院基本涵盖全国。我国的铁路运输法院于 2012 年改制，移交地方，在这之后，铁路运输法院仅有少量铁路案件，导致大量人员和场所被闲置。[2]将铁路运输法院改制成跨区域行政法院，将铁路运输法院大量被闲置的人、财、力用在普通行政案件上，能够实现司法资源的优化配置。其次，跨区域行政审判组织能够优化地区间的司法资源配置。在相邻的几个行政区划内，有的法院行政审判庭案少人多，有的行政审判庭案多人少，将这几个行政区划内的所有行政案件都交由一个跨区域行政审判组织审理，整合各个区域行政审判庭的办案力量，有利于平衡案件数量和办案能力，实现司法资源在地区间的优化配置。事实上，跨区域行政审判组织优化司法资源配置的功能在试点中已经凸显出来。例如，浙江省丽水市设置了 3 个集中管辖法院，共 9 名行政案件法官，足以应对该市大部分的行政案件。[3]可

---

〔1〕参见李生龙："优化司法资源配置的价值导向与路径"，载《团结》2019 年第 6 期。

〔2〕参见程琥："行政案件跨行政区域集中管辖与行政审判体制改革"，载《法律适用》2016 年第 8 期。

〔3〕参见叶赞平、刘家库："行政诉讼集中管辖制度的实证研究"，载《浙江大学学报（人文社会科学版）》2011 年第 2 期。

见，实行行政案件集中管辖有利于整合司法资源，提升司法效率。

（三）跨区域行政审判组织的类型

在目前的理论和实践中，跨区域行政审判组织主要有两种：[1]一种是独立设立的跨区域法院，其中又有两种选择，一种选择是设立跨区域综合性法院，在跨区域综合性法院内部设立一个或者多个行政审判庭跨区域审理行政案件，其典型是北京四中院。另一种选择是设立专门的跨区域行政法院，这实际上是设立了一个专门法院，严格来说，这种方式在实践中尚未铺开，较为贴近的实例是近年新设的知识产权法院。知识产权法院管辖的案件包括了对各级政府所作出的针对知识产权的行政行为提起的行政案件。除了设立独立的跨区域法院以外，还有一种较为稳健的改革措施，即开展行政案件跨区域集中审判。目前也有两种选择：一种是在多个区域内的某一既有普通法院内部设立一个跨区域行政审判中心；另一种选择是在多个区域内的某一既有普通法院内设立跨区域行政审判庭。二者的区别在于，从立案到审判的全过程都在跨区域行政审判中心进行，跨区域行政审判中心拥有独立的场所以及其他配套资源，而跨区域行政审判庭不负责立案，人力、物力都要依托其所属的普通法院。行政案件跨区域集中管辖是大多数地区采取的改革举措。

二、组织法视角下的跨区域行政审判

跨区域行政案件集中管辖虽然在事实上超越了行政区域对于行政审判组织的限制，但不管是跨区域行政案件审判中心还是跨区域行政审判庭，都隶属于其所跨区域内部的某一普通法院。跨区域行政审判中心和跨区域行政审判庭无法作为独立主体与人大等其他国家机关形成组织法上的关系，而其所属的普通法院与同级人大、政府之间的关系不因跨区域而受到影响。因此，在这一部分，本文将主要讨论跨区域法院即设立行政审判庭的跨区域综合性法院和跨区域行政法院与人大、党委以及其他普通法院之间的关系。在1982年《宪法》中，设立行政审判庭的跨区域综合法院与跨区域行政法院的宪制地位没有什么不同。因此，这两种类型的法院可以被化到同一个问题中处理。

---

〔1〕 参见江必新："从跨区划管辖到跨区划法院——兼论新型诉讼格局之构建"，载《人民司法（应用）》2017年第31期。

（一）跨区域法院与人大的关系

我国的政体是人民代表大会制度，根据我国《宪法》第 3 条第 3 款的规定，我国各级人民法院由同级人大选举产生、对人大负责、受人大监督，这是宪法民主原则的要求。设立跨区域法院面临的首要问题是，哪一人大是跨区域法院的同级人大？如何理解《宪法》第 3 条第 3 款所谓的"产生"？只要明确了哪一人大、如何产生跨区域法院，跨区域法院对人大负责、受人大监督就不是问题了。"产生"一词是《宪法》中常用的概念，在组织法意义上，产生是指各级人大是同级的其他国家机关的权力来源。[1]根据人民代表大会制度的原理，只有从人民代表大会获得权力的国家机关才具有合法性。

既然"产生"意味着授权，那么随之而来的问题是，究竟哪一级人大有权向跨区域法院授权？是由与跨区域法院同级的行政区域的人大共同赋权，还是由所跨区域共同的上一级人大赋权？这不是一个可以随随便便选取一个与所跨区域有关的人大并由该人大向跨区域法院授权进而给跨区域法院穿上形式合法性的外衣的问题。这里的关键是一个规范性的问题，即应该由哪一个人大向跨区域法院授权才符合宪法的民主原则。这一点目前显得晦暗不明，因为 1982 年《宪法》的文本并没有给出明确答案。

从级别管辖看，第一审行政案件由不同级别的法院管辖，以地方人民政府部门为被告的行政案件由基层法院管辖，以国务院部门和县级以上人民政府为被告的案件由中级人民法院管辖，高级人民法院管辖其辖区内重大、复杂的一审行政案件，而最高人民法院管辖在全国范围内重大、复杂的一审行政案件。跨区域法院要么是跨区县的基层人民法院，要么是跨地级市的中级人民法院。至于跨两个以上省级行政区域的重大复杂的行政案件，由于最高人民法院在全国设立了 6 个巡回法庭，除了跨京、津、冀、内蒙古等省份的行政案件由最高人民法院本部直接管辖，其他跨省份行政案件由最高人民法院在当地设立的巡回法庭管辖较为妥当，因此没有必要设立跨省的行政法院。如果跨区域法院是中级人民法院，那么产生该中级人民法院的是其辖区内某个地级市的人大还是该区域所属的省级人大？抑或是由所跨辖区的人大共同产生？实际上，解决这个问题的理想方式还是让所跨的地级市人大共同产生

---

〔1〕 参见翟国强："跨行政区划人民法院如何设立？——一个宪法解释学的视角"，载《法商研究》2016 年第 5 期。

跨区域法院，但这在实践上的可能性几乎为零，至少几个地级市人大每年为了开展跨区域行政审判坐在一起开会选举一个跨区域法院与人大的会议制度难以兼容。并且，由辖区内各个地级市的人大共同产生该法院的做法不符合1982年《宪法》的基本法理。我国是单一制国家，地方权力来自中央，1982年《宪法》只授权地方各级人大作为单个主体承担来自中央的权力。从宪法文本上看，不存在合理的方式能够将一个由多个人大共同组成的机构解释为一个宪法关系的主体，这个机构也就无法合乎宪法地产生跨区域法院。笔者认为，退而求其次的选择是该跨区域法院由后者而不是前者产生。理由如下：地方各级人大对于其辖区内的事务享有权力是毋庸置疑的，但不能将跨区域问题机械地理解为这些行政区域内部人大的职权范围的简单相加，按照辅助原则，在政府系统内部，只有那些下级政府无力自行处理的事情上级政府才有权处理。[1]实际上，跨区域法院的设置属于所跨区域的地级市人大仅凭一己之力无法处理的问题，更重要的原因是，由某一个区域的人大为另一个区域或者更大区域选举审判人员、组建审判机关并行使审判权将严重违背民主原则。以这种方式解决跨区域法院与人大关系的是河南省的"推磨"模式，已有学者撰文批评。[2]可见，唯一的选择是由共同的上级人大处理这类事务，由于上级人大也是由下级人大选举产生的，由上级人大为下级地市产生共同的审判机关具有民主正当性基础。至于仅跨县级行政区域的法院，其与人大的关系同样可以运用上述思路解决。

（二）跨区域法院与党委的关系

坚持中国共产党的领导是1982年《宪法》的一项原则，这意味着跨区域法院与执政党的关系具有宪法意义。我国执政党的党委与行政区划对应设置，省、市、县、乡四级行政区划均设有党委，某一行政区划的党委对该区划内的国家机关有领导权，省委领导省人大、省政府、省监察、省法检，市委领导市人大、市政府、市监察、市法检。将法院与行政区划分离会面临的第二个问题是哪一级党委领导跨区域法院的工作。这个问题与前一个问题类似，但处理思路不同，因为跨区域法院与人大的关系涉及证成司法权合法性的民

---

〔1〕 参见熊光清："从辅助原则看个人、社会、国家、超国家之间的关系"，载《中国人民大学学报》2012年第5期。

〔2〕 参见侯宇、陈悦："行政诉讼跨行政区域管辖制度的宪法学分析——以河南'推磨'模式为例"，载《上海政法学院学报（法治论丛）》2017年第5期。

主原则，而跨区域法院与党委的关系涉及作为党领导国家的方式的民主集中制原则。民主原则和民主集中制原则的区别是，前者具有为政治正当性辩护或证成的性质，而后者只是一个党领导国家事务的机制或者工作程序。[1] 前一个问题回答的是跨区域法院由哪一级人大产生才是合法的，后一个问题回答的是跨区域法院由哪一级党委领导才合乎中国共产党的组织原则，从而避免下级党委领导本应由上级党委领导的事务。

总的来说，这个问题大致有三种解决思路。其一是新设一个跨区域的党委，这种思路看似最简洁、到位，但是一个只领导跨区域法院司法工作的党委还能叫党委吗？恐怕更像党组。若真如此，这个问题实际上没有得到解决。其二是由其所跨区域的党委共同领导。但什么叫"共同领导"？"共同领导"在中国共产党的组织原则中有其依据吗？是否合乎民主集中制原则？即便这些问题的答案是肯定的，所谓的"共同领导"也还将面临一个问题，那就是这种领导方式本身需要新的制度设计。可见，第二种思路除了无法在党章和党内法规上找到依据外，还会陷入一种不经济的境地，即为了解决跨区域法院的问题而制造了另一个有待解决的问题。第三种方案较为可取，即由领导所跨区域党委的共同上级党委领导该跨区域法院，这样处理符合下级服从上级的组织原则，理由是按照该原则，上级党委有权处理下级党委有权处理的事项，而下级党委无权处理上级党委才有权处理的事项。换言之，根据党的组织原则，下级党委无权处理的事项应该由上级党委处理。这种方式的优点是能够保证党领导司法工作的统一性，巩固我国宪法确立的党的领导原则和党对国家实行全面领导的制度安排。

（三）跨区域法院与其他法院的关系

跨区域法院与法院的关系可以分为两个维度：一是跨区域法院与所跨区域同级普通法院的关系；二是跨区域法院与上级法院的关系。理解跨区域法院与其他法院的关系需要从行政诉讼法的管辖制度和审级制度入手。

首先，跨区域法院与普通法院的关系可以根据案由判断。因为跨区域法院专门管辖第一审行政案件，所以普通法院就不再受理一审行政案件，只受理民事和刑事案件，根据民事诉讼法和刑事诉讼法确定管辖权；行政案件专

---

〔1〕 关于民主集中制在党领导国家事务中的作用，参见祝灵君："党领导国家体制研究"，载《当代世界与社会主义》2020 年第 1 期。

门由跨区域法院受理，根据行政诉讼法确定管辖权。实际上，在知识产权法院甚至更早的海事法院、铁路运输法院的运作过程中，这种安排已经比较成熟，取得了不少经验。换言之，所有的专门法院与普通法院管辖权的划分都依据案由。其次，上下级跨区域法院之间的关系可以通过级别管辖和审级制度厘清。就级别管辖而言，跨区域法院要么是基层人民法院，要么是中级人民法院，其级别在设立时能够明确，如果前文关于跨区域法院与人大的关系的分析能够成立，那么由地市级人大设立的跨区域法院是基层人民法院，受理以县级以上地方政府部门为被告的第一审行政案件，由省级人大设立的跨区域法院是中级人民法院，受理以县级以上人民政府和国务院部门为被告的案件。这依据现行的行政诉讼法就能够得出结论。就审级制度而言，如果跨区域法院是基层法院，那么其审理的案件的上诉法院就是管辖该区域行政案件的中级跨区域法院，在尚未设立中级跨区域法院的地方，当事人可以提起上诉的法院是当地的中级普通法院，该中级人民法院有权维持、改判或推翻其判决，对其生效裁判，该中级人民法院也有权纠正；如果跨区域法院是中级人民法院，该区域所在省的高级人民法院就是其上级法院，对其裁判不服可以向该高级人民法院提起上诉，该高级人民法院有权纠正其生效的裁判。

三、央地关系中的跨区域行政法院

跨区域行政审判制度要解决的问题之一是司法权地方化问题，司法权地方化指的是中央将作为中央事权的司法权授权地方行使，由中央对地方行使司法权加以监督。在实践中，这种制度安排容易导致地方保护主义和地方行政权干预。跨区域法院的设立意味着审判活动与某一特定区域不再挂钩，具有消除司法权地方化的不利影响的功能，"几乎所有的研究都将司法权的去地方化视作设立新型跨行政区划法院的基本功能"。[1]跨区域行政集中管辖制度中的跨区域行政审判庭和跨区域行政审判中心，由于没有脱离与原有普通法院的隶属关系，因此对现有的央地关系不会造成影响。

（一）司法权是中央事权和地方事权的交叉

在我国宪法确立的单一制下，司法权从学理上被认为属于中央事权。司法地方化的后果是形成了司法的地方保护主义，损害司法公正。对此，有学

---

〔1〕 曹也汝："跨行政区划法院的性质与功能——以铁路运输法院改革试点为参照"，载《法治现代化研究》2018年第4期。

者提出了司法权的国家化，其理论基础就在于司法权属于中央事权。[1]我国宪法文本没有明确将司法权认定为中央事权，但根据《宪法》第 129 条、《立法法》第 8 条以及《人民法院组织法》第 3 条的规定，司法制度（包括人民法院的组织和权限、诉讼制度）属于法律保留的事项，这意味着没有全国人大制定的法律，地方人大不能通过地方性法规对其辖区内的司法制度作出规定。

这样的理由显然不能够充分地说明司法事务的性质。如果司法权属于中央事权，那么宪法和法律应该为中央保留的权力包括：①司法组织由中央设立；②司法职权由中央国家机关规定；③司法人员由中央任命；④司法经费由中央保障。现有的制度只能保证其中的第一点，至于另外三点，除了最高人民法院以外，其他法院（不包括军事法院）的司法人员都由地方人大产生；司法经费实行省级财政负担。至于司法职权，中央国家机关确实规定了笼统的审判权和检察权，以及地域管辖和级别管辖的一般规则，但地方仍然有权自主设定法院的辖区。例如，对于某些知识产权法院的设立，高级人民法院有权自主决定。[2]可见，将司法权认定为中央事权存在实践上的困难，这需要我们在央地关系理论中重新思考司法权的地位。

究竟什么是中央事权？中央事权和地方事权怎么划分？在联邦制下，中央事权涵盖了应由中央统一行使权力的事项，如国防、外交以及基本权利的平等保护。但在单一制下，中央事权的范围应该更广。那么，司法权是否属于中央事权？如果将司法权理解成司法行政权，那么由于行政权本身属于地方事权，所以作为司法行政权的司法权完全具有地方性的因素；如果将司法权理解成司法裁判权，[3]那么由于司法机关产生自具有地方性的地方人大权力，所以司法权也具有地方性的属性。因此，从理论上很难说司法权是全然的中央事权并且司法改革的任务之一就是让司法去地方化。

（二）跨区域行政法院的地方化问题

上文的分析表明，司法权具有地方事权的属性，除非中央完全包揽一切司法事务，否则无法彻底地去地方化。换言之，以追求司法去地方化为目的

---

〔1〕 参见刘作翔："中国司法地方保护主义之批判——兼论'司法权国家化'的司法改革思路"，载《法学研究》2003 年第 1 期。

〔2〕 参见姚国建："中央与地方双重视角下的司法权属性"，载《法学评论》2016 年第 5 期。

〔3〕 参见郭利纱："论我国司法改革的去地方化与去行政化"，载《烟台大学学报（哲学社会科学版）》2019 年第 1 期。

而开展跨区域行政审判改革，实无必要。即便是地方化的司法，也可能实现司法公正。近年来，越来越多的学者意识到司法组织因地而设，"具有天然的地方性"。[1]在司法改革中，真正重要的未必是去地方化，而是去行政化，尤其是因为行政化带来的地方化，而那些正常的地方化则合乎司法规律，没有必要革除。在这个意义上，跨区域行政审判与其说是去地方化，毋宁说是通过将审判组织与行政区划分离实现去行政化，附带性地达到去除因行政化导致的地方化的目标，这大概是跨区域行政审判制度的要义。在法学界，有一种意见坚持将司法去地方化和司法去行政化同等对待，[2]这种看法有舍本逐末之嫌，甚至有可能违背司法规律。坚持去行政化才是司法改革的正确方向，来自外部的或者内部的行政干预始终是司法公正和司法权正常行使的最大威胁。

结　语

作为本轮司法改革的重要环节，跨区域行政审判制度承担着保障司法公正、整合司法资源、提高司法效率的重要使命。在实践中出现的两种形态即跨区域法院和跨区域行政案件集中管辖都能或多或少地实现这个目标。跨区域案件集中管辖是现今采用得较多的形式，在宪制框架尚未变动的情况下，这是一种稳健的改革方案。但从长远看，要想达到跨区域行政审判制度改革的目标，还是有必要设立一批跨区域法院的。但设立跨区域行政法院或者跨区域管辖行政案件的综合法院涉及对《宪法》的变动，我们需要把握、梳理跨区域法院与人大、党委、普通法院的关系，并在这些关系中明确跨区域法院的地位。在跨区域法院与人大的关系上，跨区域法院应由所跨区域共同的上级人大选举产生、对它负责、受它监督，以保障民主原则在宪制结构的变动中仍然能够落实落地；在跨区域法院与党委的关系上，跨区域法院应由所跨区域共同的上级党委领导，以符合中国共产党的组织原则即民主集中制；在跨区域法院与其他法院的关系上，首先应基于案由和适用的诉讼法区别跨

---

〔1〕 参见葛洪义、江秋伟："中国地方司法权的内在逻辑"，载《南京社会科学》2017年第1期；郭利纱："论我国司法改革的去地方化与去行政化"，载《烟台大学学报（哲学社会科学版）》2019年第1期。

〔2〕 参见冀祥德："全面深化司法体制改革的两个支点"，载《北京联合大学学报（人文社会科学版）》2015年第3期。

区域法院与普通法院的管辖权，其次应按照审级制度和级别管辖制度划分上下级跨区域法院之间的权限。

通常的看法是跨区域法院应该通过司法去地方化保障司法公正，司法去地方化和司法去行政化一样重要。实际上，这种看法经不起理论推敲，司法权具有地方事权的属性，除非能在央地关系上建立新的理论，否则追求司法去地方化不仅违背司法规律，也将违背宪法和《人民法院组织法》对司法权在央地关系中的地位的制度安排。无论是跨区域行政审判改革还是更为广泛的司法改革，都应该对司法行政化保持高度警惕，都应该将司法去行政化当作司法改革的最重要目标。

参考文献

[1] 秦前红、苏绍龙："深化司法体制改革需要正确处理的多重关系——以十八届四中全会《决定》为框架"，载《法律科学》2015 年第 1 期。

[2] 魏胜强："司法公正何以看得见——关于我国审判方式的思考"，载《法律科学（西北政法大学学报）》2013 年第 6 期。

[3] 马怀德："行政审判体制改革的目标：设立行政法院"，载《法律适用》2013 年第 7 期。

[4] 王耀海："跨行政区划法院的客场机理"，载《人民法治》2016 年第 1 期。

[5] 李生龙："优化司法资源配置的价值导向与路径"，载《团结》2019 年第 6 期。

[6] 程琥："行政案件跨行政区域集中管辖与行政审判体制改革"，载《法律适用》2016 年第 8 期。

[7] 叶赞平、刘家库："行政诉讼集中管辖制度的实证研究"，载《浙江大学学报（人文社会科学版）》2011 年第 2 期。

[8] 江必新："从跨区划管辖到跨区划法院——兼论新型诉讼格局之构建"，载《人民司法（应用）》2017 年第 31 期。

[9] 翟国强："跨行政区划人民法院如何设立？——一个宪法解释学的视角"，载《法商研究》2016 年第 5 期。

[10] 熊光清："从辅助原则看个人、社会、国家、超国家之间的关系"，载《中国人民大学学报》2012 年第 5 期。

[11] 侯宇、陈悦："行政诉讼跨行政区域管辖制度的宪法学分析——以河南'推磨'模式为例"，载《上海政法学院学报（法治论丛）》2017 年第 5 期。

[12] 祝灵君："党领导国家体制研究"，载《当代世界与社会主义》2020 年第 1 期。

[13] 曹也汝："跨行政区划法院的性质与功能——以铁路运输法院改革试点为参照"，载

《法治现代化研究》2018年第4期。

[14] 刘作翔："中国司法地方保护主义之批判——兼论'司法权国家化'的司法改革思路"，载《法学研究》2003年第1期。

[15] 姚国建："中央与地方双重视角下的司法权属性"，载《法学评论》2016年第5期。

[16] 郭利纱："论我国司法改革的去地方化与去行政化"，载《烟台大学学报（哲学社会科学版）》2019年第1期。

[17] 葛洪义、江秋伟："中国地方司法权的内在逻辑"，载《南京社会科学》2017年第1期。

[18] 冀祥德："全面深化司法体制改革的两个支点"，载《北京联合大学学报（人文社会科学版）》2015年第3期。

点　评

　　跨区域法院的设置涉及我国宪制体制的变革，文章从组织法和央地关系的角度理清了跨区域行政法院可能面临的宪制关系，解释了跨区域法院与人大、党委、其他法院的关系，明确了行政案件跨区域审判的任务是解决司法的行政化而不是地方化。文章条理清晰、思路完善，梳理了跨区域法院的宪制地位和功能，推进了关于跨区域法院的研究。文章能够用现有的理论解释新的问题，也为司法改革研究带来了不少启发。但是，也有几个值得讨论的问题。首先，如果文章只讨论跨区域法院，就没有必要另行讨论跨区域案件集中管辖，否则便有主题不明之嫌，从文章的观点看，跨区域案件集中管辖完全能够在现有的体制和学说中解决，似乎没有讨论的必要。其次，跨区域行政法院由共同上一级人大产生，这在逻辑和操作层面都有可行性，但问题在于，如果跨区域法院并不是一个完全属于"上一级"的问题，那么上级人大是否有权为下级选举产生一个法院呢？尤其是，上一级人大不仅仅包含了所跨区域的人大代表，还包含了非所跨区域的人大代表，其他区域的人大代表是否有权参与与所属地无关的事务的决议呢？最后，司法权是否是地方事权，这是一个存在争议的问题，也是一个需要论证的问题，文章并没有对此展开详细讨论。

（点评人：武汉大学博士后研究人员　高冠宇）

刑事司法专论

讯问笔录的准确性问题研究

熊依婷*

内容提要： 讯问笔录是刑事诉讼中的重要证据形式。准确无误的讯问笔录有助于提升事实认定的准确性，促进公平正义。在案卷笔录中心主义的作用下，不准确的讯问笔录流入法庭并被作为刑事判决的主要依据将导致错案的发生。归结到讯问笔录本身，在"供述—讯问—解读—记录"这个过程中，讯问笔录已历经了从口语到书面模式的数据转变。更为关键的是，在侦查人员认知偏差的影响下，犯罪嫌疑人所述已受到了不同程度的曲解和加工。问题在于，这种污染和主观性影响尚未引起足够的重视。

关键词： 讯问笔录　侦查人员的主观性　侦查认知偏差　笔录记写

导 论

侦查是刑事诉讼中的基础性环节，侦查权的行使直接关系到诉讼活动的成败得失。实践中，有许多关于刑讯逼供导致"非法证据排除"或"冤假错案"的研究，但侦查错案反复发生的深层原因不仅局限于此。作为侦查活动的关键产物，讯问笔录自身也存在着尚未被完全认知的准确性问题。在讯问笔录的制作过程中，数据不仅会在从口语版本到书面版本的转变中流失；并且会在"犯罪嫌疑人供述—侦查人员提问—侦查人员解读信息—最后记录"的过程中受到侦查人员认知偏差的极大影响。即侦查人员在记录犯罪嫌疑人的供述时，总是会不可避免地将听到的犯罪嫌疑人话语中的信息与自己脑中

---

* 作者单位：中国政法大学证据科学研究院。

的知识相结合，对原始数据添加个人层面的解释。[1]在导致侦查错误和侦查错案反复发生的各种因素中，侦查人员的认知偏差具有更为根本性的作用。但这一点尚未引起侦查人员和学界研究的重视。加之受案卷笔录中心主义的影响，对这一深层关系的分析迫在眉睫。对于这些存在于讯问笔录中的问题若无法给出有力解释，我们也就很难提出进一步消减侦查错案发生的有效措施。[2]因此，有针对性地提出侦查人员认知偏差的矫正策略是拓展侦查错误和侦查错案研究领域的重要尝试，也是转换侦查错误和侦查错案研究视角的重要尝试，对于减少和防控侦查错误与侦查错案具有重要的启示意义。

此外，该问题属于证据法学、侦查学、语言学、认识论等交叉学科领域的研究。但现在学术界很少从跨学科的视角审视这一问题。然而，在当下乃至今后较长一段时间内，讯问笔录仍会是法庭上举证、质证以及法官认证的重点对象，在庭审中发挥举足轻重的作用。若讯问笔录的准确性问题得不到妥善解决，庭审实质化改革也将难以有效推进。基于此，笔者将目光聚焦于讯问笔录自身的准确性问题，从跨学科视角研究侦查人员的主观性对讯问笔录所造成的影响，揭示这一问题的潜在风险。

一、讯问笔录的性质界定——特殊的传闻证据

一般而言，传闻是指陈述人并非在审判或作证时作出的，作为证据提供用以证明所主张事项之真实性的书面或口头陈述。[3]传闻证据具有以下三个基本特征：首先，传闻证据至少包含两个主体：一个是原陈述人；另一个是证人。其次，传闻证据至少涉及两个环节。一个是原陈述人在庭外对事实的感知和在证人面前的陈述环节；另一个是庭上证人在法庭上对前者陈述的转述环节。[4]值得说明的是，前一个环节不仅仅包括原陈述人的口头陈述，而且包括书面形式（如原陈述人亲自书写的事实材料）和非语言行为（如手势、

---

[1] *See* Haworth K, "Tapes, Transcripts and Trials: The Routine Contamination of Police Interview Evidence", *The International Journal of Evidence & Proof*, 22 (4), pp. 428~450.

[2] 参见刘启刚："侦查人员认知偏差的矫正原则与策略研究"，载《山东警察学院学报》2019年第4期。

[3] [美] 罗纳德·J. 艾伦、理查德·B. 库恩斯、埃莉诺·斯威夫特主编：《证据法：文本、问题和案例》（第3版），张保生、王进喜、赵滢译，满运龙校，高等教育出版社2006年版，第454页。

[4] 张保生主编：《证据法学》（第3版），中国政法大学出版社2018年版，第312页。

本能地颤抖等）。在后一个环节当中，最为典型的就是警察在法庭之外制作的各种侦查笔录、供述录音、录像带等。[1]最后，一方当事人提出传闻证据的目的在于证明某项内容所反映的事实真实。[2]如果当事人提供某一陈述的目的不在于此，而在于其他目的（如为了证明陈述者曾经作过该陈述、该陈述所述的事实具有重要性、陈述者本人或他人的意识状态如何或者陈述客观上产生了什么样的效果等），则该陈述不是传闻证据。这个特征通常被当作判断传闻证据的关键。此外，当陈述者的庭前证言和当庭证言不一致时，陈述者的庭前证言如果不是为了证明陈述者的当庭证言为真实，而是用来证明陈述者在庭前曾经说过那样的话，[3]那么陈述者的庭前证言也不是传闻证据。

在不属于例外的情况下，这一类对原陈述人在讯问室内对所亲身感知的事情进行的书面记录，被写成书面形式由他人在法庭上宣读，具备着传闻证据的显著特征。因此，一般认为，侦查笔录属于比较典型的传闻证据。讯问笔录中，侦查机关是制作主体；制作的时间是侦查讯问程序中；制作的地点是位于庭审和听证之外的侦查讯问室内；记载的内容主要是事件亲历者（也就是被追诉人）的供述。之后，讯问笔录会随其他卷宗一起作为移送起诉的材料被提交到法庭，并且成为法院了解和认定案件事实的主要途径。对于事实认定者而言，讯问笔录是对过去发生事实的记录，是侦查人员对案件事实调查活动的庭外书面陈述。在庭审上，这些庭外生成的书面记录被用来证明犯罪嫌疑人在庭外所说的话与控方所主张的犯罪事实的真实性。也即，在侦查人员实施讯问的过程中，犯罪嫌疑人、被告人的陈述是传闻证据中的第一个环节。在法庭审判过程中，为了证明犯罪事实的存在，公诉人员将讯问笔录的内容宣读出来，这是传闻证据涉及的第二个环节。如果公诉机关将讯问笔录提交法庭当作指控犯罪的证据，则它们均属于传闻证据。相反，如果侦查机关将讯问笔录仅仅当作侦查的依据，或者仅仅当作移送检察机关提起公诉的依据，那么上述笔录便不是传闻证据。[4]典型的例子如：在一场纠纷中，丈夫打了妻子，妻子报警后丈夫被逮捕，侦查人员将此记录在笔录中。之后，控方将此庭外书面陈述递交法庭，作为证据向法官证明"丈夫打了妻子"这

---

[1]　参见朱立恒："传闻证据规则与侦查笔录的运用"，载《法学杂志》2006年第2期。
[2]　张保生主编：《证据法学》（第3版），中国政法大学出版社2018年版，第312页。
[3]　参见朱立恒："传闻证据规则与侦查笔录的运用"，载《法学杂志》2006年第2期。
[4]　张保生主编：《证据法学》（第3版），中国政法大学出版社2018年版，第312页。

一犯罪事实。但他们对于丈夫是否打了妻子这一点并无亲身知识。[1]控方提出这样的证据，是为了主张自己所控诉的被告人犯罪事实的真实性，而不是证明被告人确实说过这样的话。

二、讯问笔录的准确性及其价值

（一）确保被讯问人的真实意愿

讯问笔录的记载要求如实记录犯罪嫌疑人的供述，无论是犯罪嫌疑人的有罪供述还是无罪辩解。但在现实中，侦查人员在先入为主的"定罪"思维和办案压力的影响下，有时会选择性地记录信息并忽略被讯问人的无罪辩解。更为关键的是，即便侦查人员捕捉到了犯罪嫌疑人的关键表达，但在锚定效应和群体思维等认知偏差的作用下，[2]仍会无意识地将话语信号中的信息与自己脑海中的知识相结合，在重构自己所听到的消息时扮演着积极角色。如此，侦查人员无论是有意或无意，被讯问人的真实意愿表达都会被消解。而如果讯问笔录未体现被追诉人的真实意愿，则容易导致被告人在法庭上翻供，提出其所说的东西与讯问中（被记录）所说的东西之间的差异。这可以通过律师的辩论被加以强调，进而摧毁证人证言的可信性。在一场高超的交叉询问中，这不仅会摧毁（明显）不一致的证据部分，而且会毁掉他们的全部证据。这种影响可能是毁灭性的，尤其是对被告而言。[3]所以，讯问记录的准确性至关重要。

（二）防止讯问人员权力滥用

侦查作为刑事诉讼的关键一环，理应按照《刑事诉讼法》等规定的程序依法办事，但是不时被曝出的"冤假错案"不断反映着由不规范讯问导致的问题。这不仅侵犯了犯罪嫌疑人的基本权利，也影响着后续法庭上的事实认定的准确性。前期，在侦查为中心主义的影响下，侦查人员的权力比较大，侦查人员为了使犯罪嫌疑人认罪而不惜采取任何措施。表现在讯问笔录中则是笔录中记载的都是犯罪嫌疑人的有罪供述，这也是刑讯逼供频发的原因之

---

〔1〕 张保生主编：《证据法学》（第3版），中国政法大学出版社2018年版，第313页。

〔2〕 参见刘启刚："侦查假设在情报分析过程中的提出、应用与验证"，载《中国刑警学院学报》2018年第2期。

〔3〕 *See* Haworth K，"Tapes，Transcripts and Trials：The Routine Contamination of Police Interview Evidence"，*The International Journal of Evidence & Proof*，22（4），pp. 428~450.

一。并且，这种已经受到污染的信息之后被作为法院裁判的依据，不仅会导致庭审实质上被架空，也会造成事实认定不准确，风险不言而喻。为此，我们必须强调讯问笔录的准确性，使讯问笔录中体现的是讯问的整个真实过程，而不是侦查人员所想要嫌疑人表达的内容。这也会逼侦查人员依法办事，约束自己的行为，合法行使权力。

（三）促进真相发现

讯问笔录制作的核心环节中，从犯罪嫌疑人供述、侦查人员提问到侦查人员解读信息和最后记录等都存在准确性问题。这不仅会阻碍事实真相的发现，也不利于审判人员作出准确的事实认定。尤其是考虑到侦查人员与案件之间的利害关系，侦查人员在制作笔录的过程中有可能有意无意地歪曲他们听到的和观察到的情况。如此，我们必须强调讯问笔录的准确制作，减少这种制度性地让污染渗入访谈数据的处理，杜绝侦查人员任意取舍、夸大、缩小或改变数据等"篡改证据"行为，[1]使得讯问笔录记载的内容能如实反映犯罪嫌疑人供述的原意，展现原本的讯问情况，促进对事实真相的探求。

（四）实现公平正义

案件到了法庭上，讯问数据将进一步发挥作用。在侦查人员出庭作证难的现实困境下，如果允许控方以侦查笔录来代替侦查人员、证人等出庭作证，那么被告人的对质权将无法得到保障。讯问笔录仍是法官定案时的重要参考。这有损审判的公正性。并且，这些记录成为检控方提起公诉的重要组成部分，讯问的内容作为证据在法庭出示，其中一些细节常常被检控方用来对被告进行交叉询问。[2]若讯问笔录本身的准确性得不到保障，辩方便会处于被控方完全支配的地位，这无疑会阻碍公平正义的实现。

（五）增强证据可信性

有学者从模糊语言学的角度出发，对500份真实的"讯问笔录"做了定量研究。其发现，模糊语言不可避免地存在于"讯问笔录"篇章中。它会影响"讯问笔录"证据的可信性和可读性，进而影响司法取证和审判。因为，

---

〔1〕 See Haworth K，"Tapes，Transcripts and Trials：The Routine Contamination of Police Interview Evidence"，*The International Journal of Evidence & Proof*，22（4），pp. 428~450.

〔2〕 See Haworth K，"Tapes，Transcripts and Trials：The Routine Contamination of Police Interview Evidence"，*The International Journal of Evidence & Proof*，22（4），pp. 428~450.

经过查证核实的讯问笔录反映了讯问的全部过程，为分析案情、制定审讯策略、开展相关侦查取证活动提供了直接的依据。"讯问"话语转化为"笔录"的信息缺失和失真造成的模糊性是实现"讯问笔录"可信性的最大障碍。[1]因此，我们必须对讯问笔录进行改革，消除记录的模糊性，保障记录的准确性，体现出"讯问笔录"的可信性。

三、讯问笔录的准确性困境

为保证在刑事诉讼中进行准确的事实认定，进而维护诉讼各方的合法权利和义务，讯问笔录必须体现准确性。[2]在侦查讯问阶段，侦查人员可能会为形成办案所需的笔录而对犯罪嫌疑人进行诱导供述，并对其供述有选择地进行记录，对有利于犯罪嫌疑人的证词视而不见，导致笔录反映的犯罪嫌疑人供述与事实完全不符，这是错案形成的源头之一。而讯问笔录作为审查批捕、合议案件的重要参考，是准确认定案件事实的重要证据。但其自身的准确性问题一直是我国尚未解决的。讯问笔录的准确性若得不到保障，该证据就无法发挥其应有的作用。本文将从讯问笔录遭遇的这种准确性困境切入，以刑事诉讼侦查阶段中的讯问笔录为研究对象，聚焦侦查讯问过程，分析形成这种困境的原因以及摆脱这种困境的可能途径。

（一）何谓讯问笔录的准确性

准确认定事实不仅是我国证据法的努力目标，更是各国证据法的共同价值追求。大陆法系的直接言词原则和英美法系的传闻证据规则都服务于准确性价值。两大法系都要求事实认定者应当对审判具有亲历性，证人应以亲身知识在法庭上以口头的而不是书面证言的方式作证。[3]在我国，《刑事诉讼法》第2条就对"保证准确""及时地查明犯罪事实"作出了明确规定，[4]并从"惩罚犯罪分子，保障无罪的人不受刑事追究"方面再次强调了保障准

---

〔1〕参见高现伟："'讯问笔录'篇章的模糊语言语用探析"，载《西昌学院学报（社会科学版）》2011年第1期。

〔2〕张保生主编：《证据法学》（第3版），中国政法大学出版社2018年版，第67页。

〔3〕参见张保生："证据规则的价值基础和理论体系"，载《法学研究》2008年第2期。

〔4〕《刑事诉讼法》第2条：中华人民共和国刑事诉讼法的任务，是保证准确、及时地查明犯罪事实，正确应用法律，惩罚犯罪分子，保障无罪的人不受刑事追究，教育公民自觉遵守法律，积极同犯罪行为作斗争，维护社会主义法制，尊重和保障人权，保护公民的人身权利、财产权利、民主权利和其他权利，保障社会主义建设事业的顺利进行。

确性的意义。

讯问笔录作为我国的法定证据之一，在促进事实真相的发现以及消除事实认定的不确定性方面占有重要地位。如实记载与案件事实相关的信息，切实反映犯罪嫌疑人、被告人真实意思的讯问笔录能在一定程度上避免审判人员作出错误的事实认定，进而有效地解决争端，维护诉讼各方的合法权益，实现维护司法公正的目的。[1]若要达到此目的，则讯问笔录中的记录必须能够全面、完整、准确地反映讯问活动的实际情况。所谓全面，即必须把讯问的全部情况反映在笔录上，不能遗漏和删节。所谓完整，即完整地反映事物的全貌，不能顾此失彼、有所遗漏。所谓准确，即如实反映犯罪嫌疑人供述的原意，不能任意取舍、夸大、缩小或改变原意，语言的音、形、意应尽量准确。对于重要情节、手段、涉及定性定罪的重要供述，要记载犯罪嫌疑人的真实供述与辩解，不得掺杂侦查人员或其他不相关人员的主观思想，以在内容上和形式上做到无偏差、无错误，切实反映讯问的全过程。[2]也就是说，侦查人员在记录时，不能主动将话语信号中的信息与自己脑中的知识相结合，进而构建符合自己认知的信息。

（二）实践中口语和文本间的偏差

讯问笔录的制作体现为一问一答的过程，除嫌疑人自书外，其以日常口语回答侦查人员所提出的问题。但问题就在于，这个口头文本和最终呈现的书面文本之间不是完全等同的，犯罪嫌疑人呈现出来的数据信息已经经历了书写文本和口语文本之间的格式改变。这种重大转型即侦查人员在记录犯罪嫌疑人的供述时，可能会自动加入其主观层面的删减和概括，并且将所听到的犯罪嫌疑人的话语中的信息与自己脑中的知识相结合，在建构自己所听到的消息时扮演着积极角色。这种对犯罪嫌疑人的原始话语数据添加个人层面解释的做法使得污染渗入了对访谈数据的处理，[3]实质上有"篡改证据"的嫌疑。

有学者通过对侦查讯问笔录的实证研究发现，讯问过程仍存在超时、在

---

〔1〕 参见张保生主编：《证据法学》（第3版），中国政法大学出版社2018年版，第67页。

〔2〕 参见高现伟："'讯问笔录'篇章的模糊语言语用探析"，载《西昌学院学报（社会科学版）》2011年第1期。

〔3〕 *See* Haworth K，"Tapes，Transcripts and Trials：The Routine Contamination of Police Interview Evidence"，*The International Journal of Evidence & Proof*，22（4），pp. 428~450.

看守所外讯问、多次讯问等不规范之处。讯问笔录显示的讯问时间与所作出的讯问笔录内容不成比例，如 2004 年 4 月 22 日 8 时 0 分讯问嫌疑人郭某 120 分钟，结果讯问笔录只有区区 2 页。这在一定程度上表明，讯问人员对讯问的内容可能进行了有选择性的记录，而不是完整、客观地反映讯问内容。[1] 并且，同一案件多份笔录内容同化现象严重。刑事案件自身的复杂性和讯问对抗性导致侦查人员不可能把犯罪行为一次性、全面地了解清楚，一个案件往往会经过反复多次讯问，形成多份讯问笔录。但现实中同一案件同一犯罪嫌疑人的多份讯问笔录在内容和问话顺序、文字表述上却会表现出完全相同的情况，有时甚至连错别字都完全一样。[2] 除此之外，有学者对 500 份真实的"讯问笔录"做了定量研究。其发现，从笔录内容看没有停顿、重复、拖音、说话修正行为，含糊不清、突然停顿、强调话语和副语言行为，以及诸如"直言不讳"的表达。这些都说明记录员在转写时直接进行了主观概括。笔录中有错别字、标点错误，并且字迹模糊，会大大降低其可信度，或者说完全是记录员根据犯罪嫌疑人的口述编写的。[3] 犯罪嫌疑人完全可以翻供，说这不是自己的话。这说明，实践中，讯问笔录的制作存在许多不规范操作，这不仅破坏了讯问笔录的准确性，也容易滋生刑事错案。

此外，讯问笔录没有起草、修改、润饰、抄写的时间，它当场成文，一次性完稿，最大限度地记录讯问过程中的问答显然十分困难。并且说话的速率高于书写速率，这悬殊的比率使讯问笔录对记录员提出了很高的书写能力与记忆能力的要求。为了保障记录的实时性和可读性，侦查人员不可避免地会进行筛选记录。[4] 这也可能导致口语和文本之间的偏差。

（三）供述产生准确性问题

我国侦查阶段的讯问笔录是公安机关的侦查人员对犯罪嫌疑人进行讯问时，依我国《刑事诉讼法》制作的如实记录讯问情况的法律文书。这种记载着犯罪嫌疑人、被告人供述与辩解的文书，是言词证据的一种。讯问笔录作

---

〔1〕 参见杨鑫燕："公安机关侦查讯问笔录实证研究——以 s 市 x 县侦查卷宗为样本"，载《安徽警官职业学院学报》2014 年第 4 期。

〔2〕 参见胡向阳、张巍："基于大数据的侦查讯问文本数据挖掘与分析"，载《中国人民公安大学学报（社会科学版）》2019 年第 6 期。

〔3〕 参见高现伟："'讯问笔录'篇章的模糊语言语用探析"，载《西昌学院学报（社会科学版）》2011 年第 1 期。

〔4〕 张保生主编：《证据法学》（第 3 版），中国政法大学出版社 2018 年版，第 312 页。

为言词证据的一种，在被用来证明陈述人在其所主张事项中的真诚信念以及关于某事件之信念的准确性时，会牵涉言词证据中的证言三角形问题。[1]也即陈述人的诚实性、叙述歧义性、感知和记忆能力问题。

证言三角形中有两个推论过程：从听者的角度看，第一个推论是从陈述人话语（证言）到陈述人信念的推论，在此过程中要求对陈述人诚实性和叙述能力的信赖。通常来说，人们既有的知识会对其所观察的信息产生影响，因此即使是同一事物，不同的人可能也会得出不一样的结论。第二个推论是从陈述人信念到导致该信念之事件的推论，这要求对陈述人感知和记忆能力的信赖，以及准确信念与真实事件相符合之一般假设的信赖。也即观察的准确性和记忆的准确性。如看不清事物或者分辨不清楚颜色等都是影响证人感知能力的因素。[2]经验表明，一个人的记忆能力是会随着时间的推移而逐渐减弱的，如开庭时已经距离事件发生过去了一段时间，很多人在回忆时可能均会出现某些片段记忆不清的情况。事实表明，人的记忆往往也并非客观事物在头脑中的真实记录。除此之外，证人感知时可能因心不在焉而形成辨认错误，因此他们可能在刚开始就已经看错、听错了，但自己却浑然不知。再者，某些证人由于表达能力的缺陷，其叙述可能带有歧义性，其表达可能会有不准确的地方。最后，证人若不出庭，则不必在法庭上作证宣誓或接受弹劾，事实认定者便难以根据其表情或肢体动作等进行综合判断。这就更加放任了这种诚实性危险。[3]并且，在案件发生后，目击者会不自觉地对其失去的记忆加以修补，如对遗忘空间的想象性填补、下意识移情，由此造成记忆错误。事实上，无论是感知错误还是记忆衰减、遗忘修补，都会发生在证人向侦查人员的陈述之中，而侦查人员则会照章记录，但所录范围均只是其陈述的事实过程。即使在询问中对感知条件、感知能力、心理状态有所涉及，也只是基于自己对其陈述的真实性判断，记录时则不加涉及。如此一来，笔录就成了单一的事实陈述，而不涉及影响其陈述真实性的心理学因素。[4]由于这些因素在记录时被过滤掉，此后无论是审查起诉还是开庭审判，面对笔录，

---

〔1〕 参见张保生：“刑事错案及其纠错制度的证据分析”，载《中国法学》2013年第1期。

〔2〕 张保生主编：《证据法学》（第3版），中国政法大学出版社2018年版，第29页。

〔3〕 张保生主编：《证据法学》（第3版），中国政法大学出版社2018年版，第313页。

〔4〕 参见马静华：“庭审实质化：一种证据调查方式的逻辑转变———以成都地区改革试点为样本的经验总结”，载《中国刑事法杂志》2017年第5期。

检察官、法官均无法加以审查，以有效地判断其陈述的真实性。

（四）缺乏对准确性问题的认知

如讯问笔录记载的内容与犯罪嫌疑人对自己主观心态的表述、案发经过细节的陈述等方面存在出入，便会给行为定性、刑罚裁量等问题的处理造成极大的困扰。如在某局办理的"许某盗窃、抢劫案"中，在犯罪嫌疑人到底是驾车主动撞击被害人还是不小心碰擦被害人的问题上，录音录像中的供述为"就刮了一下，就是稍微碰了一下"，而侦查人员在讯问笔录中则记录为"往左向他撞去，把他撞开"。这个细节直接影响到了对许某是否构成抢劫罪的认定。[1]并且，在刑事司法系统中，侦查人员的主观性解释过程容易导致数据变形，但这一点目前还完全没有被认识到，对包含在语言数据本身转换中的格式改变缺乏认知，似乎是这种局面的根源之一。

并且，通过对样本案件及其他领域相关文献的研究，笔者发现，认知偏见广泛存在于日常的侦查工作、讯问工作当中，且这些认知偏见对侦破案件的发展方向有着重大的影响，任何不客观的认定都有可能使侦查工作偏离真相而导致冤假错案发生。然而，目前关于侦查人员认知偏见的文献较少，只能以大众媒体的公开报道作为信息来源，而大众媒体本身也受到了多种认知偏见的影响，其本身自带的"主观评价"也有可能使其缺乏客观性，通过部分推导整体可能并不能完整地反映全部问题，但是其中所包含的"客观"的内核却总是存在的。[2]问题在于，这一客观存在的风险现在很少被实务界注意到。并且，在案卷笔录中心主义的影响下，我国法院主要通过对公诉方案卷笔录的书面审查来认定案件事实，[3]这种审判卷宗不仅是一审审理的基础，也是二审审理的直接依据。废除案卷笔录中心主义对于促进以庭审实质为宗旨的司法改革至关重要，若想真正落实庭审实质化，就必须首先着力改变过去庭审以案卷为中心的做法，避免庭审流于形式，使庭审真正成为确认和解决被告人罪责刑问题的决定性环节。这是决定庭审实质化改革目标能否实现

---

〔1〕 参见毛建军："'以审判为中心'背景下侦查讯问工作的实践考察与完善"，载《江苏警官学院学报》2017年第5期。

〔2〕 参见申维辰、刘冲："侦查人员认知偏见问题探究"，载《铁道警察学院学报》2020年第2期。

〔3〕 参见陈瑞华："案卷笔录中心主义——对中国刑事审判方式的重新考察"，载《法学研究》2006年第4期。

的核心。[1]基于讯问笔录自身的准确性问题，讯问笔录的使用对庭审实质化的影响不仅局限在简单的举证、质证层面，还涉及事实认定的准确性问题、笔录的使用及其对法院裁判的影响。庭审实质化改革中讯问笔录使用的研究，将成为庭审实质化改革成效的风向标。

四、讯问笔录准确性问题的成因分析

案件在发生后，如果没有当事人对具体情境做具体描述的话，案件也就很难查清，这对案件的侦破有着重要的影响。随着我国法律法规的不断完善，侦查取证过程的不断规范，对侦查人员的素质及交流技巧要求越来越高，对讯问规范性和准确性的要求也越来越高。为有效地从证人陈述中获取有价值的案件信息，侦查人员既要遵守法定程序，更要讲究策略。但实践表明，一些笔录做得很不规范，讯问做得很不到位。有的讯问内容不彻底、不全面，讯问笔录与实际案情相比有较大出入，甚至与案件事实相矛盾。具体而言，在讯问笔录的制作过程中，犯罪嫌疑人供述、侦查人员诱导性讯问、侦查人员对信息的解读以及最后的记录环节都可能会出现问题。

（一）讯问产生准确性问题

1. 侦查人员的内容选择性接收

司法实践中，侦查人员为了尽快破案或迫于社会舆论的压力，在讯问犯罪时有时会选择性地记录犯罪嫌疑人的供述，对案件定罪有帮助的话语就记下来，对定罪从轻或者是犯罪嫌疑人无罪的辩解，侦查人员就不记，甚至会以不老实交代问题为由斥责犯罪嫌疑人。有时让犯罪嫌疑人自己想好几种作案方式，分别说出来，侦查人员听到自己感觉满意的、能和自己目前的其他证据形成证据链条的，就选择这种作案方式加以记录。还有一些侦查人员觉得犯罪嫌疑人的供述前后不一样，但是其中一个是符合情理的，另一个不符合情理但是这种描述符合侦查人员的主观推理、有利于案件的侦破，于是侦查人员就理所当然地将符合自己主观推理的案情记录下来。而一旦犯罪嫌疑人按着侦查人员的引导供述了他们想要的笔录，这时笔录的制作才刚刚开始，侦查人员会只字不提之前诱导的部分，而是从犯罪嫌疑人进入诱导状态开始记录。这样，笔录体现的都是侦查机关的主观意思，记载的都是侦查人员想

---

〔1〕 参见褚福民：“案卷笔录与庭审实质化改革”，载《法学论坛》2020 年第 4 期。

要嫌疑人展现的内容。这样就违反了实事求是的原则，也自然会导致讯问笔录内容的不准确。[1]

此外，实际的审讯过程是复杂的、反复的、漫长的。犯罪嫌疑人面对审讯的高压，处于紧张状态而不太可能流利地说话，更不用说是准确陈述自己的犯罪事实了。许多冤假错案的供述笔录均表明，犯罪嫌疑人对案情的记录供述是十分流畅、清楚的，并且语言很干净，没有一般口语中表现出的反复、强调、语气词等特征。这种清楚流畅的语言记录背后的原因可能是犯罪嫌疑人文化素质较高，有非常强的口头表达能力；心理素质相当好；能准确无误地记住并表达自己的犯罪事实。[2]但这种情况极为少见，一些清楚、全面的笔录中所记录的内容并不太像犯罪嫌疑人直接供述的话，而更像是经过侦查人员多重加工后的表述。

2. 侦查人员的形式选择性接收

事实上，在讯问这种特定的环境中，被讯问人处于一种特定的心理状态，这种心理状态多为恐惧和紧张，这种特征会通过他回答问题的内容和语言形式表现出来，即犯罪嫌疑人在一般情况下不太愿意过细地讲述作案过程，在讯问过程中十分被动，也一般不会主动开展新话题，他对作案过程的供述是概括的、断续的、缺乏条理的，更不会回答侦查人员尚没有提出但可能在后面要提出的问题。而讯问笔录要做到对讯问过程的准确还原，就应该呈现出讯问过程的上述特点。[3]如在"佘祥林案"中，笔录较为完整、直接地展现了佘祥林作案的整个过程，并不能看出佘祥林在讯问过程中有过反抗或辩解等迹象，这与后来佘祥林的庭审翻供不符。

另外，讯问笔录是以问答形式记录的文本。即侦查人员就特定事实向犯罪嫌疑人提问和犯罪嫌疑人就这一提问所作的供述和辩解。这就要求笔录的制作者应当如实地再现和还原问答过程，无论是嫌疑人所做的有罪供述还是无罪辩解。但现在不少讯问笔录都没有做到这一点，这就容易导致犯罪嫌疑人在法庭上翻供。其实，很多刑事错案的形成都跟侦查人员有选择性地制作讯问笔录密切相关。

---

〔1〕 参见龙宗智："威胁、引诱、欺骗的审讯是否违法"，载《法学》2000年第3期。

〔2〕 参见龙宗智："威胁、引诱、欺骗的审讯是否违法"，载《法学》2000年第3期。

〔3〕 参见李华文："讯问笔录写作过程中的还原意识"，载《四川警察学院学报》2012年第6期。

综合来说，讯问笔录作为我国重要的法定证据之一，对其准确性的要求不仅在于无偏差的内容记录，更在于完整无误的形式记录。要达到此双重要求，笔录记录者必须具有高度的准确还原意识。也就是说，侦查记录员应该抛弃主观带入的思想，完整、准确地记录讯问内容和讯问过程，做到所听即所写。一份笔录也只有以准确的内容记载和记录过程，才能发挥其对事实的证明效力，侦查人员也绝不能基于办案需要而随意编造和删减犯罪嫌疑人的供述。

3. 侦查人员的选择性记忆

记忆加工过程是循序渐进的，信息先由瞬时记忆、短时记忆加工而最后形成长时记忆，存储于大脑结构中。认知心理学研究证明，人的短时记忆具有一定的容量限制，一般为 5 个至 9 个事项，而其他事项则被短时记忆系统有选择地削弱甚至去除。这种"有选择地削弱去除"对于侦查人员来说就是基于主观经验与案件假设进行的。在复杂的案件信息中，侦查人员往往无意识甚至是有意识地对案件信息进行记忆去除，这将影响案件信息收集的完整性与决策的科学性。经过短时记忆的案件信息进入长时记忆，也存在明显的主观加工，受到事先假设的影响。长时记忆，其编码存储是以原有记忆信息结构为基础的，新信息在服从原有结构的基础上重新建构，形成新记忆体系。新信息不断被旧信息所吸收，这更多地影响着新信息。相比之下，旧信息所受的影响要小得多。人们倾向于记住正向信息（即符合自身原有经验判断的信息），而遗忘负向信息（即与原有经验判断相悖的信息）。最后，记忆提取时也存在较大的主观性，当提取困难或失败时，往往存在主观建构的成分，甚至出现"张冠李戴"的虚假记忆。[1]

（二）解读产生准确性问题

1. 先入为主思维的影响

侦查假设是侦查人员在侦查过程中根据案件事实材料和有关的科学知识，对案件中需要查明但尚未查明或暂时无法查明的问题所作的假定性解释或推测性说明。[2]但侦查阶段事实认定的推进是一个模糊和复杂的过程。在本质上，其推进是"从某个特定的假设将解释现有证据这一事实，到该假设为真"

---

〔1〕 参见任延涛："刑事侦查失误的心理机制分析"，载《吉林公安高等专科学校学报》2009 年第 5 期。

〔2〕 参见周继祥："不完全归纳推理及其在侦查工作中的运用"，载《山东警察学院学报》2012 年第 4 期。

的论证，是一个创造性使用已知信息形成有待进一步调查（侦查）证实的假设的过程。它包含了证据整理与假设评估两个关键性阶段。这一阶段性划分除有助于辨识侦查思维的经验性和开放性特征外，更提供了重新审视并优化侦查阶段事实认定活动的关键步骤。通过对威格莫尔"论证建构方法"的拆解分析来描绘侦查人员面对大量证据信息时证据整理和假设评估的过程，我们可以发现，这个互动的思维推进过程不仅是假设的形成以及特定溯因推理的展开，更是论证构建过程本身。科学、系统的证据整理和精细化假设评估在保障侦查阶段事实认定活动的准确性和可操作性方面具有重要价值。[1]这个探索过程遵循最佳解释推论的一般范式。

因此，侦查的过程是一个借助"回溯式"思维复原案件事实真相的过程，同时也是一个不断提出假说、验证假说的反复过程。但是，出于办案的思维惯性，侦查人员极易陷入"有罪推定"而不去对相关假设进行具体验证。[2]上文中，佘祥林作为一个无辜的、没有犯过罪的普通人，根本就不知道案件的具体情节，但是，在有罪推定的影响下，侦查人员把无名女尸错当成佘祥林之妻张某玉，理所当然地认为他就是此案的凶手。这就导致在以后的侦查过程中，侦查机关不是根据犯罪现场进行侦查和分析，而是将时间精力主要集中在调查佘祥林和张某玉的关系上。如此，侦查人员就会通过"旁敲侧击"，诱导犯罪嫌疑人进入自己设定的案件的发展情节，并通过犯罪嫌疑人的供述来确证自己的观点，而不反思其最初的假设是否错误。这样也会使得侦查人员自动摒弃掉其他的可能性解释。[3]在这种情形下，犯罪嫌疑人如果不配合侦查人员的说辞，那么后果将是不堪设想的。这种先入为主、片面取证的思维最终也会造成危害结果。

2. 侦查人员的诱导发问

刑事审讯时所使用的策略和技术不同于我们平常问人的方式。这种不同之处主要体现在刑事讯问带有技巧性和谋略性，使用技巧也就意味着允许进行合理程度内的欺骗，这也是刑事审讯的常用方式之一，但侦查人员在采用这种欺骗的审讯方法时需保证其不至于导致虚假供述。因为过度的审讯方法

---

〔1〕 参见巩寒冰："证据整理与假设评估：侦查阶段的事实认定问题研究"，载《山东警察学院学报》2019年第1期。

〔2〕 参见毛立新："佘祥林冤案中的侦查错误剖析"，载《湖北警官学院学报》2006年第1期。

〔3〕 参见龙宗智："威胁、引诱、欺骗的审讯是否违法"，载《法学》2000年第3期。

将剥夺犯罪嫌疑人的自由意志，使得其并非出于真实供述的意愿，而是出于避免某种不利后果才作出交代，这是不合法的。我国禁止使用威胁与违法逼供手段，其主要表现为过度使用欺骗手段，反复宣称已经找到了全部证据，逼迫犯罪嫌疑人认罪。又如，有些对被告人具有较大诱惑性的条件，使嫌疑人违心地、违背事实真相地按照审讯人员的要求作出供述。[1]以上种种使得讯问笔录中记载的都是与事实本样相背离的虚假供述。

讯问笔录的准确性不仅仅是指记录的内容无差错，还包括形式流程的完整无误。即要求记录的内容与犯罪嫌疑人的真实意思表达相符和记录犯罪嫌疑人是如何将犯罪事实说出来的完整过程。在实际讯问这一环节中，侦查人员的诱导性发问是破坏笔录准确性的一大重要原因。这使得讯问笔录反映的都是侦查人员所想要"展示"的内容，嫌疑人的真实供述和不法的诱导过程将被掩盖。[2]这不仅会破坏笔录的准确性，也不利于后续的事实认定，更是冤假错案的源头。

3. 侦查人员的认知偏差

侦查人员认知偏差是侦查错误乃至侦查错案发生的深层次心理原因，对侦查工作具有隐蔽而重要的影响。侦查在本质上体现为一种认知过程。这种认知不同于人类抽象意义上的关于未知世界的探索，而是针对过去发生的犯罪事实这种确定状态的认知。[3]任何不客观的认定都有可能使得侦查工作偏离真相而导致冤假错案，如果不能使人们尤其是侦查人员深刻了解此偏见的危害，那么其对于侦查工作的开展以及犯罪嫌疑人的保护都将是不利的。

我们了解到，侦查人员所能接受的信息是有限的，他们排斥和忽视与自己经验不符合的信息。由于侦查人员是侦查工作的主体，其认知状态及结果直接指向具体的侦查活动，因此侦查人员的认知偏差对侦查工作存在消极影响是毋庸置疑的。[4]具体来说，侦查人员的认知偏差包括证实偏差、时间压力偏差、锚定效应等方面。

其一，证实偏差。侦查实践表明，证实偏差是一种常见的侦查认知及行

---

〔1〕 参见龙宗智："威胁、引诱、欺骗的审讯是否违法"，载《法学》2000年第3期。

〔2〕 参见李尧："论运用侦查谋略的合法性底限"，载《山东警察学院学报》2015年第4期。

〔3〕 参见管晓东："侦查认知刍论"，载《山东警察学院学报》2006年第5期。

〔4〕 参见刘启刚："侦查人员认知偏差及其影响"，载《中国刑警学院学报》2019年第5期。

为选择错误，其认知特征是偏好于证实的证明路径而忽视或偏废证伪的证明路径；其行为特征是只专注于肯定证据的应用而忽视否定证据的调查，并因此干扰侦查人员对于个案犯罪行为的判断和决定于此的侦查行为选择，影响个案侦查的成败，并最终影响该案刑事司法的整个过程和结果。在侦查人员认知和行动偏好及由此引起的偏差中，影响最广、最深且最易为侦查人员忽视的就是证实偏好及由此产生的证实偏差。侦查认知及行为选择证实偏差具有不可避免性。该种偏差具有不可避免性和由此决定的普遍存在性及影响递进性。如寻找或关注可以肯定自己想法或假设的证据，甚至出现严重的证实偏差，为了证实自己或群体的个案侦查认知和行动而不惜伪造证据和进行诡辩。[1]这也就是刑事错案产生的原因之一。

其二，时间压力偏差。侦查行为选择时间压力偏差及其诊断与修正既是最基本、最常见的侦查理论和应用问题，也是整个刑事司法理论和实践都必须研究的重要问题，更是重要的刑事证据调查理论与技术问题。侦查行为选择时间压力偏差通常表现为既不易为侦查人员觉察，也难以从理论上加以描述的"隐性偏差"。这使得该类偏差既能通过与其他认知偏差的交互作用影响个案侦查行为，亦可独自对侦查认知及行为选择造成干扰。但长期以来，学界和实务界均未对此问题给予应有的重视，更缺乏从侦查行为科学视角进行专门研究的成果。侦查行为选择时间压力偏差的刚性制度压力、主观时间压力、客观时间压力以及侦查机会成本和信息成本的交互作用等压力源，通常会使得侦查人员出现相应的侦查认知及行为选择偏差。在高时间压力下，决策者倾向于给消极信息以更多的注意认知资源，并且在进行综合考虑后过滤掉一些信息或删除一些特定的信息，即对决策信息进行有选择的处理。它会使侦查人员减少对案件信息事实的搜寻，更多地采用简单选择策略取舍案件信息事实，偏废证伪路径，造成犯罪行为信息挖掘与论证缺失，导致侦查认知及行为质量下降。也即，认知者不再依赖以往的知识结构进行决策，而是依靠当前的具体信息进行判断与决定。这种非有效信息的运用可能降低其信息加工能力并导致其决策质量下降。并且，侦查时间压力往往会使侦查人员产生尽快完成任务的焦躁情绪，甚或因此而采取刑讯逼供等非法手段快速获

---

[1] 参见王均平："侦查认知及行为选择证实偏差的诊断与修正"，载《中国人民公安大学学报（社会科学版）》2013年第1期。

取"证据",[1]导致出现侦查失误、刑事错案或违法执法。

其三,在诸种侦查认知及行为选择偏差中,锚定效应偏差通常是其他侦查认知及行为选择偏差产生实际效应的"支持基"和"孵化器",不减少这类偏差就不可能减少侦查人员对于个案事实之认知及行为选择偏差,也不可能真正降低刑事错案发生率。但这个基本的、重要问题的研究却几近空白。王均平教授认为,侦查锚定效应,或可被称为侦查认知定势偏好,是指侦查人员在具有不确定性的侦查情境中对犯罪行为要素及其整体状况或"行为模型"进行信息挖掘及处理时,基于已有的侦查认知锚进行侦查认知及行为选择的偏好。在此种情形下,由于侦查人员更偏好和专注于利用这样的认知定势理解和处理不确定性侦查问题,因此往往会受到该定势所具有的先验的信息选择倾向或实证前侦查预断的引导,使其侦查认知及行为选择指向、集中于侦查认知锚,并因此而抑制离散信息特别是较远偏离此"锚"的其他信息或可能性,导致相应的侦查认知及行为选择偏差。[2]

当然,除了证实偏差、时间压力偏差、锚定效应偏差之外,还存在其他一些偏差因子,如侦查人员需要克服选择性信息呈现偏差、认知闭合需要和群体思维等认知偏差的影响。[3]从心理学角度看,就其心理机制而言,知觉与记忆局限、直觉错误、认知偏差及群体思维等因素是导致侦查失误的根本心理原因。[4]由于受认知系统中的系统的自发作用影响,侦查机关对案件事实的认识存在着代表性偏差、易得性偏差和锚定性偏差等,这些认知偏差是刑事错案的直接诱因。在刑事错案中,部分侦查机关运用刑讯逼供手段来证实"犯罪故事",从认知心理学的角度来观察,这是"过度自信效应""展望理论效应"和"沉没成本效应"作用的结果。[5]

总体来说,个体的认知加工系统不可能对来自外部世界的所有刺激信息

---

[1] 参见王均平:"侦查行为选择时间压力偏差的诊断与修正",载《中国人民公安大学学报(社会科学版)》2013年第4期。

[2] 参见王均平:"侦查行为选择锚定效应偏差的诊断与修正",载《中国人民公安大学学报(社会科学版)》2014年第5期。

[3] 参见刘启刚:"侦查人员认知偏差及其影响",载《中国刑警学院学报》2019年第5期。

[4] 参见任延涛:"刑事侦查失误的心理机制分析",载《吉林公安高等专科学校学报》2009年第5期。

[5] 参见唐丰鹤:"错案是如何生产的?——基于61起刑事错案的认知心理学分析",载《法学家》2017年第2期。

都进行加工，并依赖严格的数理计算公理来作出标准、严谨的概率决策。个体只能在符合自身认知加工特点和条件的前提之下，依赖有限的思维分析能力进行认知决策，并且这种决策过程还要受到内外诸因素的干扰和影响，这也会导致个体在进行认知决策的时候容易出现脱离事实真相的各种认知偏差。[1]这一问题值得我们关注，我国对侦查人员主观性影响讯问笔录制作这一现实困境的研究并不多，关于侦查人员认知偏差对侦查工作的哪些方面存在消极影响，这种消极影响是如何发挥作用的，现有研究很少有明确的答复。而刑事侦查人员必须在刑事侦查过程中清醒地认识到造成刑事侦查失误的各种可能原因，有效认识侦查人员认知偏差的影响机制，并有意识地加以避免，以最大限度地减少侦查失误。

（三）记录产生准确性问题

1. 口头语言的记录问题

上文提到，侦查人员在对犯罪嫌疑人面对面进行讯问的过程中，主要是通过一问一答的方式来制作笔录的。在这个过程中，侦查人员的讯问策略和意图都是通过语言来贯彻和实现的。因此，其中会涉及口语到书面语的记录、对方言的辨别和对犯罪嫌疑人话语的概括等问题。而侦查人员对犯罪嫌疑人的提问，又大体可以被分为开放式提问和诱导式提问，有些问题的表达还需要单独或同时涉及法律术语和日常用语的转化。侦查人员表达较为专业，嫌疑人理解不清楚时需要侦查人员对法律术语进行解释，若侦查人员表达不当加之对方理解能力差，便可能使得犯罪嫌疑人对法律词汇的理解存在偏差。此外，侦查人员在记录犯罪嫌疑人供述的过程中总会有意无意地加入自己主观认知层面的理解，并对讯问过程中犯罪嫌疑人的表达进行一定程度的取舍与加工。这主要表现在以下几点：

首先，在口音表达上，犯罪嫌疑人也许不是本地人，带有其他地方的方言，因此有的时候其在表达中会带有口音，比如"l"和"n"的发音、"f"和"h"的区别等，这种读音问题若不加注意很容易出错，例如把刘某误写成牛某。[2]另外，有些犯罪嫌疑人的供述中总有一些表达不清的词或者语句，

---

[1] 参见王铼："信息、信息论与侦查讯问——谈信息论在侦查讯问中的应用"，载《公安学刊（浙江公安高等专科学校学报）》2002年第4期。

[2] 参见张彦："影响讯问笔录客观真实性的语言转写问题"，载《证据科学》2018年第5期。

在这种情况下，基本上是侦查人员根据自己的理解对其话语进行概括、删减，将其组成可以在法庭上进行宣读的词句。这样虽然保证了笔录的可读性，但却在一定程度上破坏了笔录的准确性。[1]此外，犯罪嫌疑人通常是连贯性的长篇供述，很少有犯罪嫌疑人说一句侦查人员记一句的情况。且在大多数情况下，侦查人员是手写而不是打字，而人工记录的速度跟不上口语表达的速度，这就会导致侦查人员在记录时听不全、记不全后按照主观理解来记录和重组嫌疑人的供述。

其次，人们在进行口头表达时会因语境和表达的内容而有意无意地变化语气、语调、重音等，我们的书写习惯无法表达说话者用以传达其含义的一些语言外的信号。侦查人员也经常会忽略或一笔带过这些辅助交流信息，但这些特征在一些情况下可以自行传达含义或改变词语的意思。这些信息若未被侦查人员捕捉到并进行合理的记录，就可能会发生语义变化，形成另一种层面的理解。更加值得注意的是，对于沉默这一语境的记录。有些侦查人员可能会将沉默记录为对案件事实无可奉告、无其他补充；且有些甚至可能会将其记录为拒不认罪、拒不交代犯罪事实，进而上升为故意拖延、扰乱正常的司法秩序等。

再次，如前所述，人的记忆能力和理解能力有限且存在差异，这不仅体现为记录很难做到逐字逐句还原；且犯罪嫌疑人的供述从口头表达到书面记录的加工，再到组织成具有可读性和严肃性的卷宗笔录，最初的表述内容实际上就在这一流程中经历了几次无形之中的变化。[2]我们需要注意到，即使在这个初始阶段，讯问笔录的内容也已经发生改变。这一经过他人主观认知过滤和重新表达的产物，自身即不可避免地具有局限性。

最后，不仅是侦查人员对犯罪嫌疑人的口头表达认知有误解，侦查人员在提问的过程中的口语表达也会有意无意地对嫌疑人产生一定程度的影响。如前所述，我国侦查人员的提问方式其实可以被分为开放式提问和诱导式提问。在开放性提问中，侦查人员通常以简短的问题开头，给予对方充分讲述的空间。常见的提问如：那你讲一下事情的经过或者你做了什么事情等。而

---

〔1〕 参见党德强："侦查讯问语言的开放与闭合——基于38份讯问笔录的实证分析"，载《广西警察学院学报》2019年第3期。

〔2〕 参见张彦："影响讯问笔录客观真实性的语言转写问题"，载《证据科学》2018年第5期。

诱导式提问是侦查人员为了获取特定的回答在所提问题中包含有暗示对方如何回答的内容。这种提问的回答方式较为单一、封闭，只能用肯定或否定的语句回答。[1]比如：昨天中午你看见学校门口闯红灯的那辆灰色小轿车了是吗？或昨天晚上8点你前往某公园了是吗？在这种情形下，犯罪嫌疑人很容易被自动地带入侦查人员所提问的情境中。这种答案包含在所提问题之中的诱导式提问，常常表现为某种事实断言，这实际上会对犯罪嫌疑人已有的记忆造成影响。此外，诱导式提问在问题结尾以疑问语调作出暗示，或以实际动词形式要求被提问者附和，使人在无意识中迎合提问者的意图，从而使侦查机关得以混淆其真实表达的目的。

简而言之，这种面对面的交流中存有多种多样影响讯问笔录语言记录准确性的因素。如上所述，其中至少包括法律术语和日常用语的记录、从口语到书面语的记录、对方言的辨别和侦查人员的不规范提问等。这些记录贯穿笔录制作的整个过程。而即便是在每次讯问结束时，侦查人员也都会将笔录交予犯罪嫌疑人审阅并签字盖手印，但由于某些嫌疑人文化水平低，或在阅读笔录的时候不认真，一些有意无意的记录不准确问题未必能被发现并予以及时更正。如此，讯问笔录制作中所遗留的问题就会被带到下一个刑事诉讼阶段，从而造成潜在的未知损害。

2. 肢体语言的记录问题

讯问过程概括反映了侦查人员与犯罪嫌疑人不同的认知过程和心理过程。除上文所论述的，侦查人员对嫌疑人口头语言表达的转录中存有较大问题外，犯罪嫌疑人也会有意无意地表现出一些行为动作，这类肢体语言信息在很多情况下会对语言交流造成重要的影响。比如，在讯问过程中，犯罪嫌疑人所作出的摆动手臂、敲打桌子、不停跺脚等行为会从侧面反映出嫌疑人此时的内心状况。此外，犯罪嫌疑人在进行表达时可能还会作出逃避侦查人员的对视，不断摸脸、低头、随意扭动等动作，这对侦查人员了解嫌疑人的心理以及判断嫌疑人是否在如实供述提供了一定的参考。

因此，如实地记录问答中的打断、重复、停顿、拖音、说话修正行为，含糊不清、突然停顿、强调话语、哭笑、吵闹、低头不语、冒汗、发抖等有意

---

[1] 张保生主编：《证据法学》（第3版），中国政法大学出版社2018年版，第285页。

义的副语言行为十分重要。[1]这对于案件的定性、定罪和检察院、法院在审查起诉、庭审质证时的采信均可以起到一定的作用。若笔录失真、失实，就可能给犯罪嫌疑人制造可乘之机，使案件的处理陷入被动。只有在讯问笔录中准确、如实地记录犯罪嫌疑人的答话内容，才能真实反映他们的心理状态、作案动机和为自己作无罪辩护的目的。实践中，我国的做法是，侦查记录员会根据具体情况改写讯问问答内容。这种改写难免会存在讯问信息的缺失和不准确，造成"讯问笔录"证据的可信性下降，也很难反映出讯问时犯罪嫌疑人的话语特征和心理思维变化过程。笔录对这些信息的过滤与加工"屏蔽"了犯罪嫌疑人口语表达方面之外的真实情况。这些被悉数过滤掉的、未在笔录中展现出来的内容也恰恰证明了实践中这类情况尚未引起相关部门足够的重视。

综上所述，犯罪嫌疑人无论是通过口头表述还是通过肢体语言传递信息，侦查人员都不能完全捕捉、理解、提取并在书面笔录中清晰无误地反映其真实意思。的确，口语和书面就是不同的模式，口头数据转换为书面格式是一个高度复杂的过程。同一个人的口头语和书面语尚不能完全等同，更何况在他人以书面语对自己的口头语进行解读和重塑的情境中。[2]在侦查人员的笔下，某些看起来经更改后的笔录虽然比逐字逐句的记录版本更具有可读性，但这必然也是主观且不准确的。而讯问笔录是刑事司法程序中一个必不可少的证据组成部分，其在占据着如此重要的法律地位的同时，也应该承担起其应有的法律职责。侦查人员需要将保障准确性作为讯问笔录所应达到的目标之一，在实践中不断付出努力。

结　语

讯问笔录作为我国刑事诉讼中的重要证据之一，必须体现准确性，这是促进准确事实认定和维护公平正义的需要。由于案卷笔录中心主义的盛行，不准确的讯问笔录长期被作为法院裁决的主要依据，这是错案的源头之一。形成讯问笔录准确性困境的原因在于，在"犯罪嫌疑人供述信息—传递信息—侦查人员解读信息—思考加工信息并作出判断、推理"的过程中，讯问笔录已

---

[1]　See K. Haworth, "Tapes, Transcripts and Trials: The Routine Contamination of Police Interview Evidence", *The International Journal of Evidence & Proof*, 22（4）, pp. 428~450.

[2]　参见张彦："影响讯问笔录客观真实性的语言转写问题"，载《证据科学》2018年第5期。

历经了从口语到书面模式的数据转变。更为关键的是，侦查活动就是在有限的认知资源和有限的认知能力下展开的。在侦查人员认知偏差的影响下，犯罪嫌疑人所述已受到了不同程度的曲解和加工。在当前的环境下，我们的首要任务也即要意识到认知偏差虽非与生俱来但却无法避免这一客观情况；了解认知偏差对讯问笔录造成的影响，并且提高对讯问笔录准确性问题的关注。

参考文献

［1］刘启刚："侦查人员认知偏差的矫正原则与策略研究"，载《山东警察学院学报》2019年第4期。

［2］［美］罗纳德·J.艾伦、理查德·B.库恩斯、埃莉诺·斯威夫特主编：《证据法：文本、问题和案例》（第3版），张保生、王进喜、赵滢译，满运龙校，高等教育出版社2006年版。

［3］张保生主编：《证据法学》（第3版），中国政法大学出版社2018年版。

［4］朱立恒："传闻证据规则与侦查笔录的运用"，载《法学杂志》2006年第2期。

［5］张保生："证据规则的价值基础和理论体系"，载《法学研究》2008年第2期。

［6］高现伟："'讯问笔录'篇章的模糊语言语用探析"，载《西昌学院学报（社会科学版）》2011年第1期。

［7］刘启刚："侦查假设在情报分析过程中的提出、应用与验证"，载《中国刑警学院学报》2018年第2期。

［8］K. Haworth, "Tapes, Transcripts and Trials: The Routine Contamination of Police Interview Evidence", *The International Journal of Evidence & Proof*, 22（4）.

［9］杨鑫燕："公安机关侦查讯问笔录实证研究——以S市X县侦查卷宗为样本"，载《安徽警官职业学院学报》2014年第4期。

［10］胡向阳、张巍："基于大数据的侦查讯问文本数据挖掘与分析"，载《中国人民公安大学学报（社会科学版）》2019年第6期。

［11］毛建军："'以审判为中心'背景下侦查讯问工作的实践考察与完善"，载《江苏警官学院学报》2017年第5期。

［12］申维辰、刘冲："侦查人员认知偏见问题探究"，载《铁道警察学院学报》2020年第2期。

［13］陈瑞华："案卷笔录中心主义——对中国刑事审判方式的重新考察"，载《法学研究》2006年第4期。

［14］褚福民："案卷笔录与庭审实质化改革"，载《法学论坛》2020年第4期。

［15］张保生："刑事错案及其纠错制度的证据分析"，载《中国法学》2013年第1期。

［16］马静华："庭审实质化：一种证据调查方式的逻辑转变——以成都地区改革试点为样本的经验总结"，载《中国刑事法杂志》2017 年第 5 期。

［17］龙宗智："威胁、引诱、欺骗的审讯是否违法"，载《法学》2000 年第 3 期。

［18］李华文："讯问笔录写作过程中的还原意识"，载《四川警察学院学报》2012 年第 6 期。

［19］任延涛："刑事侦查失误的心理机制分析"，载《吉林公安高等专科学校学报》2009 年第 5 期。

［20］周继祥："不完全归纳推理及其在侦查工作中的运用"，载《山东警察学院学报》2012 年第 4 期。

［21］巩寒冰："证据整理与假设评估：侦查阶段的事实认定问题研究"，载《山东警察学院学报》2019 年第 1 期。

［22］毛立新："佘祥林冤案中的侦查错误剖析"，载《湖北警官学院学报》2006 年第 1 期。

［23］李尧："论运用侦查谋略的合法性底限"，载《山东警察学院学报》2015 年第 4 期。

［24］管晓东："侦查认知刍论"，载《山东警察学院学报》2006 年第 5 期。

［25］刘启刚："侦查人员认知偏差及其影响"，载《中国刑警学院学报》2019 年第 5 期。

［26］王均平："侦查认知及行为选择证实偏差的诊断与修正"，载《中国人民公安大学学报（社会科学版）》2013 年第 1 期。

［27］王均平："侦查行为选择时间压力偏差的诊断与修正"，载《中国人民公安大学学报（社会科学版）》2013 年第 4 期。

［28］王均平："侦查行为选择锚定效应偏差的诊断与修正"，载《中国人民公安大学学报（社会科学版）》2014 年第 5 期。

［29］唐丰鹤："错案是如何生产的？——基于 61 起刑事错案的认知心理学分析"，载《法学家》2017 年第 2 期。

［30］王铼："信息、信息论与侦查讯问——谈信息论在侦查讯问中的应用"，载《公安学刊（浙江公安高等专科学校学报）》2002 年第 4 期。

［31］张彦："影响讯问笔录客观真实性的语言转写问题"，载《证据科学》2018 年第 5 期。

［32］党德强："侦查讯问语言的开放与闭合——基于 38 份讯问笔录的实证分析"，载《广西警察学院学报》2019 年第 3 期。

点　评

讯问笔录作为特殊的传闻证据，是一种在我国刑事诉讼领域中运用得非常广泛的证据形式。讯问笔录的"失真"问题导致了一些冤假错案。传统研究认为，讯问笔录的"失真"主要是刑讯逼供导致的。本文从认知的视角揭示了讯问笔录"失真"的其他原因，具有一定的创新性。对于这一问题的理解，我们可以通过借鉴通信理论进行阐释：第一，证据的本质是一种信息而非信息载体，就讯问笔录证据而言，能够起到证据作用的是讯问笔录中记载的证言信息。第二，证言"信息"在传播过程中，由于证据媒介的不断变化，在媒介转换过程中容易造成信息失真问题。被讯问人将头脑中的信息以语言的形式表达出来，这是第一次媒介转换；讯问人接收并理解被讯问人的语言，将其内化为自身知识的过程是第二次媒介转换；讯问人将获知的知识再次转化为语言并以文字的形式誊录，这是第三次媒介转换。每一次媒介转换都可能导致信息在传输过程中信号减损，这是传闻证据准确性低的重要原因。第三，虽然在部分情况下，我们能够通过技术手段改善信息传输质量，减少信号损耗，例如通过讯问录音录像制度使讯问人有机会对笔录内容进行复核；但是，频繁的媒介转换必然产生信号损耗，因此传闻证据的危险性无法消除。第四，信号"保真"的最佳方式是缩短传输距离，减少媒介转换次数。虽然在短时间内，刑事诉讼活动对讯问笔录证据存在依赖性，但从发展方向上来看，取消讯问笔录证据，倡导被讯问人直接出庭作证更符合司法文明的价值要求。

（点评人：武汉大学博士后研究人员 张硕）

社区矫正审前社会调查评估制度检视

王旭超*

内容摘要：社区矫正审前社会调查评估制度作为适用社区矫正前的一项重要的制度设置，是社区矫正的准入口，是社区矫正适用的重要依据。尽管我国还未正式以法律的形式规定本项制度，但其在法治实践中运行良好，切实发挥了量刑精细化、刑罚个性化、行刑社会化等有益作用。但该制度同时也存在启动条件不明确、启动主体不积极、报告性质不明确、质量不高等问题。基于此，我国应将社会调查评估制度作为社区矫正前置必经程序、将检察院确立为启动主体、全面提高调查报告质量并将其定位为量刑建议，力求社会调查评估制度能真正落到实处，将其制度优势转化为司法实效。

关键词：社区矫正　审前社会调查评估制度　改进完善

一、社区矫正审前社会调查评估制度之规范意涵

社区矫正审前社会调查评估制度，是指"由专门机构对拟适用社区矫正的人员的相关情况作专门调查与评估，以供裁决时参考的制度"。[1]展开来说，是指公安机关、人民检察院、人民法院、监狱委托县级司法行政机关对符合适用社区矫正犯罪人的综合情况进行调查，主要包括其成长经历、一贯表现、家庭社会关系、进行社区矫正对社区的影响、社区居民的可接受意愿等方面。在对被调查人进行详细了解的基础之上，综合衡量各方面的评判因素，据此作出犯罪人是否适用社区矫正的调查评估报告。

---

* 作者单位：武汉大学法学院。

〔1〕 吴宗宪主编：《社区矫正导论》，中国人民大学出版社 2011 年版，第 152 页。

随着行刑社会化、再社会化观念的兴起以及宽严相济的刑事政策的发展，[1]刑罚轻缓化逐渐得到了社会认可并成为主流。社会宽容精神逐渐融入最严厉的法律部门——刑法。社区矫正使犯罪人在不脱离社会的生活社区接受教育矫正，不像监禁刑那样剥夺其人身自由，切断其同家人、社会的正常联系，而是尊重犯罪人作为人的尊严。这符合现代法治精神，现代刑罚观逐渐摒弃"杀人偿命""犯罪坐牢""以眼还眼、以牙还牙"等报复性刑法观念，是社会与时代文明进步的体现。

二、社区矫正审前社会调查评估制度之演进历程

在我国，社区矫正审前社会调查评估制度最早在司法实践中的应用可以追溯到20世纪80年代末。苏州市平江区人民法院率先作出尝试，在未成年案件的审理过程中，出于对未成年人权利保护的考虑，将其设定为未成年案件的必经程序。这是社区矫正调查评估制度在我国实践中的最早应用，[2]得到了最高人民法院的肯定。随后，最高人民法院于2001年出台《关于审理未成年人刑事案件的若干规定》（已失效），其第21条[3]明确确立了在未成年人案件审理过程中必须对未成年人的具体情况进行调查，作为控辩双方质证、法官作出判决的重要依据。可见，该制度在未成年人犯罪领域开了先河。

2011年《刑法修正案（八）》第11条[4]与第16条[5]规定，对被告人、罪犯宣告缓刑、决定假释前，要进行相应的社会调查评估，以确定对社区的影响。由此观之，刑法条文虽未直接将调查评估规定为社区矫正适用前的必经程序，但"对所居住社区没有重大不良影响"却体现出了立法者的态度，即对被告人、罪犯适用社区矫正的前提是其没有人身危险性、再犯可能性，对所在社区不构成危险。[6]这就必然要求对被告人、罪犯的个人情况、

---

〔1〕 陈兴良："宽严相济刑事政策研究"，载《法学杂志》2006年第1期。

〔2〕 梅义征：《社区矫正制度的移植、嵌入与重构》，中国民主法制出版社2015年版，第84页。

〔3〕《关于审理未成年人刑事案件的若干规定》（已失效）第21条："开庭审理前，控辩双方可以就未成年被告人的性格特点、家庭情况、社会交往、成长经历以及实施被指控的犯罪前后的表现等情况进行调查，并制作书面材料提交合议庭。必要时，人民法院也可以委托有关社会团体组织就上述情况进行调查或自行进行调查。"

〔4〕《刑法修正案（八）》第11条："宣告缓刑对所居住社区没有重大不良影响。"

〔5〕《刑法修正案（八）》第16条："对犯罪分子决定假释时，应当考虑其假释后对所居住社区的影响。"

〔6〕 高铭暄："社区矫正写入刑罚的重大意义"，载《中国司法》2011年第3期。

家庭关系、一贯表现、社会背景以及社区意见等进行调查，在调查评估之后确实没有再犯罪的可能性的，才能对其进行社区矫正，以防止出现将不适宜进行社区矫正的人员盲目引入社区，使其逃避监禁刑的制裁，甚至对社区造成新的不良影响和威胁的情形。

2012年最高人民法院、最高人民检察院、司法部、公安部（以下简称"两高两部"）出台的《社区矫正实施办法》（已失效）第4条[1]首次明确提出了"调查评估"这一概念，并且对审前社会调查评估的启动主体、启动条件、调查主体、调查事项等都作出了较为细致的要求与细化，为司法实践中的社会调查程序规定了较为明确的操作程序步骤。调查评估制度首次以正式的身份被认可，这是我国社区矫正审前社会调查评估制度正式确立的里程碑式标志。

2016年"两高两部"出台的《关于进一步加强社区矫正工作衔接配合管理的意见》[2]在《刑法修正案（八）》的基础上进一步作了细化规定，而且首次明确了裁定或者决定机关应当核实其居住地。可见，该制度在程序性、可操作性等方面正在逐步完善。

三、社区矫正审前社会调查评估制度之现存问题

制度的关键在于实施，评价一项制度优劣的最好标准就是看其实施的效果。社区矫正审前调查评估制度作为适用社区矫正的前置程序，需要综合考虑对被告人、罪犯适用社区矫正是否会威胁到社区的安全稳定，社区居民的可接受程度。因而，社区矫正审前评估制度的实施效果直接影响着社区矫正的适用。虽然总体运行良好，但其在适用过程中也不可避免地显露出了一些问题：

---

〔1〕《社区矫正实施办法》（已失效）第4条："人民法院、人民检察院、公安机关、监狱对拟适用社区矫正的被告人、罪犯，需要调查其对所居住社区影响的，可以委托县级司法行政机关进行调查评估。受委托的司法行政机关应当根据委托机关的要求，对被告人或者罪犯的居所情况、家庭和社会关系、一贯表现、犯罪行为的后果和影响、居住地村（居）民委员会和被害人意见、拟禁止的事项等进行调查了解，形成评估意见，及时提交委托机关。"

〔2〕《关于进一步加强社区矫正工作衔接配合管理的意见》："人民法院、人民检察院、公安机关、监狱对拟适用或者提请适用社区矫正的被告人、犯罪嫌疑人或者罪犯，需要调查其对所居住社区影响的，可以委托其居住地县级司法行政机关调查评估。对罪犯提请假释的，应当委托其居住地县级司法行政机关调查评估。对拟适用社区矫正的被告人或者罪犯，裁定或者决定机关应当核实其居住地。"

（一）启动条件不明确

对于《社区矫正实施办法》（已失效）第4条规定的"可以委托"，实践中有两种不同的理解，这也就造成了审前社会调查评估制度在适用条件上的不明确。其一，将文本中的"可以"盖然性地理解为"应当"，也即将该制度作为适用社区矫正的必经前置程序。这种做法对于社区矫正服刑人员的筛选而言固然十分严密而谨慎，但问题在于将大量过失犯罪等不具有人身危险性、再犯可能性的被告人不问缘由一并纳入，不仅浪费司法资源，也会对该类被告人的人格尊严与社会名声造成损害，极有可能使其受到社区居民的冷遇甚至是歧视。[1]其二，将"可以委托"理解为"可以委托也可以不委托"，完全由法官通过自由裁量权作出决定。实践中，往往有法官鉴于流程繁琐、耽误审限、内心早有定论等因素不委托调查而径行作出裁判。那么故意伤害犯罪、性犯罪等可能会具有极大人身危险性、再犯可能性的被告人、罪犯不仅会遭到社区强烈的抵抗，也会给社区带来不确定的隐患和危险，[2]甚至会减损司法公信力，与司法民主化、参与化[3]等司法理念背道而驰。

（二）启动主体不积极

《社区矫正实施办法》（已失效）将人民法院、人民检察院、公安机关和监狱规定为四类调查评估的启动主体有着细密、严谨的考量。但限于篇幅原因，本文仅讨论刑事案件审判程序前的社会调查评估，故主要聚焦于公、检、法三机关。

公安机关作为刑事犯罪侦查机关，其主要任务在于侦破案件，查明案件事实、收集犯罪证据，并没有多余的精力委托县级司法行政机关对犯罪嫌疑人的综合情况进行详细了解。即使调查犯罪动机、犯罪目的也是基于侦破犯罪行为、犯罪事实的目的，而非主动去关注犯罪嫌疑人深层次的心理因素。更何况，此时公安机关与犯罪嫌疑人处于极端对立面，强烈希望尽快将犯罪分子绳之以法。因此，为了替犯罪嫌疑人争取非监禁刑的机会而进行的审前社会调查评估并不在公安机关的考虑范围之内。

---

[1] 刘守芬、王琪、叶慧娟："社区矫正立法化研究"，载《吉林大学社会科学学报》2005年第2期。

[2] 肖乾利、薛宁夫："社区矫正审前调查评估制度研究"，载《宜宾学院学报》2019年第7期。

[3] 陈卫东："公民参与司法：理论、实践及改革——以刑事司法为中心的考察"，载《法学研究》2015年第2期。

检察机关作为法律监督机关、公诉机关，与公安机关立场相近，处于犯罪嫌疑人的对立面，目的在于将犯罪嫌疑人绳之以法，而非主动为犯罪嫌疑人是否适用非监禁刑委托司法行政机关进行社会调查，这并不在检察机关的考虑范围之内。故即使将检察机关列为调查评估的启动主体，立场的对立也会导致检察机关并不会出于为犯罪嫌疑人减刑的目的而"费心劳力"，检察机关启动调查评估的意愿和动力并不强烈。

法院作为审判机关，审前社会调查评估的主动性更强、需求性更大。可以说，本项制度设计便是在审前为法官的裁判提供科学的量刑依据。但实践显示，由于并没有被规定为必经程序，法院的实际应用程度也是不一而足的，而法官不启动本项制度的理由却是顺理成章的。首先，审理期限不足。可能适用社区矫正的被告人往往基于犯罪事实清楚、犯罪情节轻微等原因而适用简易程序甚至速裁程序，审理期限相较于普通程序大为缩短，此时如果进行审前社会调查评估，司法行政部门还要走访社区、被告人单位、学校等，耗时较长，超期现象较为普遍，再将评估报告邮寄至法院，这极有可能超出审理期限。由此，法官只能将简易程序转化为普通程序，这既增加了法官负担，也降低了审理结案效率。其次，居住地难以确定。我国经济和社会发生了日新月异的飞速进步，为了追求更多的工作机会，享受更好的生活环境，人口流动日益加剧，由此产生的问题便是管理流动人口变得愈发困难。当今"人户分离"现象极为普遍，外出打工的被告人往往会被户籍所在地、经常居住地的司法行政机关皆拒之门外，这就使得审前社会调查评估工作难以开展和进行。长此以往，法院委托审前社会调查评估的热情也会被逐渐消减。综上，多数法院委托审前社会调查评估的意愿与动力均不足，这固然与法院对审前社会调查评估的认识不足、重视程度不够有关，但更多的是源于相关法律制度的不完备以及实施中的诸多现实障碍。

（三）报告性质不明确

目前的法律、法规、司法解释等均未对审前社会调查评估报告的性质作出明确规定，也没有对报告是否采纳、采纳标准以及采纳程度作出说明，以至于调查报告变成了一种可听可不听的形式审查，取决于法官先入为主的内心确信。倘若符合法官的心理预期，报告即会获得采纳；倘若不符合法官的心理预期，则会弃之不理甚至对不采纳的理由也不予以说明。长此以往，不仅会使调查报告的法律地位过于尴尬，也会极大地挫伤调查人员的积极性与职业成就感。

关于调查报告的性质问题，有鉴于相关法律、法规、司法解释并未作出具体、明确的规定，导致报告处于一种较为尴尬的地位。学术界在研究立法本意、制度初衷的基础上主要形成了两派意见：一种观点认为，调查报告仅仅具有量刑建议的效力，可以为法官是否作出适用社区矫正的裁判提供参考性意见，但不具有法定证据效力，法官是否采信不做程序方面的硬性要求。另一种观点认为，调查报告符合法定证据的性质，应当被归类为法定证据，而且属于量刑证据范畴。前者的理由在于：①调查报告本身不在《刑事诉讼法》规定的八种法定证据之列，仅仅是调查人员的一种事后了解；[1]②从刑事证据的收集看来，社区矫正工作人员不具备刑事证据收集的主体资格；③调查报告具有主观性，与案件事实并不存在客观、必然的联系。[2]后者的理由在于，调查报告涵盖了被调查人的成长状况、家庭背景、一贯表现、社区影响等内容，司法行政机关在大量调查的基础上基于专业评估而提出的量刑方面的建议具有客观性、真实性、关联性，符合证据的规范要求。因此，调查报告本质上属于言词证据。[3]

报告性质与地位的不确定性不仅使其本身"有名无分"、处境尴尬，更是完全漠视了设立这项制度的初衷与宗旨。其是否应当被采纳、在何种程度上被采纳都需要法律作出进一步细化与安排。倘若只有与法官内心确信相符的报告才能被采纳，那么设立这项制度的意义究竟何在？对于司法行政机关出具的调查报告不予采纳却不说明理由，不仅会极大地挫伤司法行政机关工作人员的职业自尊心与工作积极性，也无法体现诉讼职能部门分工负责、相互配合、相互制约的刑事诉讼基本原则。

（四）调查报告质量不高

立法层面仅仅概括性地规定了对被告人或者罪犯进行审前社会调查，但却并没有就社会调查评估作出指导，对实施程序没有作出细致规定，文书格式也缺乏统一标准。这就导致了调查报告制作不规范、内容针对性不强、质

---

〔1〕 范少恒："社区矫正社会调查的实践困惑与制度完善"，载《湖南科技学院学报》2014年第9期。

〔2〕 陈卫东主编：《刑事诉讼法理解与适用》，人民法院出版社2012年版，第608页。

〔3〕 邓陕峡："我国社区矫正审前社会调查评估研究——以法院委托调查为视角"，载《昆明理工大学学报（社会科学版）》2015年第4期。

量不高等问题。《社区矫正实施办法》（已失效）后面所附的调查评估文书规定的内容非常简单，操作性不强。因此，在实践中，社区矫正机构在进行调查评估时往往无从下手，缺乏指导性和规范性，且没有一套科学精细的调查方法，以至于调查报告大多只是走个形式，只有情况和结论两部分，更是缺乏在对被告人或罪犯的犯罪动机、背后隐情以及个人情况进行深入调查基础之上的说理分析等重要内容。可想而知，调查程序不规范、调查内容不充分会直接导致调查结果不全面、评估结论不准确等后果。对法官进行量刑没有给出精准、有力的调查报告支持，从而会对法院准确判断是否适用社区矫正造成不利影响。

　　调查报告失真的另一个重要原因在于社区居民的不接受。尽管中华民族有宽容的传统，但这种传统的宽容精神并没有形成一种社会精神。缺乏社会宽容精神的一个表现就是人们的重刑观念依然很重，[1]这体现在两个方面：一方面是过于相信监禁刑的威慑功能，把犯罪同坐牢、蹲监狱等同起来，不能接受犯罪人在社区服刑。传统文化中根深蒂固的重刑思想使得部分居民对监禁刑的威慑作用存在盲目崇拜并习以为常。这部分居民普遍认为只有将罪犯关押起来，施以严惩，才能真正起到威慑、惩罚罪犯并阻止其进一步犯罪的作用。另一方面，普遍存在的善恶报应观念使得社会民众将犯罪人完全视为对立面，报复心理强于同情心理。即使部分社区居民希望犯罪人能够改邪归正，愿意给其改过自新的机会，但由于缺乏必要的宽容、接纳之心，往往也会排斥对犯罪人进行社区矫正。[2]综上，在调查人员走访调查社区群众意见时，他们往往会基于上述心理以及唯恐对被告人实行社区矫正威胁到自身安危的心理而排斥被调查人进行社区矫正。事实上，确实有不少被调查人显然不存在再犯可能性，但部分居民却不问缘由将其"一棍子打死"的情形，这也就导致了调查人员基于部分居民不太"靠谱"的理由而作出了不适合社区矫正的结论。

四、社区矫正审前社会调查评估制度之完善路径

（一）确立审前调查评估为必经前置程序

　　究竟应不应该将审前社会调查评估作为社区矫正的必经前置程序？遵循行刑社会化的观念，社区矫正就是使罪犯在不脱离社会的情况下接受改造，

---

〔1〕 张绍彦："社区矫正在中国——基础分析、前景与困境"，载《环球法律评论》2006 年第 3 期。

〔2〕 吴宗宪主编：《社区矫正导论》，中国人民大学出版社 2011 年版，第 62 页。

从而有利于其更好地回归社会，从而可能减少服刑期满之后的罪犯与社会脱节、难以融入社会生活等情况的出现。因此，在适用社区矫正前，全面了解被告人显得尤为重要，这也是调查评估制度的设计初衷所在。"应受惩罚的不是行为，而是行为人"，这是刑法个别化原则的核心内涵，在刑法中体现出人文关怀的色彩，也凸显出了进行社会调查的必要性。对于实施犯罪的犯罪人，我们不能照本宣科地比照刑法条文对其犯罪行为进行机械适用，而是应当结合犯罪人的具体情形，充分考虑犯罪人实施犯罪行为的犯罪动机、犯罪目的，是否存在情有可原、能被社会公民理解与宽容的情形，深入分析引发犯罪人犯罪的深层次原因、其实施犯罪的主观意愿、客观违法后果是否真的有必要通过监禁刑予以惩罚，从而基于人身危险性的大小对犯罪人进行分类。[1]此外，涉及突出道德领域案件时，犯罪人通常是出于"不得不"的初衷实施犯罪行为的，以普通社会公众情感看来，是完全存在情有可原之处的。此时如果一味地按照法律条文的规定适用刑罚，公众感受到的只能是冷冰冰的法律条文，是缺乏人性、丧失温度的法律判决，可接受度、司法公信力都将受到损害。因此，对于不存在人身危险性、再犯可能性的犯罪人，无论是从节约司法资源，抑或是从罪刑相适应原则的角度考量，给予其社区矫正的裁判结果显然均是合乎立法意图并且完全在社会公众可接受范围之内的。在社会上也能营造出法律"有血有肉"、贴合民心的法治氛围，能够收获法律效果、社会效果的和谐统一。此时，作为社区矫正准入口的审前社会调查评估制度的重要性便能完全凸显出来。

司法实践中，社会调查评估制度主要存在以下两类矛盾：一是存在应该开展审前调查评估而未委托调查的情形；二是法院对司法行政机关作出的调查评估结论不予采纳。上述两类问题一般是由法院、检察院、司法局和政法委协商解决，以司法行政机关的意见为主要参考。因此，与其出现问题时会同协商，协商之后又倾向于采纳司法行政机关的观点，为了避免冲突、提高效率，直接将审前调查评估的启动规定为"应当"不失为是一种两全之策，法院对司法局的调查评估结论原则上也应当予以尊重。[2]将调查评估设置为

---

〔1〕 李川："修复、矫治与分控：社区矫正机能三重性辩证及其展开"，载《中国法学》2015年第5期。

〔2〕 任文启："完善我国社区矫正审前调查评估制度的思考——基于文本和现实的比较分析"，载《甘肃政法学院学报》2016年第2期。

社区矫正的前置把关环节，不仅有利于保障犯罪人的诉讼权利，也有助于司法行政机关提前详细了解犯罪人的具体情况，并结合监管难度、社区意见等因素统筹得出调查结论，避免出现法院将不适合社区矫正的犯罪人"强塞"进社区而社区又无力监管的两难境地。

那么，随之而来的问题便是，是否存在显而易见不需要进行审前社会调查评估即可判断其可以适用社区矫正的情形？譬如，过失犯罪交通肇事罪的犯罪人，其主观上并不具备致人重伤、死亡，造成财产损失的犯罪故意，本身并没有人身危险性。再者，在经历本次事故后，其日后一定会吸取教训，甚至比普通社会人对交通规则的敬畏心更高，正所谓"一朝被蛇咬，十年怕井绳"，也就没有对再犯可能性的担忧了。对于这类犯罪人进行审前社会调查评估，虽不至于是白费力气，也必然是浪费司法资源，增加基层司法所的工作负担。因此，鉴于此，原则上，法院在裁判适用社区矫正前应当委托司法行政机关进行社会调查，尤其是故意伤害犯罪、性犯罪、毒品犯罪、涉黑涉恐涉恶类犯罪等性质恶劣、对社会危害性较大的犯罪。其余明显危害不大、不具有再犯可能性且对社区不构成危险的犯罪，由法院视情况决定是否进行社会调查评估。要充分考虑是否必要以及司法行政机关的实际情况。但根据权力制衡原则，检察机关应当对法院的自由裁量权进行法律监督。

（二）以检察院启动为主，法院启动为补充

根据本文的上述分析，尽管《社区矫正实施办法》规定了四类启动主体，但在实践中，除法院以外，社会调查评估对于其他几类主体的工作来讲意义不大，故其在委托社会调查评估方面热情不高。但法院启动也存在问题：首先，法院作为审判机关应当始终保持谦抑、司法被动性与恪守中立地位，主动委托社会调查评估并不适宜；其次，容易造成先入为主、未审先定等问题，不可避免地会影响到法官的主观态度。

那么，究竟该怎么样设置才能发挥该制度的最佳实效呢？笔者认为，可以将审前社会调查评估前移一个阶段，由检察机关在审查起诉阶段启动。首先，检察机关在审查起诉阶段的时限更为充裕。如前所述，法院通过简易程序、速裁程序审理案件时，审限较为紧张，如若调查评估进程太慢则可能会致使法官被迫将简易、速裁程序转化为普通程序。而在审查起诉阶段启动委托，不仅能有效地避免上述问题，也便于检察机关一并提出精细化的量刑建议。[1]其次，检察机关可以更好地发挥监督职能，对于司法行政机关的调查评估工作不规范、不合理之处可以提出书面纠正意见，切实加强对司法行政机关调查工作的过程监督。有助于提高司法行政机关调查评估过程的规范性和准确性，增强调查评估结果的可采性。最后，由检察机关在庭审中提出调查评估报告，不仅有利于保障被告人的知情权，在辩护时有的放矢，而且在控辩双方交互提出意见的过程中可以使得调查评估报告不再仅限于一种流程报告，而是真正成为判断是否对被告人适用社区矫正的重要依据之一。[2]实践证明，这种运行模式在法律实践中收获了良好的效果，非常具有借鉴推广价值。

因此，由检察机关在审查起诉阶段启动社会调查评估不仅能解决部分现存障碍，甚至可以收获事半功倍的效果，但这并不代表在审判阶段法院不具有启动权，法院在认为审查起诉阶段的调查报告存在瑕疵、不具有针对性甚至应当启动而未启动时，可以自行启动，以弥补不足。

（三）作为量刑依据，但要接受备案待查

经过前文的分析，审前调查评估制度应当成为社区矫正的前置程序，既然作为必经程序，那由此产生的报告便理应具有相当的法律效力。司法行政机关作出的调查评估报告性质如何？从目前的规范性文本来看，调查评估并非是职权行为，也不是简单的自下而上的社区意志传递，而是依委托而发起的。此外，从制度设计的目的来看，调查评估是司法行政机关代表国家意志针对犯罪人人格等状况所作出的一种客观、综合、全面的评价，也是代表公权力机关作出的一种判断与保证，是法院作出是否适用社区矫正的重要参考依据。[3]是在司法行政机关的走访调查、了解信息的基础上，按照法定的程序步骤规范，形成的对被调查人综合全面的调查报告。在此层面上，作为公权力机关的司法行政机关作出的调查报告实质上相当于法院、检察院和公安机关的调查与侦查报告，具有法定证据属性是毋庸置疑的，理应与其他法定证据一道，在法庭上经过质证，成为法官作出裁判的重要依据。

---

〔1〕 朱孝清："论量刑建议"，载《中国法学》2010年第3期。
〔2〕 肖乾利、薛宁夫："社区矫正审前调查评估制度研究"，载《宜宾学院学报》2019年第7期。
〔3〕 陈兴良："人格调查制度的法理考察"，载《法制日报》2003年6月4日。

讨论至此，审前调查评估报告是否应当被采信，结果已经显而易见，如果只限于一种可听可不听的形式审查，则没有必要大费周章地设计架构本项制度，让司法行政机关"劳心劳力"后可能还是"白费力气"。因此，调查报告应当在何种程度上被法院采信才是要讨论的核心问题。从权力制约角度来看，[1]如果要求法官必须采信司法行政机关作出的调查评估结论，不仅有违司法独立性原则，且相当于赋予司法行政机关对社区矫正适用的间接决定权，一方面可能制造权力寻租空间，在犯罪人家属的"走动"下违背客观公正原则作出适用社区矫正的结论，另一方面也可能出现司法行政机关为了减轻自身负担而刻意作出犯罪人不适合社区矫正的结论的情况。如果赋予法官对调查报告一票否之的权力则会使法官的自由裁量权过大，在挫伤司法行政机关积极性的同时，也可能出现法官将不适合进入社区矫正的人员强判给社区或者将适合社区矫正的人员判处监禁刑的情况。

究竟该如何在两难之间达致一种动态平衡？既要保证审前调查评估作为一种实质审查，必须体现在量刑中限制法官在量刑方面的自由裁量权；又要保证能够避免社区和司法行政机关的"接纳懈怠"，防止质量堪忧的调查评估报告对是否实施社区矫正起决定性作用。

经过本文的上述分析，审前调查评估实质上是司法行政机关基于犯罪人的一贯表现和社区评价等因素综合衡量判断之后所作出的一种预估和保证，保证犯罪人不会再实施危害行为、触犯刑法。既然给出了结论，那么为结论承担相应的责任后果与风险便是必要的。如果要求法官以调查评估报告的结论进行量刑，以此作出是否适用社区矫正的决定性意见，那么调查报告的合法性与合理性就必须受到审查，并接受事后倒查。就审前调查评估的否定性结论而言，如果法官不予以采纳，而此后又发生了犯罪行为，那就有必要对法官的审判行为进行倒查，考察其是否存在渎职行为；针对司法行政机关作出的肯定性结论，如果法官予以采信，而此后该被调查人又实施了犯罪行为、触犯刑律，那么基于责任承担原理，对法官和司法行政机关双重责任主体应当进行责任倒查，厘清主体责任，考察究竟是一方存在失职、渎职还是双方均出现疏漏更甚至是两方主体在利益驱动下实施了共谋，以使被调查人逃脱了监禁刑的制裁。即应该对被调查人重新犯罪与此前审前调查评估结论及其

---

[1] 谢佑平、江涌："论权力及其制约"，载《东方法学》2010年第2期。

采纳状况之间建立勾连，使作出适用社区矫正的前置主体和作出适用社区矫正结论的后置主体均承担起各自相应的责任，通过设置责任倒查机制规范、监督权力的行使。[1]通过强化责任的落实，倒逼司法行政机关和法官更加审慎地作出判断，确保"谁决定，谁负责"原则落到实处。[2]

（四）全方位提升调查报告质量

1. 明确调查评估内容

如前所述，在立法层面没有对审前社会调查的内容作出明确规定，使得各地在具体实施层面缺乏统一标准，是导致调查报告质量不高最主要的原因之一。

完善调查内容需明确调查事项和范围，这就要求对必要性考察因素作出明确的界定。衡量必要性因素需要具备以下四项条件：①被调查对象身份的真实情况以及是否属于本社区管辖，核实被调查对象的基本情况是展开调查的第一步，包括姓名、年龄、性别、民族、身份证号码、户籍地址；②被调查对象是否具备社区矫正的自身条件，包括身心健康状况、家庭成员情况、有无不良嗜好、有无犯罪记录；③被调查对象是否具备社区矫正的外部条件，包括居住条件、村（居）委会态度、被害人意见；④反映被调查对象人身危险性、[3]再犯可能性的因素，包括犯罪后表现、对被害人的补偿。[4]具备上述主要四大方面的内容，才能对被调查对象作出较为准确、客观、真实的评估，才能真正为法院的裁判结果提供可靠的参考依据。

2. 培养社会宽容精神

社会宽容精神是社区矫正的社会心理基础，社区矫正强调社会力量的参与，是将犯罪人当作"我们这个群体中的一员"的体现，真诚接受、不搞歧视，并愿意通过积极帮助和集体努力使犯罪人接受教育矫正，以期使其早日回归社会，重新融入原来的社区。因此，社区居民的态度起到了至关重要的作用。如前所述，人们的重刑观念是根深蒂固的，这在很大程度上妨碍了社

---

〔1〕 任文启："完善我国社区矫正审前调查评估制度的思考——基于文本和现实的比较分析"，载《甘肃政法学院学报》2016年第2期。

〔2〕 高冠宇、江国华："法官责任的理论构建"，载《学术论坛》2018年第3期。

〔3〕 李川："从特殊预防到风险管控：社区矫正之理论嬗变与进路选择"，载《法律科学（西北政法大学学报）》2012年第3期。

〔4〕 姜爱东："关于社区矫正立法中的几个问题"，载《中国政法大学学报》2010年第6期。

区矫正制度的运行和作用的发挥，也与当今世界刑罚轻缓化趋势以及科学、理性的行刑观念相背离，因而必须要纠正这种观念，培养公众的社会宽容精神，为社区矫正奠定社会心理基础。

结 语

相较于传统的监禁刑，社区矫正有利于服刑人员保持与社区的联系，在降低行刑成本、增进社会和谐、体现刑罚人道化、避免监狱刑带来社会负面评价与影响、减轻监狱拥挤状况、[1]合理配置社会资源等方面具有显而易见的优势，值得广泛推广与适用。[2]此时，审前社会调查评估制度作为能否适用社区矫正的前置程序，应当切实把好入口关。调查报告的合法性、严谨性、准确性将直接关乎被调查者是否适用社区矫正的命运。而作为一种设置科学、架构良好的制度，固然在理论层面无懈可击，但却在实际运行中出现了各种问题，进而妨害了本制度设计初衷的实现。在分析现实问题与总结经验的基础上，我国应进一步提出完善路径，从而真正将这项制度优势转化为治理效能。

参考文献

[1] 吴宗宪等：《非监禁刑研究》，中国人民公安大学出版社 2003 年版。

[2] 陈兴良主编：《宽严相济刑事政策研究》，中国人民大学出版社 2007 年版。

[3] 吴宗宪主编：《社区矫正导论》，中国人民大学出版社 2011 年版。

[4] 陈卫东主编：《刑事诉讼法理解与适用》，人民法院出版社 2012 年版。

[5] 江红艳：《审前调查评估制度的完善》，中国人民公安大学出版社 2013 年版。

[6] 梅义征：《社区矫正制度的移植、嵌入与重构》，中国民主法制出版社 2015 年版。

[7] 刘守芬、王琪、叶慧娟："社区矫正立法化研究"，载《吉林大学社会科学学报》2005 年第 2 期。

[8] 陈兴良："宽严相济刑事政策研究"，载《法学杂志》2006 年第 1 期。

[9] 张绍彦："社区矫正在中国——基础分析、前景与困境"，载《环球法律评论》2006 年第 3 期。

[10] 朱孝清："论量刑建议"，载《中国法学》2010 年第 3 期。

[11] 谢佑平、江涌："论权力及其制约"，载《东方法学》2010 年第 2 期。

---

〔1〕 吴宗宪："关于社区矫正若干问题思考"，载《中国司法》2004 年第 7 期。

〔2〕 王顺安："社区矫正的法律问题"，载《政法论坛》2004 年第 3 期。

[12] 姜爱东："关于社区矫正立法中的几个问题"，载《中国政法大学学报》2010年第6期。

[13] 高铭暄："社区矫正写入刑罚的重大意义"，载《中国司法》2011年第3期。

[14] 李川："从特殊预防到风险管控：社区矫正之理论嬗变与进路选择"，载《法律科学（西北政法大学学报）》2012年第3期。

[15] 陈卫东："公民参与司法：理论、实践及改革——以刑事司法为中心的考察"，载《法学研究》2015年第2期。

[16] 邓陕峡："我国社区矫正审前社会调查评估研究——以法院委托调查为视角"，载《昆明理工大学学报（社会科学版）》2015年第4期。

[17] 任文启："完善我国社区矫正审前调查评估制度的思考——基于文本和现实的比较分析"，载《甘肃政法学院学报》2016年第2期。

[18] 高冠宇、江国华："法官责任的理论构建"，载《学术论坛》2018年第3期。

[19] 肖乾利、薛宁夫："社区矫正审前调查评估制度研究"，载《宜宾学院学报》2019年第7期。

点　评

第一，社区矫正作为一种刑罚的执行方式，与我国刑法轻缓化的趋势、刑法的目的以及从报复性司法到恢复性司法的理念转变相契合，具有正当性基础。因此，社会调查评估制度也有其合理性基础。根据法律的规定，社区矫正的适用范围包括管制、缓刑、假释、监外执行、被剥夺政治权利并在社会上服刑，适用的对象涉及未成年人、老人、病人、残疾人、情节轻微的初犯和过失犯。对这些人适用社区矫正，可以避免其在监狱学习犯罪方法、"交叉感染"。第二，在性质上，社区矫正是一种非监禁方式的刑罚执行活动。第三，调查评估的主体分为评估主体和受访对象两类，需要注意的是，社区矫正的执行主体和调查评估主体是同一的，这可能会导致权力寻租，同时在受访对象方面还要考虑是否涉及回避问题和受害人及其家属的意见问题。第四，在程序方面，对调查评估报告性质的认定，将决定后续程序的走向，影响犯罪嫌疑人、被告的程序权利。因此，当社会调查评估中评估主体的意见与司法机关的意见不一致的时候，应该如何处理？第五，关于调查评估的具体内容，实践中所采用的百分制方法具有简单、客观等优点，但其中的赋值过程合理性须事先得到充分论证。第六，关于调查评估的责任倒查机制，作为委托方和被委托方的法院、检察院、公安机关和司法行政机关都应有责任，这之间该如何合理配置？而且即使是监禁刑也不一定能避免再犯问题，如果适用非监禁刑后再犯就要追责，这是否合理？第七，关于对调查评估的监督，一方面，应完善社区矫正的检察监督机制；另一方面，基层的人大作为权力机关，也应该发挥自身的监督作用。

（点评人：武汉大学法学院讲师 彭超）

论刑事错案预防及纠正机制之完善

吴筱潋*

内容提要：刑事错案在伤害当事人的同时，也极大损害了司法公信力。随着法治的进步，我国确立了错案责任追究制，对一系列刑事错案进行了纠错，为预防和纠正刑事错案留下了宝贵经验。刑事错案的发生主要是制度性的原因，具体包括侦查阶段存在非法讯问、公安机关内部监督流于形式、审查起诉阶段检察院的监督未能落到实处、贯穿整个刑事诉讼过程的非法证据排除规则应用寥寥。要解决上述问题，首先要进行理念纠偏，在明确侦查中心主义与审判中心主义的区别的基础上，坚持审判中心主义，最后从证据规则和程序规则两方面入手为刑事错案预防及纠正机制的完善提出建议。

关键词：刑事诉讼　错案预防　错案纠正

我国《刑事诉讼法》自 1980 年施行至今，不过短短 40 年，与刑事司法密切相关的《法官法》《检察官法》以及确立错案责任追究机制的政策则出台得更晚，施行时间更短。[1] 从时间上看，几起影响重大的刑事错案发生时间则较早——"刘忠林案"判决于 1990 年，"五周杀人案"发生于 1996 年，赵作海蒙冤于 2002 年。可以看出，上述错案的形成主要源于规范性约束的缺失，同时，加上年代久远，侦查手段的落后也使得公安机关在急于打击犯罪

---

* 作者单位：武汉大学法学院。

〔1〕 确立了错案责任追究机制的《人民法院审判人员违法审判责任追究办法（试行）》（以下简称《办法》）、《中央政法委关于切实防止冤假错案的规定》（以下简称《规定》）、《最高人民法院关于完善人民法院司法责任制的若干意见》（以下简称《意见》），分别出台于 1998 年、2013 年和 2015 年。

时倾向于采取不适当的手段获取有罪供述。但值得欣慰的是，在错案责任追究机制出台后，针对冤案的纠偏也很快到来，本文的讨论意在从对错案的纠错中汲取经验，切实保障公民基本权利。

对于刑事错案预防及纠正机制完善的讨论，具体涉及三个问题：第一，刑事错案之定义；第二，刑事错案之成因；第三，如何完善刑事错案预防及纠正机制。相应地，本文也分成三个部分进行论述。

一、刑事错案之定义

作为前提，我们必须明确刑事错案的定义。首先需要说明的是，尽管在刑讯逼供罪相关司法解释中采用了"……造成冤、假、错案的"用语，但本文并不打算采"冤假错案"概念，也不打算将刑事错案分类为冤案、假案和错案进行定义。这是因为，冤、假、错案对当事人的伤害、对司法公信力的损害并没有实质上的区别，真正的区别在于冤错的程度——显而易见，蒙冤入狱十余年的肯定比仅受无妄之灾数年的人受到的伤害深。而对刑事错案进行预防与纠错的目的就是保障公民基本权利、保障司法公信力进而建设法治国家，故进行定义上的细分意义不大。同时，采"刑事错案"而不直接采"错案"的说法，是因为在刑讯逼供罪相关司法解释将冤、假、错案用并列的方式叙述的情况下，如果单拎"错案"二字可能会造成字面上的包容不周，即产生"那冤案怎么办？假案又如何？"的疑问，同时，本文本就聚焦的是刑事领域的错案。

解答了前述疑问，接下来的任务就是定义何谓"刑事错案"了。为构建相应预防及纠正制度，我们需要的不是日常语义上的刑事错案之概念，而是其在法学意义上的概念，故笔者认为，其定义应该在规范性文件中寻找。《法官法》《办法》《意见》《规定》虽均未直接指出何谓错案，但这并不意味着不可以从中推断出"错案"的概念。

从《办法》第 24 条、《意见》第 25 条、[1]《最高人民检察院关于完善人民检察院司法责任制的若干意见》对检察人员应当承担司法责任的情形的列

---

[1] 《人民法院审判人员违法审判责任追究办法（试行）》第 24 条："合议庭成员评议案件时，故意违反法律规定或者歪曲事实、曲解法律，导致评议结论错误的，由导致错误结论的人员承担责任。"《最高人民法院关于完善人民法院司法责任制的若干意见》第 25 条"法官在审判工作中，故意违反法律法规的，或者因重大过失导致裁判错误并造成严重后果的，依法应当承担违法审判责任。"

举中可以得出，最高人民法院、最高人民检察院的规范性文件对"错案"的判定标准有两类：一是主客观双重标准，即既要求司法人员主观上存在故意或过失，也包括客观上造成严重后果；二是在特殊情况下，持"单一行为标准"，[1]这样的概括看似周延，实则不准确。这是因为，其错误地将需要承担错案责任的情形当作界定错案的情形。事实上，司法人员的主观过错并不是错案形成的必要条件，其无主观故意或重大过失，但因微小的疏忽造成关键证据的丢失从而造成的裁判错误，难道就不是错案了？答案当然是否定的，只是这种情况下相应司法人员不用承担责任而已。故笔者认为，对"冤假错案"概念之界定，是仅论客观结果而不论主观状态的。所谓主观状态影响的仅是追责与否，且这种客观结果也不包括司法人员的具体行为方式，而是落实到裁判结果上去判断。从这个角度来看，《刑事诉讼法》对"错案"的界定最为准确，根据《刑事诉讼法》第254条第1款的规定[2]，不论规范性文件中列举了多少种具体情形，诸如贪污受贿、徇私舞弊，又如毁坏证据、非法搜查，均可以落实到裁判结果上而被概括为"适用法律或认定事实错误"。

综上，刑事错案是指适用法律或认定事实错误的案件。此处的适用法律应作广义上的理解，即既包括适用实体法上的错误，也包括违反程序法的情形。

二、刑事错案之成因

刑事错案分为积极错案和消极错案，前者是将无罪的人错判有罪，后者是将有罪的人错判无罪。两者相比，积极错案对法治的危害更大，一个事实上无罪的人被认定有罪，在导致一个有罪之人逍遥法外的同时，还使得遵纪守法之人也处于可能被定罪的恐惧中。而且，积极错案的产生原因主要是制度性的，比如非法讯问取得证据、非法取得的证据没有被排除等；而消极错案一方面来源于人有限的认识能力，另一方面是为了保障公民基本权利而不得不付出的代价——对于一些事实上有罪的人，若证明其有罪的关键证据是通过非法手段取得的，则应当排除，而排除后其余证据无法证明其有罪，便难以避免地产生了一些消极错案。

---

〔1〕 参见李文静："我国错案责任追究制的文本考察及制度构建"，载《北京行政学院学报》2019年第1期。

〔2〕《刑事诉讼法》第254条第1款："各级人民法院院长对本院已经发生法律效力的判决和裁定，如果发现在认定事实上或者在适用法律上确有错误，必须提交审判委员会处理。"

综上，笔者的讨论重点在于积极错案。我国刑事诉讼采取"公、检、法"的线性构造，全部的刑事诉讼活动是一个有机整体，每一个程序环节及相关诉讼活动都会对最终裁判事实造成一定的影响，刑事错案是三个阶段共同作用的结果。

（一）侦查阶段的非法讯问

侦查阶段作为刑事诉讼中离"案发现场"最近的阶段，对查清案件事实、有效打击犯罪有重要作用。然而，在追求打击犯罪、查明案件事实的价值导向下，刑讯逼供屡禁不止，较有影响力的错案中几乎无一例外地都存在刑讯逼供的现象。

根据《刑事诉讼法》第 117 条的规定，在五种情况下当事人、辩护人、诉讼代理人及利害关系人有申诉和控告的权利。[1]然而，非法讯问行为并未被纳入可以申诉与控告的五种情形中。诚然，《刑法》第 247 条规定了刑讯逼供罪，在一定程度上对刑讯逼供行为产生了威慑作用，但该条及其相关的司法解释并未对未达到刑讯逼供程度的非法讯问行为设置救济。[2]

《刑事诉讼法》与《律师法》均未赋予律师参与讯问过程的权利，这是由讯问本身的封闭性决定的，但让犯罪嫌疑人在封闭环境下面对远强势于自己的侦查机关，这种"较量"显然是不对等的。为在封闭环境中保障犯罪嫌疑人之权利，《刑事诉讼法》规定了录音录像制度。[3]但该制度的实际效果仍存疑。在实践中，检察院垄断了录音录像的播放权——"录音录像是检察机关从严格依法公正执法的角度对自身工作提出的要求，不涉及对犯罪嫌

---

[1]《刑事诉讼法》第 117 条："当事人和辩护人、诉讼代理人、利害关系人对于司法机关及其工作人员有下列行为之一的，有权向该机关申诉或者控告：（一）采取强制措施法定期限届满，不予以释放、解除或者变更的；（二）应当退还取保候审保证金不退还的；（三）对与案件无关的财物采取查封、扣押、冻结措施的；（四）应当解除查封、扣押、冻结不解除的；（五）贪污、挪用、私分、调换、违反规定使用查封、扣押、冻结的财物的。"

[2]《最高人民检察院关于人民检察院直接受理立案侦查案件立案标准的规定》："刑讯逼供罪是指司法工作人员对犯罪嫌疑人、被告人使用肉刑或者变相肉刑逼取口供的行为。涉嫌下列情形之一的，应予立案：1、手段残忍、影响恶劣的；2、致人自杀或者精神失常的；3、造成冤、假、错案的；4、3 次以上或者对 3 人以上进行刑讯逼供的；5、授意、指使、强迫他人刑讯逼供的。"

[3]《刑事诉讼法》第 123 条："侦查人员在讯问犯罪嫌疑人的时候，可以对讯问过程进行录音或者录像；对于可能判处无期徒刑、死刑的案件或者其他重大犯罪案件，应当对讯问过程进行录音或者录像。录音或者录像应当全程进行，保持完整性。"

人合法权利的处分，因而（录音录像的播放）无需征得其同意"。[1]因此，有学者认为，"把录音录像理解为侦查机关的职责，则更加合适。显而易见，如果录音录像不是犯罪嫌疑人的权利，何谈权利保障"，"辩方并不具备录音录像同意权，也不具有资料的使用权。在控方占绝对优势、辩方无权制约的严重失衡程序中，录音录像的保障功能难以发挥"。[2]该观点一厢情愿地认为录音录像制度实际减少了冤假错案的发生，这是将该制度的应然效果与实然效果混淆了。可以说，录音录像制度在实践中还有很长的路要走。

那么《人民警察法》是否有能规制非法讯问行为的规定呢？《人民警察法》第46条赋予了公民或组织申诉与控告的权利，或许被非法讯问人能够以该条为依据维护自己的权益。[3]但《人民警察法》对申诉与控告应当依据何种程序，如若接受检举、控告的机关不及时查处，或不将结果告知检举人、控告人有何后果，均未作出规定。这就使得该条的可操作性大打折扣。

法谚有云，"无救济则无权利"，"一个人可先验地把法律权利界定为由正式的属于权利所有人的救济所支持的正当法律要求"。[4]进一步说，无实质救济，或救济之可操作性差，则权利恐难实现。要想通过《人民警察法》第46条保障犯罪嫌疑人的基本权利，还需要更具体的制度安排。

（二）公安机关系统内部监督流于形式

既然外部监督难以介入，那么内部监督又如何呢？目前涉及公安机关内部监督的法律法规主要有《人民警察法》《公安机关督察条例》《公安机关办理刑事案件程序规定》等。

《人民警察法》第43条规定了上级公安机关对下级公安机关的监督。[5]同时，《人民警察法》第22条明确列出了人民警察不得作出的行为，其中就

〔1〕《人民检察》学习问答组："对讯问进行全程录音录像是否需要征得犯罪嫌疑人同意"，载《人民检察》2006年第5期。

〔2〕任学强："被保障的权利——侦查讯问录音录像制度功能的反思"，载《河北法学》2014年第10期。

〔3〕《警察法》第46条："公民或者组织对人民警察的违法、违纪行为，有权向人民警察机关或者人民检察院、行政监察机关检举、控告。受理检举、控告的机关应当及时查处，并将查处结果告知检举人、控告人"

〔4〕[美] L. 亨金：《权利的时代》，信春鹰译，知识出版社1997年版，第47页。

〔5〕《警察法》第43条："人民警察的上级机关对下级机关的执法活动进行监督，发现其作出的处理或者决定有错误的，应当予以撤销或者变更。"

包括了"……（四）刑讯逼供或者体罚、虐待人犯；（五）非法剥夺、限制他人人身自由，非法搜查他人的身体、物品、住所或者场所；……（六）殴打他人或者唆使他人打人"等行为，且《人民警察法》第48条也规定了相应的法律责任——轻则停止执行职务、禁闭，重则行政处分，构成犯罪还要追究刑事责任。那么，为何公安机关在侦查阶段的非法行为仍屡禁不止？原因在于，虽然《人民警察法》规定了上级公安机关为监督主体，也规定了监督范围及后果，但这些被禁止的行为的发现和处罚仍需要更加具体的制度去支撑。易言之，上级公安机关如何去发现这些违规行为？是长期指派上级警员驻守并监督每一次讯问？抑或是按照一定的抽查率和抽查频次进行随机抽查？现有规定过于笼统和空泛，缺乏针对性和可操作性。退一步讲，即使建立了更具体的制度，规定了上级公安机关如何监督下级公安机关，又该如何克服整个公安系统的目的同一性——以侦破案件为目的——以保证这种内部监督的有效呢？

易言之，为避免内部监督流于形式，我们需要解决两个问题：第一，建立配套制度使得上级公安机关对下级公安机关之监督具有可操作性；第二，在此基础上保障监督不因监督主体与被监督主体的"统一战线"而流于形式。

（三）检察机关的监督未能落到实处。

侦查机关的主要目的在于发现案件真实，而检察机关为法律监督机关，该定位决定了检察机关的监督在预防与纠正冤假错案中扮演着重要角色。但在实践中，由于检察权行使缺乏独立性及检警关系制约不足，导致部分检察机关难以将其监督落到实处。

第一，检察权行使缺乏独立性。检察权的独立性是确保其公正行使的必要条件，《宪法》和《刑事诉讼法》都明确规定"人民检察院依照法律规定独立行使检察权，不受行政机关、社会团体和个人的干预"。个人之干预，有"五周杀人案"之例——在"五周杀人案"中，检方证人当庭否认目击，阜阳市中级人民法院认为应当宣告五被告无罪，此举合理合法。但随后被害人父亲周某鼎冲进审判长办公室服毒自杀，4个月后，在巨大的舆论压力下，五被告分别被判死刑、无期徒刑和15年有期徒刑。这虽然是受害人对法院的施压，但不难想见，若检察院审查起诉时就认定事实不清、证据不足，受害人父亲难免也要以过激举动相要挟。行政机关之干预，以"赵作海案"为例——1999年公安机关向检察机关移送审查起诉时，时任检察官汪继华先后两次以

"事实不清、证据不足"为理由将案件退回补充侦查，一直拖到2002年，公安机关仍未提供新证据。而同年10月，当地政法委召集公、检、法召开了专题研究会，得出了"要求检察院20日内将赵作海案公诉至法院"的意见。接任该案的郑磊检察官向检察院领导汇报了案件中的存疑之处，但只得到"政法委召开的会议已经统一意见了，这案子要快点办"的答复，随后检察院就向法院提起了公诉。[1]检察机关领导的提名和任免常常受制于同级地方党委，这使得检察机关难以摆脱行政权之牵制，对于有重大影响的案件，地方政府往往通过开协调会的方式将行政意志加于参会的检察长。在检察机关内部，基于上下级间的领导关系，检察长会通过上命下从的方式将行政意志层层传达给承办的检察官。最终，实际接手案件的检察官之检察权可能会丧失独立性。[2]

第二，检警关系制约不足。检察机关对侦查机关的监督体现在立案、侦查、审查起诉阶段。其主要方式包括口头提醒与发出《纠正违法通知书》进行书面纠正。依常理，应当是针对轻微违法行为采用口头提醒，而对严重违法行为发出《纠正违法通知书》。但在实践中，却存在"好人主义"，这在检察机关对侦查阶段的监督中体现得尤为明显——由于公安机关将《纠正违法通知书》列入了侦查人员的考核指标。同时，由于检察机关也是刑事案件的公诉人，扮演着追诉犯罪的角色，与公安机关颇有些"协作"意味。有检察机关因顾及这种"协作"关系而有意减少制作发出《纠正违法通知书》的数量，这严重损害了侦查监督的严肃性和权威性。[3]另外，即使发出了《纠正违法通知书》，其实际效果也并不理想。根据2013年北京市西城区人民检察院的统计：从2013年1月1日至2013年9月30日，该检察院共向公安机关发出《纠正违法通知书》34份，仅收到10份回复。该10份回复涉及12个违法行为，其中采取有效措施的仅有5个。[4]在审查起诉阶段，《刑事诉讼法》第171条规定了人民检察院审查起诉时必须查明的事项。其中包括"犯罪事实、情节是否清楚，证据是否确实、充分，犯罪性质和罪名的认定是否正

---

〔1〕 参见奚宇鸣："当年赵作海案的公诉人讲述内情"，载《北京青年报》2010年5月15日。

〔2〕 董坤："检察环节刑事错案的成因及防治对策"，载《中国法学》2014年第6期。

〔3〕 参见冯英菊："侦查监督实践中存在三个突出问题"，载《检察日报》2010年1月24日。

〔4〕 吴新华、栗英会："刑事纠正违法通知书执行情况调研报告"，载《中国检察官》2014年第9期。

确"。可以说，上述事项如果已经查明，案件事实应当已得到了充分的还原。但近些年平反的具有重大影响的案件，几乎全是在事实认定存有重大疑点时"带病"进入了审理程序，平反也正是抓住了事实认定这一痛点，生动阐释了什么叫"以事实为依据，以法律为准绳"。为何明明《刑事诉讼法》已经有了相关规定，检察机关却仍然会让案件"带病"进入审理程序呢？除了其在追诉犯罪上与公安机关存在目的同一性外，检察院与案件是否判决无罪也有直接的利害关系——在检察院作出了批准逮捕决定的案件中，如果案件最终被宣判无罪，则检察机关将承担国家赔偿责任。因此，一旦检察机关作出了批准逮捕的决定，其就倾向于在之后的审查起诉及法庭审判环节将犯罪嫌疑人定罪，十分讽刺的画面出现了——国家赔偿责任导致检察院宁愿一错到底。有学者对近年来发现的 16 起刑事错案进行分析，发现 16 起案件均存在未排除合理怀疑的情形。[1]这固然也有庭审阶段未能合理质证、排除非法证据的因素，但检察机关未能把好审查起诉这道关卡也是毋庸置疑的。

（四）审判阶段——应用寥寥的非法证据排除规则

需要先说明的是，根据《刑事诉讼法》第 56 条第 2 款的规定，非法证据排除贯穿侦查、审查起诉和审判阶段。[2]笔者强调在审判阶段的非法证据排除规则，并不意味着前两个阶段的非法证据排除就不重要了。而是因为，在前两个阶段，非法证据排除规则的"沉睡"被其他弊端所吸收，成了其他弊端的表现，故没有单独论述的必要。比如，在侦查阶段，其封闭性以及内部监督机制的失灵必然导致非法证据难以得到主动排除，有些时候基于破案的压力，公安甚至还会主动用非法手段收集证据。

2012 年修改的《刑事诉讼法》实施后，与热闹的理论研究相比，非法证据排除规则的实践甚少。[3]审判阶段非法证据排除程序的启动有两种：一是法院依职权启动；二是依被告方的申请启动。

对于法院依职权启动的非法证据排除程序，根据有关学者的实证调研，

---

〔1〕 汪建成："论证据裁判主义与错案预防——基于 16 起刑事错案的分析"，载《中外法学》2015 年第 3 期。

〔2〕《刑事诉讼法》第 56 条第 2 款："在侦查、审查起诉、审判时发现有应当排除的证据的，应当依法予以排除，不得作为起诉意见、起诉决定和判决的依据。"

〔3〕 参见左卫民："'热'与'冷'：非法证据排除规则适用的实证研究"，载《法商研究》2015 年第 3 期。

法院极少依职权启动，且"一些接受访谈的法官的解释是，法官未依职权启动程序并非是其未发现案件中可能存在应当依法排除的非法证据，而是基于启动程序会导致案件陷入疑难或拖延诉讼进程、增加诉讼成本等方面的考虑"。[1]

对于依被告方的申请而启动的非法证据排除程序，有学者对23起辩护方以刑讯逼供为由提起非法证据排除的案件进行实证分析，发现法官在论述"不予排除"的理由时，其主要表述有两类：①采用"辩方无法提供相关非法取证的线索或材料""经查无证据印证"的笼统说辞；②结合案情适当予以论证——这样论证的主要出发点在于论证可能被排除的证据之真实性。例如，在"李某某虚开增值税发票案"中，判决书上写道"两人在看守所关押期间有多份稳定的有罪供述"，"王某侠被从看守所释放后，仍有两次供述承认犯罪"。易言之，是关于证据证明力的论述。[2]但非法证据排除规则作为以非法手段、非法程序为排除证据原因的制度，其出发点在于否认相应证据的证据能力，否认其能被作为证据而采信的前提。[3]这或许可以从侧面印证法官依职权启动程序的不情愿——出于对证明力而非证明能力的考虑，部分法官担心一旦依非法证据排除规则排除了关键证据，将会造成无法定罪、放任犯罪的后果。不公正的司法污染的是水源，哪怕实际上通过非法证据将有罪之人定罪，在个案上实现了"正义"，但从宏观角度来看，却是打开了蔑视救济、肆意追诉的缺口。这种自以为正义的对非法证据排除规则的漠视，正是污染了司法公正的水源，法院需要改变此种错误观念，正确且积极地排除非法证据，在审判阶段守住司法公正的同时，倒逼侦查机关合法地获取证据。

三、完善进路

上述原因皆为刑事错案的制度性成因，因此要解决问题也需要从制度入手，而制度的根基是侦查中心主义这一理念，故应该先从根基入手，进行理念纠偏，再对证据规则和程序规则进行完善。

---

〔1〕刘小庆："审判中心：以非法证据排除规则改革为突破口"，载《长春市委党校学报期刊》2017年第4期。

〔2〕参见吴宏耀："非法证据排除的规则与实效——兼论我国非法证据排除规则的完善进路"，载《当代法学》2014年第4期。

〔3〕杨波："由证明力到证明能力——我国非法证据排除规则的实践困境与出路"，载《政法论坛》2015年第5期。

（一）理念纠偏——坚持审判中心主义

所谓审判中心主义，就是强调审判阶段的核心地位。与之相对应，现阶段的侦查中心主义，即以侦查阶段作为刑事诉讼的核心，侦查机关所收集的证据以及所认定的案件事实，既是公诉机关提起公诉的依据，也是法院作出裁判的根据。[1]审判中心主义与侦查中心主义的区别在于：以在哪里定格的事实作为法庭判决的根据。有学者将其表述为"证据必须源自'法庭之内'，唯有在这一物理空间呈现的信息才是公共知悉、司法知悉，而法官在法庭之外获知的纵使是真相也属于私人知悉，不得作为判决基础"。[2]在侦查中心主义之下，法庭审判更像是对侦查阶段取得结果的确认。例如，在"唐某军故意伤害案"[3]中，即使证人刘某的当庭证言推翻了其庭前证言，法院仍然采信了其庭前证言。又如在"蔡某甲、蔡某乙犯诈骗罪案"中[4]，证人陈某某和证人丁某某的当庭证言均与其在公安机关的陈述相矛盾，且证人指控公安机关存在刑讯逼供行为，但法院仍采信了公安机关在侦查阶段固定的证据。

对此，有必要进行理念纠偏。且这种理念纠偏不应局限于诉讼内，也应蔓延至诉讼程序外。这是因为，侦查中心主义的理念在刑事诉讼程序外也有体现。具体来说，其体现在公捕公判、披露破案信息、对侦查破案相关人员的公开嘉奖和对遇害公务员烈士称号的授予上。[5]这些在刑事诉讼程序之外、带有公开性质，并往往会导致舆论对犯罪嫌疑人产生"有罪"之先入为主印象的事件，或多或少地"绑架"了法院的判决。以公捕公判为例，如果对公捕公判进行检索，可以发现2014年在湖南、2016年在陕西兴平都曾举行过公捕公判大会。从新闻的图片来看，巨大的白色横幅写着"公开处理大会"的字样，台下是乌泱泱的看热闹的百姓，台上是身着制服的警察和十几名戴着手铐和头套的犯罪嫌疑人。一方面，公开宣读判决、宣读对犯罪嫌疑人采取的强制措施侵犯了犯罪嫌疑人的名誉权；另一方面，将"有罪"的观念刻在了围观群众的脑海里，法院之后若想宣告无罪，除了有"打脸"举办大会的公安机关和市政法委的风险外，也必须顶着不必要的舆论压力。此外，在法

---

〔1〕 陈瑞华："论侦查中心主义"，载《政法论坛》2017年第2期。

〔2〕 佀化强、余韵洁："审判中心主义与卷宗制度的前世今生"，载《法学家》2020年第6期。

〔3〕 [2019] 京02刑再1号。

〔4〕 [2015] 遂中刑再终字第1号。

〔5〕 参见陈瑞华："论侦查中心主义"，载《政法论坛》2017年第3期。

院判决之前就急匆匆开展对侦查人员的公开褒奖、对遇害公务员追认烈士，会使社会大众先入为主地给犯罪嫌疑人扣上有罪的帽子，同样会"绑架"法院的判决。受制于这些压力，法院常被迫作出留有余地的判决——疑罪从无在压力之下变成疑罪从有，但与之对应的量刑会从轻。[1]

（二）保障证据——落实非法证据排除规则

一方面，对于那些本就应被排除的非法证据，需要解决法官不想排、不敢排、排不动的问题；另一方面，为避免矫枉过正，需要规范全程录音录像制度，保证合法取得的证据即使进入排非程序，法院也能有依据地作出不予排除的决定。

第一，明确证据能力为证明力的前提。如前所述，法官在适用非法证据排除规则时，往往会因为可能被排除的证据证明力极强而不想排、不敢排、排不动，但这与非法证据排除规则本身的基点相违背。其否认的是证据能力而非证明力，而证据能力是证明力之前提，在实践中需要明确这种理念。在审查证据时，先判断其证据能力，若有，才进一步看其证明力，以免出现"舍不得排除"的情况。[2]

第二，规范全程录音录像制度。根据笔者在裁判文书网上的检索，在2018年随机抽取的十余件涉及非法证据排除规则的判决中，法院"不予排除"的理由除了辩方未提供相关线索外，大都包括公诉人出示了同步录音录像。例如"刘某某抢劫案"二审刑事判决书写道："在庭审中公诉机关出示了同步录音录像、侦查人员进行了出庭作证……故能排除非法取证的可能性。"又如"洪某某等十一人领导传销活动、帮助信息网络犯罪活动案"的判决书写道："法院对上诉人供述、同步录音录像等证据进行了审查，未发现侦查机关对洪某某有采用刑讯逼供等非法方法收集证据的情况……"

诚然，同步录音录像是如此栩栩如生，以至于对法官有极强的说服力，但如若录音录像并非全程录音录像，则其所证明的都将是片面的甚至带有极强误导性的"事实"。由于在同步录音录像的同时，讯问人员还要制作讯问笔录，讯问笔录作为记载犯罪嫌疑人供述和辩解的重要载体，在实践中多被作

---

〔1〕 参见陈瑞华："留有余地的判决———一种值得反思的司法裁判方式"，载《法学论坛》2010年第4期。

〔2〕 参见杨波："由证明力到证据能力——我国非法证据排除规则的实践困境与出路"，载《政法论坛》2015年第5期。

为定案根据，那么问题就出现了——没有与之对应的同步录音录像的讯问笔录是否可以被作为定案的根据？学界目前有不排除说、不当然排除说及瑕疵证据说。不排除说认为，《刑事诉讼法》所规定的供述之排除条件不包括未录音录像，因此并不因缺少录音录像就予以排除；而不当然排除说则是对不排除说的补充，认为除非辩方以存在刑讯逼供等非法取证方法为理由，且控方无法证明不存在此种非法取证，或法院查证确实存在非法取证时，才对供述予以排除；瑕疵证据说认为未录音录像的讯问笔录属于瑕疵证据，如果能对其存在的瑕疵作出补正或合理解释，则可以被作为定案根据，否则则排除。

笔者认为，关于同步录音录像制度的施行，除非侦查阶段的封闭性被打破，外界监督可以介入、律师可以参与，否则对未全程同步录音录像的供述应该进行完全排除，方可实现录音录像制度之目的——保障公民基本权利。这是因为，瑕疵证据说看似美好，可其实质上否决了录音录像制度存在的必要性——既然不录音录像也可以通过别种方式补正，那录音录像制度便完全成了侦查机关自证"清白"而非犯罪嫌疑人保障自身的工具，与其保障公民基本权利的目的相去甚远。

（三）加强监督——"公检律"三管齐下

第一，打破侦查阶段的封闭性，加强外界参与。此处的外界参与，既指检察院的监督，也包括律师在侦查阶段的参与。对检察院的监督，通过规定不执行、不回复《纠正违法通知书》之法律后果，使其具有强制力；对于律师，为规制非法讯问行为，赋予其在侦查阶段的参与权，如规定犯罪嫌疑人被讯问时律师必须在场等，以更好地保障公民基本权利。"只有真正达到'公、检、法、律'四位一体，并驾齐驱，刑事诉讼的现代化才有可能顺利达成。"[1]

第二，建立切实可行的公安机关内部监督机制。一方面，根据《人民警察法》和《公安机关督察条例》的规定，公安机关内部监督主体包括上级公安机关以及公安机关督察机构。对于上级公安机关对下级公安机关的监督，《人民警察法》仅寥寥数语，为使该种监督更具有可操作性，需要细化《人民警察法》的规定，将上级机关对下级机关之监督的具体方式以规范性文件的形式固定下来。例如，在监督的启动方面，上级机关的监督既应该依职权启

---

〔1〕 冀祥德主编：《最新刑事诉讼法释评》，中国政法大学出版社 2012 年版。

动，也应在收到当事人、辩护人、诉讼代理人与利害关系人的举报与控告时启动。此外，基于侦查阶段的封闭性，在侦查阶段依后一种方式启动监督的可能性极低——当事人处在公安机关的控制下，辩护人、诉讼代理人与利害关系人则可能受到公安机关的阻挠而难以收集具体证据，故在侦查阶段，上级公安机关对下级公安机关的监督应该贯穿始终，如若无法做到上级机关派专员常驻，也应做到强制要求下级公安机关对每次讯问进行录音录像，并主动询问当事人是否存在非法讯问情形。另一方面，为保证上下级公安机关间不会因"统一战线"而互相包庇，应在审判中心主义的指导下，树立"未经法庭判决不得确定任何人有罪"的思想，案件侦破与否应当在考核机制中占据一席之地。但同时，侦破案件过程中采取的手段是否合法合理应当占据更大的比重。

第三，强调检察机关的独立地位与监督职能。如前所述，行政机关往往通过开协调会的方式将行政意志强加于检察长，再由检察长一层层传达至对应案件的检察官。面对此现状，要想保持检察机关的独立，可以借鉴陪审团制度，即在作出决定前不与外界接触与讨论。具体来说，为不同类型的案件设置不同的作出决定的时间，在规定时间内与外界隔离，与民情舆论隔离、与试图绑架检察院的行政意志隔离。制约不足的检警关系实质上仍然是侦查中心主义在作祟。因此，我们要坚持以审判为中心，强调无罪推定思想，在侦查阶段强调检察院法律监督机关的身份，而非追诉人之身份。修改检察院和公安机关内部不合理的绩效考核机制，不盲目追求案件数量、定罪数量等，减少领导评价在绩效考核机制中的占比。同时，切断检察机关与案件判决无罪与否的结果间的利害关系，在检察院作出了批准逮捕决定但最终被告人被宣告无罪的案件中，即便检察机关承担了相应的国家赔偿责任，也不能因此而迁怒于具体的检察院工作人员，不能将该类案件纳入检察院工作人员的绩效考核机制，以免打击检察院履行其监督职责的积极性。

参考文献

[1] 李文静："我国错案责任追究制的文本考察及制度构建"，载《北京行政学院学报》2019年第1期。

[2] 任学强："被保障的权利——侦查讯问录音录像制度功能的反思"，载《河北法学》2014年第10期。

[3] [美] L. 亨金：《权利的时代》，信春鹰、吴玉章、李林译，信春鹰校，知识出版社

1997 年版，第 47 页。

[4] 奚宇鸣："当年赵作海案的公诉人讲述内情"，载《北京青年报》2010 年 5 月 15 日。

[5] 董坤："检察环节刑事错案的成因及防治对策"，载《中国法学》2014 年第 6 期。

[6] 冯英菊："侦查监督实践中存在三个突出问题"，载《检察日报》2010 年 1 月 24 日。

[7] 龙宗智："检察机关办案方式的适度司法化改革"，载《法学研究》2013 年第 1 期。

[8] 吴新华、栗英会："刑事纠正违法通知书执行情况调研报告"，载《中国检察官》2014
年第 9 期。

[9] 汪建成："论证据裁判主义与错案预防——基于 16 起刑事错案的分析"，载《中外法
学》2015 年第 3 期。

[10] 左卫民：""热"与"冷"：非法证据排除规则适用的实证研究"，载《法商研究》
2015 年第 3 期。

[11] 刘小庆："审判中心：以非法证据排除规则改革为突破口"，载《长春市委党校学报
期刊》2017 年第 4 期。

[12] 杨波："由证明力到证据能力——我国非法证据排除规则的实践困境与出路"，载
《政法论坛》2015 年第 5 期。

[13] 陈瑞华："论侦查中心主义"，载《政法论坛》2017 年第 2 期。

[14] 侣化强、余韵洁："审判中心主义与卷宗制度的前世今生"，载《法学家》2020 年第
6 期。

[15] 陈瑞华："留有余地的判决——一种值得反思的司法裁判方式"，载《法学论坛》
2010 年第 4 期。

[16] 冀祥德主编：《最新刑事诉讼法释评》，中国政法大学出版社 2012 年版。

[17] 杨波："审判中心主义视域下刑事冤错案防范机制研究"，载《当代法学》2017 年第
5 期。

[18] 吴宏耀："非法证据排除的规则与实效——兼论我国非法证据排除规则的完善进路"，
载《现代法学》2014 年第 4 期。

[19] 叶青："以审判为中心的诉讼制度改革之若干思考"，载《法学》2015 年第 7 期。

[20] 龚举文："审判中心主义与职务犯罪侦查的理论辨析及其制度构建"，载《法学评
论》2015 年第 6 期。

点　评

第一，2012 年《刑事诉讼法》的修改吸收了非法证据排除规则，两高五
部门出台了一系列涉及此规则的规范性文件。可以看出，非法证据排除规则
在刑事诉讼中起到了一定的作用，但是未达到预期最理想的效果。政策的落

实需要时间，比如早在 1979 年《刑法》就规定了无罪推定原则，但经过多年实践还是存在问题。又如沉默权问题，《刑事诉讼法》实际上只规定了半个沉默权，其规定犯罪嫌疑人在接受讯问时可以保持沉默，但又规定要如实交代犯罪事实，这看似矛盾但实际上却是统一的。理论界主张规定沉默权，但由于实务界对口供的依赖，沉默权制度不能完全落实。不过，随着侦查技术的提高，获取客观证据能力的提升，相信沉默权制度将会逐渐得到落实。第二，讨论冤假错案的预防与纠正时还应注意几个问题：首先，是正义观的问题，普通老百姓的伦理认知中认为命案必破，这是一种期待，也是现在所说的实现政治效果、法律效果和社会效果的统一。其次，法治发展就像经济发展一样不平衡，分析冤假错案要选取不同地区的样本，以增强代表性。最后，法院等机关的内部绩效考核细则，在现实中可能会"模糊"掉法律的规定，因此，相较于单纯的法规范研究，研究考核细则可以增进对国家职权实际运行的了解。

（点评人：武汉大学法学院教授　江国华）

司法学术专题

执行不能案件退出机制论析

徐梦洁[*]

内容提要： 执行不能不能被简单地包含于执行难之中，两者的主要区别在于是否无可供执行的财产。造成执行不能的原因除了市场天然的风险和弱势群体的客观存在外，法院有限的执行措施也在一定程度上加剧了这一现象。司法实践中的执行不能退出机制契合执行经济原则、执行风险的要求和强制执行程序的价值目标，是解决执行不能的有效手段。要畅通退出机制，首先应优化执行机构和执行人员的配置，其次要通过制度设计畅通出口，最后需要确立协助机制，综合治理。

关键词： 执行不能　执行难　退出机制　个人破产制度

一、问题的提出

随着依法治国的推进，越来越多的人民群众摒弃了以往的"民间手段"，选择走进法院寻求法律的帮助，以保护自己的合法权益。执行工作作为解决案件的"最后一公里"，关系到诉益的真正实现，一直受到广泛关注。与期待不相符的是，在高速发展的经济社会的各种因素的相互作用下，"执行难"的问题愈发突出，严重影响了人民法院的司法权威，同时也严重损害了人民群众的合法权益。

理论界和司法实践为破解执行难问题付出了大量的努力，也取得了初步成效。但举措更多针对的是被执行人恶意抗执、执行人员执行观念淡漠等由外因造成的执行难问题，而针对无可供执行财产这样的内因造成的"执行不

---

* 作者单位：武汉大学法学院。

能"问题却鲜有有效的解决方案，执行不能问题依然在执行案件中广泛存在。最高人民法院曾在工作报告中指出："多地法院解决执行难问题已取得阶段性成功，然而，其中涌现出的大量执行不能案件仍不容忽视。""执行不能案件占到了所有未执行案件的43%左右。"〔1〕对此，我们亟须对执行不能的理论和现实成因进行透彻梳理分析，穷尽执行措施，多途径建立执行案件源头治理机制，畅通执行不能案件的退出机制，使司法更好地服务于人民群众。〔2〕

二、区分"执行不能"与"执行难"

司法实践中，绝大多数当事人基于维护和实现自己合法权益的立场都会认为，向法院告状只要是打赢了官司，提出了申请执行，那么就应当及时拿回自己的款项，就应该顺利实现自己的胜诉权益。一旦诉益未能实现，则无论什么原因，都将之归为"执行难"。这种认知存在着极大的偏差，与执行工作的现实情况存在较大出入。

2018年10月24日出台的《最高人民法院关于人民法院解决"执行难"工作情况的报告》指出，要"积极向当事人和社会各界解释'执行不能'问题，引导社会公众形成对执行工作的正确认知"，"仍然有不少当事人对'执行不能'缺乏理解"。最高人民法院在2019年1月24日印发的《2019年人民法院工作要点》中提出，要正确认识"执行不能"。这些都在表明社会对执行不能存在一定的误识。理清执行不能这一概念，有助于增加社会的司法信任感，认同执行人员的工作和努力，明确各方主体责任，使举措更具有针对性。

执行难有广狭义之分。广义的执行难是指在执行程序中，法院因受到社会、政治、经济、舆论等方面的非法干预和影响，致使其执行措施实施不能或实施的执行措施失去功效，进一步损害执行当事人的合法权益、破坏执行秩序的司法现象。〔3〕狭义则是指在执行个案过程中，执行人员因受到某种来自于内部或外部的非法对抗，而使执行行为实施不能或已经实施的执行行为难以为继的执行过程。〔4〕执行不能同样发生在执行过程中，并最终使执行程

〔1〕 参见《最高人民法院关于人民法院解决"执行难"工作情况的报告》。
〔2〕 黄松有："当前解决人民法院执行难问题的对策"，载《科学社会主义》2006年第3期。
〔3〕 黄松有："当前解决人民法院执行难问题的对策"，载《科学社会主义》2006年第3期。
〔4〕 胡家强、宿宝华："解决执行难问题的对策建议"，载《中国海洋大学学报（社会科学版）》2011年第4期。

序无法继续，只是造成这种状态的原因是被执行人资不抵债或自身属于社会弱势群体，尽管法院穷尽执行措施，被执行人仍然没有可供执行的财产，不能实现生效法律文书中所确认的债权。[1]通常学者都认可执行不能是被包含于执行难这一范畴内的，对执行难作广义理解。基于这一前提，我们可以简单认为执行不能与执行难的区别主要在于是否无可供执行的财产。

三、执行不能的成因分析

（一）市场主体风险意识薄弱

执行不能不仅是司法现象，同时也是市场经济现象的体现。这种现象产生的原因之一就是市场风险机制、法律机制不完善。前文也有提到，市场主体在市场交易中面临各种风险。除了市场本身风险机制和法律监管机制的不健全外，市场主体风险意识不强是造成执行不能的一大重要原因。随着经济社会的快速发展以及各种经济现象的日益复杂，市场竞争愈加激烈，市场风险日益增多。在这样的市场环境下，市场主体应该树立良好的风险意识，但是大多数市场主体被盈利的欲望所驱使，盲目投入市场，最后投资失败，即使申请强制执行，也无法实现债权。此外，市场主体还存在过度投机、法律风险意识缺失的现象。在执行不能的案件中，常有一些申请执行人过度投机，为获取利益，一味地相信被申请执行人的财产能力状况能有所好转，企业会起死回生，从而能够实现全部债权，而没有及时运用保证、抵押等法律担保措施，最终被申请执行人的财产状况不但没有好转反而更加恶化。此时，申请执行人采取措施已经为时已晚，被申请执行人已经没有财产可供执行。

（二）社会贫弱主体的存在

当被执行人是自然人时，执行不能的原因往往是被执行人是社会贫弱群体。一旦遇到意外风险成为义务承担者，他们并不具有履行义务的能力。在执行不能案件中，被执行人可能是下岗职工、在押犯人、贫困农民、肇事司机、农村五保户等社会贫弱主体，维持基本生活尚且不易，除了执行中必须保留的生活必需品外根本没有财产可供执行的情形也是存在的。

（三）执行措施的限制

执行不能主要是由于被执行人确实无可供执行的财产，但若法院执行措

---

〔1〕 江必新主编：《比较强制执行法》，中国法制出版社 2014 年版，第 145 页。

施受限，不能有效查获被执行人的财产，将导致虚假执行不能。随着经济、科技等方面的高速发展，被执行人抗拒执行的手段也在与时俱进、不断发展，即通过一些新型方式来隐匿财产或逃避执行。近年来，随着第三方平台支付方式的普及，越来越多的人开始"无现金"生活，这也就成了某些被执行人隐匿财产的重要渠道。实践中，失信被执行人逃避执行的方式五花八门、层出不穷，若执行法院不提高执行能力、优化执行措施，调查不到被执行人的财产，会导致虚假的执行不能，将无法有效地保护胜诉债权人的合法利益。

四、执行不能退出机制的理论基础

执行不能案件会造成执行客观上无法进行，如果任由其停滞在执行阶段，一则浪费了司法资源，二则会忽视执行不能的客观性质，无助于现阶段执行困境的解决。因此，执行不能案件的退出机制就成了解决这一问题的出路。从理论上来看，退出机制契合了执行经济原则、承担执行风险的要求和强制执行程序的价值目标，具有极大的合理性。

（一）执行经济原则

执行经济原则要求在执行过程中，执行活动应当及时、迅速并且连续地进行，非依法定程序不得停止，[1]以达成以最小的执行成本实现最大的执行效益的执行目的。[2]执行成本包括当事人、法院、社会各方面投入执行的人力、财力、物力等直接、间接消耗，而执行效益则包括执行的法律效果与社会效果，因此执行程序必须具备经济合理性，减少人财物的消耗，缩短执行周期，同时兼顾社会效果，[3]这是强制执行的一项基本原则，目的在于尽快实现生效法律文书所确定的权利。但是，执行不能案件则是穷尽了执行措施也无法执行完结的，存在特殊性，人民法院对此的做法一般是在审查确认其确为无可供执行财产案件以后，终结本次执行程序，纳入"终本案件库"管理，公开接受社会监督，一旦发现有财产必须及时恢复执行。根据最高人民法院《2018年全国法院司法统计公报》公布的数据，全国法院在2018年度共

---

〔1〕 王建国、李海军："多维执行管辖制度构想"，载《山东审判期刊》2005年第5期。

〔2〕 常怡、崔婕："完善民事强制执行立法若干问题研究"，载《中国法学》2000年第1期。

〔3〕 ［日］谷口安平：《程序的正义与诉讼》，王亚新、刘荣军译，中国政法大学出版社2002年版，第11页。

受理民事执行案件 4 248 603 件，结案 4 454 651 件，其中以终结本次执行程序方式结案的共有 1 768 219 件，占民事执行案件结案总数的 39.7%。因此，各级法院通常会更致力于审查案件是否符合终止本次执行程序的条件，执行的人力、物力的投入亦会有所选择。由此带来的是对于有财产可供执行案件投入的人力、物力的缩减。[1]

更糟糕的是，在这一过程中，大量案件堆积在执行程序中，导致整个执行程序"消化不良"，影响了后续新进案件的处理速度。为了清理这些积案，法院系统几乎每隔几年就需要举行一次积案清理活动，在繁重的日常工作之余又增加了负担，使得本就稀缺的司法资源还要被用以解决无财产可供执行的案件，分散了执行案件的办案力量，加重了办案负担，拖慢了执行效率，影响了法院执行工作的正常开展。有限的执法力量与大量的执法案件之间的矛盾愈发突出，所以在强制执行过程中，必须符合执行经济原则。在司法实践中，片面追求执行"结果"会导致执行效率低，司法资源浪费的现象层出不穷。归根结底在于执行理念出现了偏差，执行经济原则不仅是司法资源紧张的客观要求，也体现了执行工作向科学化、文明化发展，更是实现民事强制执行目的的内在要求。[2]而退出机制使执行案件不止步于执行程序，科学利用了司法资源，有利于实现理想的法律效果与社会效果。

（二）风险自担理论

法院通过审判程序确认了权利人的权利，但确认权利和实现权利分别处于应然和实然两个层面。从应然层面上来说，法院维护权利人的合法权利，且依靠国家强制力帮助权利人获得权利；但从实然的角度来说，权利人能否最终实现权利取决于很多因素，其中包括很多不能由法院决定的因素，如被执行人死亡或者下落不明、被执行人完全丧失清偿能力、执行标的由案外第三人所有等。因此，在执行程序中，申请执行人应当承担起执行风险。申请执行人在市场交往或者申请启动执行程序时应当对风险有合理预期，因而对于由执行风险带来的无财产可供执行，应当有合理的容忍义务，而不应当将

---

〔1〕 杨建广、张琛："'执行难'的概念变迁——以我国三十年执行政策为视角"，载《盛京法律评论》2019 年第 1 期。

〔2〕 田平安主编：《民事诉讼程序改革热点问题研究》，中国检察出版社 2001 年版。

不满转嫁于法院。[1]法院执行工作的职责是使生效法律文书必须得到执行，这里的"必须得到执行"指的是法院要回应法律对此的要求和期待，并不意味着法院要承接转移来的客观风险。诉讼实践中，许多当事人乃至社会公众都认为生效法律文书是以国家信用为背书的，只要有生效文书法院就要执行到位，实现当事人的诉益。这实际上是要求法院兜底、承担化解一切风险的"无限责任"，这远远超出了法院执行工作的职责范围。[2]因此，对于执行不能案件，严格意义上不能对法院予以苛求，相应地建立无财产可供执行案件退出机制能够让申请执行人逐步意识到执行如诉讼一样是一项有风险的行为，而风险的承担者正是申请执行人自身。这一观念的转变有利于更新执行理念，缓解申请执行人与法院之间的矛盾，使司法的问题回归司法，社会的问题回归社会。

（三）法的价值理论

民事执行部分虽然被规定在民事诉讼法中，但因执行工作同时还兼具社会属性，也应契合强制执行法的价值要求。"从社会发展变化的角度上看，我国强制执行基本原则的确定不能仅以实现债权人债权的目的为基本依据，还应当充分考虑执行制度的基本价值追求。"[3]一般来说，我们将公正作为审判程序中要遵守的首要原则。在民事诉讼程序中，当事人之间的实体权利义务关系还处于相互争执和不明确的状态，民事诉讼的任务就是要在查明事实的基础上对双方所争议的权利与义务作出裁判，解决双方的纠纷，消除争议、恢复秩序。所以，民事诉讼必须也应当以公正为首要价值目标。而在民事强制执行程序中，当事人之间的实体权利与义务已经被之前公正的审判程序所确认，当事人的不公正情况已经通过审判程序得到矫正。因此，在执行阶段，公正至少已经不再是首要体现的，申请执行人关心的往往是如何快速地要求被执行人履行义务，实现申请执行人自身的权利。所以，效率应作为强制执行法的首要价值目标，执行也应以最具效率的方式及时实现申请人的债权。这就要求在执行程序中遇到执行不能案件时应该果断地采取措施，在执行程

---

〔1〕 张法能："执行退出机制：公正与效率的博弈——以再执行程序的'W'与'H'为角度"，载《法治论坛》2014年第3期。

〔2〕 "无财产可供执行的案件属执行不能"，载中国法院网 https://www.chinacourt.org/article/detail/2018/10/id/3549376.shtml.

〔3〕 廖中洪："强制执行基本原则研究"，载《时代法学》2007年第1期。

序上体现执行效率这一价值目标。而研究无财产可供执行案件退出机制，其目的正是为无财产可供执行案件提供一个高效而顺畅的退出程序，明确现有的各项退出程序应当如何相互协作，从而提高民事执行效率，实现以强制执行法效率为重的价值追求，保障债权人的利益。

五、"执行不能"退出机制的完善路径

对于广泛存在的执行不能案件，我们首先应优化执行机构的设置，其次通过制度设计畅通路径：一方面，对于个人因无财产可供执行而形成的执行不能案件，借鉴国外的先进经验，推动建立个人破产制度，在最大限度地兼顾债权人和债务人利益、有效化解社会矛盾的同时，为"执行不能"案件提供司法退出路径，解决此类案件的执行难问题。另一方面，对于企业法人因无财产可供执行而形成的执行不能案件，健全完善现有的破产制度和机制，将案件转入破产审判程序予以消解。最后，配合其他部门，加强市场监管，提高市场主体风险意识；将执行救助制度与司法救助保险制度相衔接，确保民生案件中确有困难的当事人能够得到救济。

（一）优化执行机构的设置

执行不能案件退出机制涉及执行不能案件的宣告、执行终结的裁定以及向申请执行人发放债权凭证，事关申请执行人的切身利益，需要执行人员付出巨大努力。因此，应该及时优化执行机构的设置，以保障执行不能案件退出机制的建立和健康运行。

1. 执行机构的组织优化

应以执行权的性质为基础，借鉴国外经验，并兼顾我国国家权力分配体系的国情对执行机构作出合理设置。[1]学界普遍认为，强制执行权具有行政权和司法权的双重属性。在执行程序中，凡需作出裁定、决定的事项都属于执行裁决权范畴，个别事项除外，浙江省法院的民事执行权分权大多采取此种类型。[2]但是，为了债权的实现，执行机构应当以行政化模式为主来进行设置。可以考虑在全国设立统一的执行机构，实行垂直领导，各级人民法院设立执行局，执行机构的人员任免均由上级人民法院决定。这样有利于集中

---

〔1〕 董少谋：《民事强制执行法论纲——理论与制度的深层分析》，厦门大学出版社 2009 年版，第 51 页。

〔2〕 童兆洪主编：《民事执行调查与分析》，人民法院出版社 2005 年版。

力量，高效地采取强制执行措施，保证债权的实现。同时，这种机构设置可以最大限度地克服地方保护主义的阻碍。另一方面，我们应该看到强制执行权中司法权对于行政权的制约作用，也就是执行裁判权对执行实施权的监督与制约。这就决定了应该在执行局内部设立行使司法权的执行裁判庭。为了执行程序的公正与高效，必须赋予执行裁判庭执行裁判权，具体行使对程序性事项以及与程序性事项相关的实体事项进行裁判的权力。

2. 执法资源的优化配置

在当前智慧法院建设的背景下，要想实现较少的专门人员对于数量庞大的执行不能案件进行科学有效的管理，需要有信息技术的助力。执行工作应充分利用大数据资源进行信息化、精细化处理。随着经济、科技等多方面的发展，执行法院也应与时俱进，利用大数据等信息化资源对被执行人的财产进行及时查控，如此才能有效维护申请执行人的合法权益，才能有效减少虚假执行不能的发生。如针对失信被执行人利用"支付宝"等第三方支付平台隐匿财产的情况，最高人民法院开发了"执行视频会商系统和事项委托平台"，全国各地法院可以利用该平台对被执行人账户、理财产品、车辆、不动产等多种事项进行委托办理，及时采取远程查封、冻结等财产控制措施。开发财产管理系统，将原本分散在各庭室的保全材料全部在网上集中，实现保全材料电子化审批、无纸化移转，提高了工作效率，便于追踪执行财产的最新动向。建立执行法官主导、信息技术人员参与的信息化研发模式，通过信息化手段为执行队伍助力，提高了执行规范化程度。

（二）畅通退出机制

1. 完善审查制度

畅通退出机制的一个关键前提就是要完善执行不能的审查制度。首先要合理界定行为执行不能的认定标准。按照执行不能的原因，其可被分为客观履行不能和主观履行不能。凡是客观履行不能的，均应认定为行为执行不能。如特定物灭失损毁、行为内容从物理属性上已不具有可执行性。主观履行不能由于是被执行人不配合造成的，因此必须在逐一采取罚款、拘留、纳入失信被执行人名单等间接执行措施，并追究拒执罪后仍不能执行的情况下才能被认定为执行不能。再者就是要完善"执行不能"案件认定程序和审批制度，明确要求认定前必须依法穷尽财产调查措施，既通过网络查控系统查找财产情况，也审核线下财产线索，核实情况。

2. 完善执行转破产机制

不能激励符合条件的执行当事人主动申请破产是我国目前执转破机制存在的较大问题。对此，可以以当事人申请企业破产为原则，以特定情况下法院强制裁决进入破产程序为例外予以完善。即在立法上确立企业强制破产制度，在具体制度设计上，将司法强制企业破产作为补充，此时作为被执行人的债务人企业需满足已经处于履行不能的状态，且在事实上丧失了通过继续开展生产经营活动改善其偿债能力的条件。在此情况下，执行法院可以在明确告知申请执行人和被执行人且各该当事人双方均不主动申请时，裁定将案件转入破产程序。从这个意义上讲，强制破产更像是法院为了社会公共利益而实施的"救济"行为。由于当事人不申请破产或不同意转入破产程序，案件无法退出法院的执行程序，法院"迫于无奈"，才启动强制破产，使得法院自身能从执行程序中解脱出来，将司法资源投入到更为需要的地方。[1]

对于企业破产的清算责任，现行破产法并未形成完善的清算体系，相关内容不够具体，不具针对性，对于责任主体的惩戒力度较小。对此，应完善现行规定，明确清算义务人的主体范围，使责任落实到对企业进行实际管理、决策的机构与个人。[2]在清算义务人的法律责任追究上，应该包括民事、行政和刑事责任不同的责任类型，建立一个相互衔接、责罚相适应的责任追究体系；在对清算义务人进行责任追究前，应当对该股东在企业生产经营中的地位和作用进行评价，防止波及对公司生产经营决策和实施没有发挥作用的中小股东。[3]

在满足必要性原则的基础上适当简化破产程序。在执行不能案件中，企业破产程序过于繁琐冗长是企业债务人破产程序使用率极低的重要原因。为此，在构建简易破产程序时应考虑：一是将债务人的财产是否易于处置作为适用简易破产程序的标准，以提高案件审理的效率；二是简易破产程序流程的简化主要体现在时间上的缩减、充分利用智能化手段处置财产上；三是为避免债务人利用简易破产程序逃废债务，应当建立与此种简易程序相适应的防范机制。

---

〔1〕 参见张艳丽、库颜鸣："执行转破产：功能定位及运行"，载《人民法治》2017 年第 12 期。

〔2〕 李继、许东瑾："试论完善我国破产制度与化解'执行难'问题"，载《知与行》2018 年第 6 期。

〔3〕 参见王富博："关于《最高人民法院关于执行案件移送破产审查若干问题的指导意见》的解读"，载《法律适用》2017 年第 11 期。

3. 建立个人破产及其相关配套制度

在个人破产制度的架构过程中，首先应简化法院对于破产原因的认定。为执行程序顺利转为破产程序提供便利，法院穷尽了所有执行措施，没有发现任何财产，无财产可供执行的个人已确无清偿能力。此时，应认为无财产可供执行的个人，符合破产的原因。这样具有以下好处：①方便人们衡量债务人是否陷入破产境地；②有利于执行程序向破产程序流转，提高工作效率。在立法上，建议将不能清偿与停止支付相结合，以确定无财产可供执行个人没有清偿能力。

其次，个人破产制度应采用申请主义原则，由债务人或债权人自主申请个人破产。这样可以让债务人与债权人相互博弈，债务人为了享受免责利益，会提高申请个人破产的积极性，而债权人为了防止债务人滥用个人破产制度损害自身权益，也会积极申请个人破产。同时，当债权人认为债务人不符合下列申请个人破产的条件时可以向法院提出异议：[1]①申请人为无财产可供执行的个人或债权人；②申请人向法院提出破产申请时应采用书面形式；③申请人在申请的同时应提交相应的证明材料。[2]

最后，我国个人破产制度的构建还需搭配以完善的配套制度，应从个人信用制度、财产登记制度、金融管理制度、刑事犯罪制度、社会保障制度等方面进行逐步完善。配套制度完善是构建个人破产制度的外部因素，唯物辩证法思想向我们揭示了外因是事物发展不可或缺的条件，外因也会通过内因起作用。我们必须完善各种配套制度才能保证个人破产制度的顺利进行，为个人破产制度在我国的构建保驾护航。

（三）确立执行协助机制

执行问题不仅仅是一个司法问题，其解决措施当然不应该局限于司法部门。

1. 加强司法救助与社会救助的衔接

在实践中，法院会通过司法救助帮助确无财产可供执行的被执行人和陷入生活困境的申请人。但现有的司法救助制度在设计上欠缺综合性，不能与其他救助制度进行很好的衔接，司法救助与社会救助存在脱节。但是，司法

---

[1] 易仁涛："论我国破产原因之完善"，载《河南省政法管理干部学院学报》2011年第4期。

[2] 文秀峰：《个人破产法律制度研究——兼论我国个人破产制度的构建》，中国人民公安大学出版社2006年版，第91页。

救助要想在执行工作中发挥更大的作用，就不能忽视社会救助在其中的良性作用。相较于司法救助，社会救助覆盖的范围更广，带动的社会影响更大。因此，将司法救助和社会救助有机地结合在一起，借助于社会救助发挥社会力量，可以在一定程度上弥补司法救助资金不足、物力缺失的短板，更好地帮助当事人改善生活实际，脱离经济困境。对此，我国可以从司法救助的角度入手，法院在审核申请人过程中发现其确有经济困难的，可以联系社会救助部门。在处理衔接问题时，社会救助部门、司法救助部门应给予重视和配合，加强合作，建立联动机制，在网络环境的支持下构建完善的信息沟通渠道，并且要设立具有沟通衔接作用的职能部门，通过职能部门的建设增强司法救助、社会救助之间的紧密联系，实现社会资源的整合和优势力量的拓展。司法救助部门可以将申请人存在的实际困难反映给社会救助部门，与民政、社区、企业、医疗机构相对接，由社会救助部门对相关材料进行审核，对于符合救助要求的，安排专人联系申请人，对申请人的实际情况进行确认后，调动社会资源对其进行帮扶，进行保证救助后其收入将具有一定的稳定性。

2. 实现市场监管和市场风险意识的提升

执行不能是司法现象的体现，也是市场现象、市场风险的体现。对此风险，每一个市场参与者都应该有清醒的认识，在进入市场时就应该认识到市场交易可能会发生纠纷，甚至连进入诉讼程序后是否能够胜诉，以及胜诉判决是否能够被完全执行等风险性内容都应该在其考虑的范围之内。面对变化莫测、捉摸不定的市场，其参与者不能存在过度投机心理，盲目追求利益，当发现被执行财产状况有恶化趋势时，就应及时采取法律措施。

健全市场资信调查机制，使市场主体风险意识的强化有据可依。可以通过中介机构对市场中的企业、公司、自然人等市场参与者的信用资料进行汇总，形成信用信息数据库。当市场交易主体对相对方的资信情况不了解或存有疑虑时，可以向中介结构咨询相对方的信用数据，并根据中介反馈的信用数据信息决定是否与合同相对方进行交易。这样可以从源头上减少市场主体与资信状况差的相对人进行交易，避免因交易失败而申请被执行人却无财产可供执行的情况发生。[1]

---

〔1〕 杨东伟、张楠："执行难视域下的个人破产制度研究——以 G 市 Y 区人民法院执行案件相关数据为样本"，载《法治论坛》，2018 年第 3 期。

结　语

对于执行不能案件，法院的执行力度只能起到一定的辅助作用。因此，对于法院受理申请执行案件后，在法定期限内及时采取了执行调查和执行措施，查明被执行人确无财产可供执行而终结执行程序的做法，申请执行人不应有太过偏激的抱怨。因为执行法院只是公力救济机关，而不是执行义务人，申请执行人应对法院的执行工作抱有正确、理性的认识。同时，法院也应更好地履行执行职能，随着时代的发展，提高自身的执行能力、强化执行力度、丰富执行措施、完善司法救济机制，有效地保障申请执行人的合法权益。

参考文献

［1］黄松有："当前解决人民法院执行难问题的对策"，载《科学社会主义》2006年第3期。

［2］胡家强、宿宝华："解决执行难问题的对策建议"，载《中国海洋大学学报（社会科学版）》2011年第4期。

［3］江必新主编：《比较强制执行法》，中国法制出版社2014年版。

［4］王建国、李海军："多维执行管辖制度构想"，载《山东审判期刊》2005年第5期。

［5］常怡、崔婕："完善民事强制执行立法若干问题研究"，载《中国法学》2000年第1期。

［6］［日］谷口安平：《程序的正义与诉讼》（增补本），王亚新、刘荣军译，中国政法大学出版社2002年版。

［7］参见2018年《中华人民共和国最高人民法院公报》刊载的《全国法院司法统计公报》。

［8］杨建广、张琛："'执行难'的概念变迁——以我国三十年执行政策为视角"，载《盛京法律评论》2019年第1期。

［9］田平安主编：《民事诉讼程序改革热点问题研究》，中国检察出版社2001年版。

［10］张法能："执行退出机制：公正与效率的博弈——以再执行程序的'W'与'H'为角度"，载《法治论坛》2014年第3期。

［11］"无财产可供执行的案件属执行不能"，载中国法院网https://www.chinacourt.org/article/detail/2018/10/id/3549376.shtml.

［12］廖中洪："强制执行基本原则研究"，载《时代法学》2007年第1期。

［13］董少谋：《民事强制执行法论纲——理论与制度的深层分析》，厦门大学出版社2009年版。

［14］童兆洪主编：《民事执行调查与分析》，人民法院出版社2005年版。

［15］参见张艳丽、库颜鸣："执行转破产：功能定位及运行"，载《人民法治》2017年第

12 期。

[16] 李继、许东瑾："试论完善我国破产制度与化解'执行难'问题"，载《知与行》2018 年第 6 期。

[17] 王富博："关于《最高人民法院关于执行案件移送破产审查若干问题的指导意见》的解读"，载《法律适用》2017 年第 11 期。

[18] 易仁涛："论我国破产原因之完善"，载《河南省政法管理干部学院学报》2011 年第 4 期。

[19] 文秀峰：《个人破产法律制度研究——兼论我国个人破产制度的构建》，中国人民公安大学出版社 2006 年版。

[20] 杨东伟、张楠："执行难视域下的个人破产制度研究——以 G 市 Y 区人民法院执行案件相关数据为样本"，载《法治论坛》2018 年第 3 期。

点　评

第一，个人破产制度可以给破产人提供东山再起的机会，对执行不能的解决作用重大。破产制度并非只要申请破产就可以结束，而是要求申请人在一段时间内解决部分债务，从而达到恢复社会经济秩序的效果，这也需要辅助制度（比如个人征信制度）来配套支持。第二，从保护债权人的角度出发，可以考虑通过司法救助和社会救助来解决。但是，司法救助是在无法获得赔偿的情况下才可以启动的，除这种情况之外只有追索赡养费、抚养费才可以申请司法救助，针对"执行不能"的情况要谨慎引入司法赔偿。第三，执行权兼具司法权和行政权的双重属性，又可分为执行裁判权和执行实施权，后者的强制性和行政性大于司法性。诉讼法规定执行由执行员实施，目前的执行局之前被称作执行庭，在审执分离改革背景下，执行机构和审判机构有深化内分和彻底外分两种观点，目前最高人民法院改革凸显出的思路是深化内分，适当外分。第四，将"执行不能"理解成清偿不能是比较狭隘的观念，《最高人民法院关于贯彻执行〈中华人民共和国企业破产法（试行）〉若干问题的意见》第 15 条规定，在民事诉讼程序或民事执行程序进行中，人民法院获悉债务人不能清偿到期债务时，应当告知债务人可以向其所在地人民法院申请破产。因此，可以通过执行程序转换破产程序来解决执行程序的局限性问题，这种衔接模式也是对执行程序的完善。

（点评人：武汉大学博士后研究人员　高冠宇）

论民商事诉讼中的禁反言原则

贺　林[*]

内容提要： 我国民商事立法中尚无明确的关于禁反言的规定，但在司法实践中，这一符合诚实信用原则的规则早已得到广泛适用。核心目的在于"禁止违反先前的言论"的禁反言，要求排除矛盾行为，禁止对自认的反悔，在我国的禁反言司法适用过程中，仍存在对象范围、主体范围与适用方式不清晰的问题。面对这些实践问题，应当将禁反言原则确立为诚实信用原则的下位阶规范，建立一套适应实践需要的禁反言制度供给。

关键词： 民商事诉讼　禁反言　诚实信用原则

一、问题的提出

2012 年修改的《民事诉讼法》第 13 条规定，民事诉讼应当遵循诚实信用原则，这标志着民事诉讼中诚实信用原则的明文化、法定化。[1] 通说认为，禁反言是诚实信用原则在民事诉讼实务中的具体体现。虽然目前我国在立法上没有明确规定禁反言，法律中也没有"禁止反言"的明确称谓和概念，但如果将视线由纸面上的法律转向现实中的司法实践，"转向主观见之于客观的司法实践的历史过程之中，转向支配司法实践的司法社会关系之中"[2]，那么我们可以发现，在国内的相关民商事诉讼活动中，禁反言实际上早已不是陌生的词汇。我国在司法实务中已经有了禁反言的大量实践，该规则受到了

---

　*　作者单位：武汉大学法学院。
　〔1〕　俞飞："民事诉讼禁反言规则适用中的实务问题"，载《东南司法评论》2018 年第 0 期。
　〔2〕　江国华："司法规律层次论"，载《中国法学》2016 年第 1 期。

司法机关和当事人的普遍重视，并在司法实践中得到了广泛运用。以"禁止反言"为关键词在北大法宝上进行检索，会发现共有 6849 份民事案件裁判文书，并且各年份的数量呈逐年上升趋势。这说明禁反言规则在司法中的适用是有效的。但是法院对禁反言的适用似乎稍显混乱，譬如，以"禁止反言原则"为关键词进行检索，共出现 4500 份裁判文书；以"禁止反言规则"为关键词进行检索，共出现 827 份民事案件裁判文书。法院究竟是将"禁止反言"作为一项诚实信用原则具体化的子原则，还是一项具体的证据规则显然没有达成一致的立场。细察每一份文书，关于禁止反言的适用部分并不一致，笔者在此摘选几例，[1]以观大略：

案例一："当庭的陈述与诉状中所主张的内容明显矛盾，法院应用禁止反言原则，直接采信在前的陈述，也即采信诉状中对事实的陈述而否定当庭所作的相反的陈述。"

案例二："在一审诉讼程序中已明确放弃的诉求，法院未予审理，后又以已经放弃的诉求作为上诉理由，二审法院适用禁止反言原则，对该点理由不予处理正确。"

案例三："一审中主张的事实与提起上诉时主张的事实相悖，且无有力证据，故而应当认定其第一次主张的事实为真实。"

案例四："一方当事人在另案中提供的证据，在本案中被法院作为认定案件事实的依据，根据禁止反言原则，在另案中提供证据的当事人在本案中已丧失对证据真实性提出异议的资格。"

从以上案例中我们可以看出，我国司法机关已经开始在各类案件中广泛运用禁止反言原则，但其适用边界，也即概念外延尚未明确，仍处于一种相对混乱的状态。而与此相对，学术界关于禁反言的理论研究仍较为分散，相当一部分研究集中于介绍与我国禁反言关联性并不大的英国法上的非常复杂的禁反言规则体系，禁反言的学理含义尚未明确，界定不清晰。因此，我们需要首先厘清其内涵外延，对其做一番理论探讨。

---

〔1〕 以下四个案例依次引自 ［2016］ 最高法行申 3509 号、［2016］ 最高法民申 1720 号、［2015］ 民四终字第 11 号与 ［2014］ 民申字第 1347 号。

二、禁反言理论探讨

（一）禁反言从何而来：理论脉络梳理

禁反言首先是英国普通法的一个概念。英美法上的禁反言理论与实践历史悠久，经历了禁反言理念的提出到具体禁反言规则的形成这一发展和演变过程。[1]有学者曾对英国禁反言制度的发展作出如此评价："多年来，为满足不断变化的人类和商业需要，禁反言的许多分支或类型以不同的起源和不一致的规则形式发展，由此造成发展结果的混乱。"[2]可见，禁反言在英国的发展演变是应时而变的。

1947 年的"Central London Property Trust，Ltd v. High Trees House Ltd. 3案"是禁反言原则在英国得到确切阐述和正式确立的经典案例。在该案中，丹宁勋爵对"禁反言"作出了十分经典的陈述。在此基础上，"禁反言"逐步替代了英国法上传统的"约因"理论，成了保护当事人信赖利益的基础。

根据相关域外理论引介，禁反言（Estoppel）一词正式出现于爱德华科克大法官的《英国法概要》之中。根据《元照英美法词典》的解释，"禁止反言"指禁止当事人提出与其以前的言行相反的主张，即对于当事人先前的行为、主张或否认，禁止其在此后的法律程序中后悔。否则，将会对他人造成损害。在此基础上，英国逐渐发展出了一系列非常复杂的禁反言规则。以上是关于英国法中的禁反言规则的简单介绍，笔者阅读到的相当部分研究禁反言的文章均以英国法上的禁反言为理论起点，并直接跨度到我国的司法实践，似有一脉相承之意。然笔者认为，我国作为传统的大陆法系国家，虽然也吸收借鉴了英美法的部分制度，但总体上仍旧是一个较为典型的大陆法国家。禁反言作为具体的法律规则，目前来看仍只存在于英美法，这是由其特有的文化历史背景造成的。英美法上的具体规则虽然在大陆法上难觅踪迹，但是依托诚信原则，我们仍可以在相关立法中寻找到体现其立法精神的具体条款，以与之对应。我国的禁反言的法理基础正是诚实信用以及公平原则，只不过借用了禁反言这一概念。

在大陆法的传统上，诚实信用是一项道德要求，诚信原则在大陆历史法

---

〔1〕 郭翔："诚信原则的具象化与禁反言规则的中国式建构"，载《民事程序法研究》2014 年第2 期。

〔2〕 朱广新："英国法上的允诺禁反悔"，载《比较法研究》2007 年第 2 期。

系历史悠久，自罗马法时期就存在于诉讼之中。[1]诚信原则包括客观诚信、主观诚信和裁判诚信三个方面，与现代社会不同，在程序法先于实体法的古典时期的罗马，裁判诚信是客观诚信和主观诚信的本源。裁判诚信不仅体现在诚信诉讼中，而且还体现在一些其他诉讼制度中，[2]法官可以根据公平原则对当事人所约定的权利和义务予以职权化调整，使之符合公平正义的抽象理念。

由此可知，最先出现并活跃在实体规范的合同法中的诚信原则，与时流变，进入现代后，其外延逐渐丰富扩展，乃至于逐步越出债法领域，进入了从实体到程序、从合同到债法、从民法到商法的整个的民事法律部门，并最终被树为民法领域的一项基本法律原则。

诚信原则进入民事诉讼领域曾引起了激烈反对，但诉讼立法的实践为这场争论画上了句号。1895 年颁布的《奥地利民事诉讼法》与德国的民事诉讼法，逐步确定了真实义务作为当事人的一项新的义务。我国修改后的《民事诉讼法》亦规定，民事诉讼应当遵循诚实信用原则。自此，诚信原则由伦理规范转化为法律规范，再由民法中的法律原则演化为民事诉讼法中的法律原则，[3]进而逐步具体化为各项具体的规则，就包括本文所探讨的主题——禁反言规则。

这里还涉及一个重要问题，即诉讼模式。事实上，有学者指出，在民事诉讼法中确立诚信原则是为了适应新型诉讼模式的需要。这是由于，对于传统的职权诉讼模式，居于主导地位的是法官，那么诚信原则就成了主要对法官的要求，要求其职权的行使必须做到前后一致，而不能偏私有异，而当事人并不受到太多的规制。与此同时，身为法官的职权的恰当行使，又是审判制度的基本要求，无论是从组织法角度还是从实体法角度都可以对之作出规定，也就没有了民事诉讼法相关规定存在的必要性。[4]可见，诚信原则在职权制

---

　　[1]　徐国栋：《民法基本原则解释：诚信原则的历史、实务、法理研究》，北京大学出版社 2013 年版，第 154 页。

　　[2]　徐国栋："客观诚信与主观诚信的对立统一问题——以罗马法为中心"，载《中国社会科学》2001 年第 6 期。

　　[3]　汤维建："论民事诉讼中的诚信原则"，载《法学家》2003 年第 3 期。

　　[4]　参见纪格非："民事诉讼禁反言原则的中国语境与困境"，载《华东政法大学学报》2014 年第 5 期。

模式中并不具有必然性。在对抗制或当事人主义诉讼模式下，当事人是诉讼程序的主导者，诚然，当事人拥有最大范围的诉讼权利，当事人不仅在是否利用诉讼机制上有充分的自由，在提起诉讼后，他们作为程序的主体，仍然享有多方面的自由。[1]当事人在拥有充分诉讼权利的同时，其对诉讼权利的滥用也就成为不可避免之现象。为实现该问题的解决，原属于实体法领域的诚信原则不约而同地进入各国的理论视野，在现代民事诉讼法的修订过程中，将私法"属性"的原则公法化，乘此东风，民事诉讼法也为禁反言规则敞开了制度大门。诚如学者所言，考虑到我国的现实国情，原本就有限的当事人的诉讼空间，是否会因为禁反言原则的引入而进一步受限呢？这不得不引起大家的警惕。立法应当允许当事人在起诉时可以提出替代性请求，并不得以替代性的请求之间存在矛盾而认定当事人违背了真实义务，[2]因此，我们仍应审慎对待禁反言规则。

在这之中，就像日本的立法不仅在诚信原则这一方面影响了我国一样，在禁反言上，日本的相关规则建构同样可以归纳出三个方面的要求：其一，其当事人在诉讼中实施了与之前诉讼中或诉讼外诉讼行为相矛盾的行为；其二，在对方信赖的前提下作出了违反承诺的行为；其三，给信赖其先行行为的对方造成了不利。[3]我国学者在论及禁反言时，多沿着同样的思路进行。

（二）禁反言是什么：内涵探查

要厘清禁反言的内涵，把握其价值取向，单从法教义学的文义角度进入是远远不够的，还应当将其置于整个民事诉讼大的框架之内加以考虑，[4]在实践逻辑中把握"禁反言的"真实情状。

民事诉讼作为纠纷解决的过程，为纠纷主体提供了制度空间。然而在实践中，某些当事人出于利益的考虑，根据攻防的需要，在诉讼中的不同时刻，采用不同的诉讼策略，实施矛盾的诉讼行为，或对事实作出不一致的主张。

---

〔1〕 李浩："民事诉讼当事人的自我责任"，载《法学研究》2010年第3期。

〔2〕 纪格非："我国民事诉讼中当事人真实陈述义务之重构"，载《法律科学（西北政法大学学报）》2016年第1期。

〔3〕 张卫平："民事诉讼中的诚实信用原则"，载《法律科学（西北政法大学学报）》2012年第6期。

〔4〕 此处可以参考黄明涛副教授在其文章中所提到的"结构解释"，参见黄明涛："法律监督机关——宪法上人民检察院性质条款的规范意义"，载《清华法学》2020年第4期。

如果民事诉讼法对当事人的这种做法听之任之，不加干涉，则民事诉讼这一纠纷解决空间将会失去作用。[1]权利只能在程序中得到实现，没有了程序的护航，当事人的合法权益势必受到影响。因此，对于当事人在诉讼中反复无常、前后矛盾的言行，就应当给予必要的限制。于是禁止反言作为维护当事人信赖利益的有效手段，逐渐得以广泛使用。

从法解释学文义解释的进路来看，禁止反言也就是禁止违反在先的言论或行为，其指向行为人在民事诉讼领域之中，在作出一定的言词表达后，就要对其负责任，而不能损人利己地违背在先的言辞与行为，故也称"禁止否诺""不得自食其言""禁止反供"等。按照王亚新教授的观点，禁反言是指一方当事人在诉讼外或者诉讼中的言行已使对方当事人产生某种合理的期待，当对方当事人按照此期待行为时，该方当事人却作出与此前自己的言行相反或相矛盾的言行，对于侵害了对方当事人利益的这种言行可依诚信原则对其法律效果予以否定。[2]这个定义明显地受到日本学者的影响，囊括了日本学者关于禁反言原理的三项要求。具体而言，禁反言的适用必须满足以下几个条件：

首先，当事人有矛盾的行为。反言，即矛盾的言行。这是禁反言原则适用的前提。两个矛盾的行为可能发生在前后两个诉讼中，也不排除前一行为发生在诉讼之外。即便是当事人于正在进行的程序之外的行为，同样能够使得对方当事人相信其行为后果并相应地实施下一步行为，这样的话，实施矛盾行为的当事人也会处于禁反言的拘束之中。[3]所以，禁反言是为了使当事人主观上做到诚实信用，通过客观上要求当事人行为前后一致来实现，将一种主观的要求通过客观的行为表现予以固定的。

其次，对方当事人对该行为产生了信赖，并实施了相应的行为。在大陆法系国家，禁反言原则的核心目的在于保护相对方的信赖利益。然而，"信赖"作为个体的内心状态，很难为外界直接观察。所以是否存在信赖，需要法官根据个案的具体情况作出判断。

---

〔1〕 纪格非："民事诉讼禁反言原则的中国语境与困境"，载《华东政法大学学报》2014年第5期。

〔2〕 王亚新："我国新民事诉讼法与诚实信用原则——以日本民事诉讼立法经过及司法实务为参照"，载《比较法研究》2012年第5期。

〔3〕 参见纪格非："民事诉讼禁反言原则的中国语境与困境"，载《华东政法大学学报》2014年第5期。

最后，一旦我们接纳了这种相互矛盾的行为的存在，这必将给诚信一方，也就是信赖利益一方造成因缺失公平而带来的不利结果。也就是说，对于基于信赖而行事的当事人而言，如果允许反言行为，则他的利益将会遭受不合理的损失。[1]可以看出，以上三要件与行政法上的信赖保护原则三要件有一定相似，均包括对当事人诚信的要求和对信赖利益的保护。

（三）禁反言禁什么：外延界定

内涵折射出事物的"质"，说明其属性性质；外延折射出事物的"量"，说明其范围广度。内涵外延共同"确定"事物。在前面对禁反言的内涵明确之后，就要对其外延进行界定，也即，禁反言禁的是什么？

第一，最典型的是"排除矛盾行为"的禁反言。这是禁反言原则最基本的含义，对于前后矛盾的两行为，如果当事人无法给出合理的解释，那么后一行为就要承担不予认定的风险。而且正如上面所提到的，前一行为可能是同一诉讼程序中的，也可能是前后不同诉讼程序中的，既有可能是当庭陈述，也有可能是起诉状列明的，也正是因为前一行为包括众多，才给了法院和当事人充分的机会去适用禁反言。目前司法实践中大量适用的就是此种情形。

第二，禁止对自认的反悔，《最高人民法院关于适用中华人民共和国民事诉讼法的解释》第92条："一方当事人在法庭审理中，或者在起诉状、答辩状、代理词等书面材料中，对于己不利的事实明确表示承认的，另一方当事人无需举证证明……"即是对"禁止反言"的规定。笔者认为，若将对于己不利的事实明确表示的承认——自认视为前一行为，将对自认的反悔视为后一行为，那么就会有类似上文的前后矛盾的两行为，这样一来，对后一行为——反悔行为，就可以禁反言为由不予认定。

三、禁反言的实践问题

（一）立法资源：我国法律中体现禁反言精神的有关规定

虽然目前我国的立法体系尚未容纳禁反言原则，但是在诸多条文中都存在着体现禁反言精神的规定。

在合同法中，虽然没有关于禁止反言的直接规定，但从《合同法》第36条、第42条、第186条等的规定，也可以类推出禁止反言的一般规则。上述

---

〔1〕 参见纪格非："民事诉讼禁反言原则的中国语境与困境"，载《华东政法大学学报》2014年第5期。

条款，均强调对对方信赖利益的保护，这与禁止反言的精神是一致的，法律效果上与适用禁止反言原则也是相通的。

在《保险法》领域，同样有相关条款体现了禁反言原则的精神：保险人在合同订立时已经知道投保人未如实告知的情况的，保险人不得解除合同；发生保险事故的，保险人应当承担赔偿或者给付保险金的责任。在保险法上的禁止反言则是指，保险人在订立合同中对于有关重要事实作出错误的陈述或者行为向投保人表示保险合同有效，投保人对此合理依赖，之后不能以此等事由否认保险合同效力。虽然禁反言制度在保险领域设立的初衷在于从制度层面阻断保险人抗辩权的不当使用，但这并不损害保险合同双方的平等地位。该条规则在司法实践中得到了大量的运用。

在海事诉讼特别程序法中，为了在法律层面确认损害赔偿方案，当发生船舶碰撞事故时，该法律相关条款即作出规定：原告在起诉时、被告在答辩时，应当如实填写《海事事故调查表》。《海事诉讼特别程序法》第 85 条规定，除非有新的证据，并有充分理由说明该证据不能在举证期间内提交，否则当事人不能推翻其在《海事事故调查表》中的陈述和已经完成的举证。[1]这可以看作是禁止反言原则在海事诉讼中的运用。

（二）司法实践适用过程中的若干问题

在我国立法没有明确规定禁反言规则的情况下，司法实践中的禁反言，可以被视为是作为观念的禁反言与作为实践的民事诉讼制度相互作用的结果，[2]其中存在以下几个适用过程的问题：

1. 禁反言的对象范围

有学者指出，禁反言所禁的对象应当指对事实的陈述，不包括对法律性质认定的陈述。这是因为，法律性质属于司法认定的问题，法律性质是根据法律关系认定的，是结合相关事实予以确认的，并不依当事人的主张而改变。同时，禁反言的对象应当是当事人关于案件事实的陈述，不涉及当事人对案件程序性问题的陈述。[3]笔者同意这一观点，并认为对于禁反言这一惩罚性措施，应当尽量限制其对象范围，防止过度干预当事人的合法诉讼权利。

---

〔1〕 参见吕霞："禁止反言原则在海商法中的适用"，上海海事大学 2005 年硕士学位论文。

〔2〕 郭翔："诚信原则的具象化与禁反言规则的中国式建构"，载《民事程序法研究》2014 年第2 期。

〔3〕 参见俞飞："民事诉讼禁反言规则适用中的实务问题"，载《东南司法评论》2018 年第 0 期。

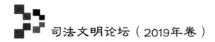

2. 禁反言的主体范围

禁反言要明确针对性的主体对象。对于双方当事人，禁反言规则当然有效，但是否能规范案外人和法官，需要在具体的案情中具体分析。这其中，最难回答的问题在法官身上，因为在我国禁反言是作为诚信原则具体发挥作用的，因此法官是否受到禁反言的约束，以及如果受到约束，谁来适用，适用条件、适用原则和例外等一系列要素该如何具体应用，都会成为难题。〔1〕禁反言主体虽然在目前的司法实践中争议不大，但仍有讨论的空间。〔2〕

3. 禁反言的适用方式

禁反言在具体的案件中，究竟是法官依职权主动适用，还是需要当事人主张才能启动，虽然在目前的司法案例中以前者居多，但在理论上仍是一个值得讨论的问题。笔者认为，禁反言旨在通过要求当事人诚实信用而维护各方合法权益，避免当事人任何一方因滥用诉讼权利而侵犯对方权利。因此，为查明案件事实，维护双方权利，即使当事人没有提出适用禁反言，法庭也应当主动适用，排除虚假陈述。

以上观之，我国的禁反言制度仍远未成型，基础要件仍是待决，从对象范围到主体范围再到适用方式，仍旧需要积极地进行制度建构，而这也是本文的最终目的。

四、从有效的司法实践走向有序的制度建构

面对实践中关于禁反言的广泛同时略显混乱的适用，本文基于一种实用主义的立场，试图使其走向一种有序规范的立法建构，建立一套适应实践需要的禁反言规则供给制度。

从英美法国家的法律发展状况来看，普通法这一"无缝之天衣"，已经越来越难以应对现代社会日益复杂的情况，采取概括性原则或一般化规则的方式已经成为弥补判例法不足的有效方式，尤其是美国，业已开始在合同法重述中以成文法的形式承认诚信原则的地位。相应地，在传统上以概括性方式

---

〔1〕 参见郭翔："诚信原则的具象化与禁反言规则的中国式建构"，载《民事程序法研究》2014年第2期。

〔2〕 关于适用主体，王亚新教授在《我国新民事诉讼法与诚实信用原则——以日本民事诉讼立法经过及司法实务为参照》讨论的虽然是日本民事诉讼法中诚信原则的适用主体，与禁反言不尽相同，但仍然有助于我们思考。

创设法律体系的日耳曼法国家来看，在坚持原有的一般化原则的基础上，根据实际情况灵活地构造出一些例外的具体规则逐渐成为一种新的趋势。而从具有概括性原则立法传统的大陆法国家来看，在一般化原则之外发展个别的具体规则也成为一种趋势，在德国，相关立法例主要由法院的汇编工作完成，与此同时，法学界对诚实信用条款的注释也广博浩瀚，如著名法学家韦伯的代表作《德国民法典第242条评注》，通篇尽是对诚实信用原则的注释，不可谓不精，不可谓不深，不可谓不广！〔1〕可见，在不同法律文化传统和法系背景的国家，这种共同的发展方向表明大家对此模式有着基本统一的认识，就是在一般条款化的原则规定之下设置若干具体的规则，在二者的关系上，有具体规则可用时，应优先适用后者而非适用抽象的原则，以防止法律的软化。因此，我国立法中应将禁反言原则确立为诚实信用原则的下位阶原则，构建禁反言原则之下的具体禁反言规则。

（一）将禁反言原则确立为诚实信用原则的下位阶规范

一方面，立法已经确立了民事诉讼中的诚信原则，而司法又需要将诚信原则融入实践。但诚信原则作为民事诉讼的基本原则，不能直接作用于司法活动，必须通过一定的具体制度或者规则来实现。〔2〕另一方面，诚信原则的表现方式多种多样，学者普遍认为，除了禁反言以外，还有排除不正当形成的诉讼状态、禁止滥用诉讼权利等其他方式。〔3〕作为基本原则的诚信原则并不能真正形成具体的诉讼制度或者程序规则，这就需要作为诚实信用原则下位阶规范的禁反言原则发挥联系基本原则与具体制度的桥梁作用。〔4〕

就诚实信用原则创设其下位阶的具体规则，我们之前已有先例，中国早在20世纪90年代初就在法院通过对《民法通则》第4条的理解发展出情势变更的具体规则，虽然一直未获得立法（包括新合同法）的承认，但其存在是毋庸置疑的。这足以说明通过案例发展诚信原则的下位阶原则已经有过往实践经验可资借鉴。

〔1〕 参见娄家杭："禁反言规则的比较研究"，对外经济贸易大学2002年硕士学位论文。

〔2〕 郭翔："诚信原则的具象化与禁反言规则的中国式建构"，载《民事程序法研究》2014年第2期。

〔3〕 刘荣军："诚实信用原则在民事诉讼中的适用"，载《法学研究》1998年第4期。

〔4〕 郭翔："诚信原则的具象化与禁反言规则的中国式建构"，载《民事程序法研究》2014年第2期。

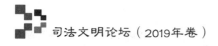

立法一端，是司法实务对禁反言原则的规范需求，而司法一端，则是司法实务中对禁反言规范的自觉应用。上文提到，通过这些案例，我国司法实践已逐渐将禁反言原则作为判决依据与事实认定规则。

2015年6月16日，最高人民法院发布了《关于人民法院为"一带一路"建设提供司法服务和保障的若干意见》。其中规定："注意沿线不同国家当事人文化、法律背景的差异，适用公正、自由、平等、诚信、理性、秩序以及合同严守、禁止反言等国际公认的法律价值理念和法律原则。"这是我国司法解释中关于适用禁反言的直接法律规定。按照其表述，似乎也有一种将禁止反言原则视为诚信原则下位阶原则的倾向。

（二）构建禁反言原则之下的具体禁反言规则

法律原则的有效落实格外依靠法律，禁反言原则也不能例外。与此同时，也是在承载禁反言原则的相关案例逐渐增多的背景下，法官可以在具体的适用过程中对其内涵加以界定、外延加以框限，以取得更准确的经验把握。所以，判例对原则落地为规则至关重要。通过相关案例提炼规则，最终以条文化形式予以表达、固定，这是法律自身的规律，也是法制民主的保障。

我国部门法中已经存在对禁反言原则的适用，可以视为具体的禁反言规则。正如上面提到的，虽然我国当前立法中并无关于禁反言的明确规定，但是在保险法、专利法等各部门法，均有体现禁反言精神的相关条款，对这些已有条款进行详细梳理，结合实践需要，归纳出一套与禁反言规则相衔接的禁反言制度。

结　语

新一轮的司法体制改革致力于打造出一套公正高效的社会主义司法制度，公正所在，禁反言制度必不可少。作为一项在实践中已经得到检验并且符合公众朴素正义观的诉讼规则，禁反言以其简明高效，成为当下民商事领域诉讼过程中必不可少的一环。因此，在已经积累了足够经验的当下，构建一套系统的禁反言制度已是学界应有之为。

参考文献

[1] 徐国栋：《民法基本原则解释：诚信原则的历史、实务、法理研究》，北京大学出版社2013年版。

[2] 俞飞："民事诉讼禁反言规则适用中的实务问题"，载《东南司法评论》2018年第

0 期。

[3] 江国华："司法规律层次论"，载《中国法学》2016 年第 1 期。

[4] 郭翔："诚信原则的具象化与禁反言规则的中国式建构"，载《民事程序法研究》2014 年第 2 期。

[5] 朱广新："英国法上的允诺禁反悔"，载《比较法研究》2007 年第 2 期。

[6] 陈融："论'约因论'在英美法系的衰落"，载《现代法学》2007 年第 4 期。

[7] 汤维建："论民事诉讼中的诚信原则"，载《法学家》2003 年第 3 期。

[8] 纪格非："民事诉讼禁反言原则的中国语境与困境"，载《华东政法大学学报》2014 年第 5 期。

[9] 李浩："民事诉讼当事人的自我责任"，载《法学研究》2010 年第 3 期。

[10] 纪格非："我国民事诉讼中当事人真实陈述义务之重构"，载《法律科学（西北政法大学学报）》2016 年第 1 期。

[11] 张卫平："民事诉讼中的诚实信用原则"，载《法律科学（西北政法大学学报）》2012 年第 6 期。

[12] 黄明涛："法律监督机关——宪法上人民检察院性质条款的规范意义"，载《清华法学》2020 年第 4 期。

[13] 王亚新："我国新民事诉讼法与诚实信用原则——以日本民事诉讼立法经过及司法实务为参照"，载《比较法研究》2012 年第 5 期。

[14] 石磊："允诺禁反言原则及对我国合同法的影响"，载《哈尔滨商业大学学报（社会科学版）》2004 年第 3 期。

[15] 吕霞："禁止反言原则在海商法中的适用"，上海海事大学 2005 年硕士学位论文。

[16] 刘荣军："诚实信用原则在民事诉讼中的适用"，载《法学研究》1998 年第 4 期。

[17] 徐国栋："客观诚信与主观诚信的对立统一问题——以罗马法为中心"，载《中国社会科学》2001 年第 6 期。

点　评

　　第一，关于研究思路的问题。在研究过程中如何提出好问题？仅仅有问题意识还不够，从问题意识到好的问题之间还有距离，应该努力缩短这个距离，这主要可以从三个方面入手：一是提出的问题要具体确定；二是要明确问题的重要性；三是说清问题的要点和难点。第二，民商事诉讼中的禁反言是什么样的问题？该问题包含哪些要点？归结起来就是：禁反言原则在中国民商事诉讼中的适用问题。这个问题有三个要点：其一，在民商事诉讼中，禁反言是作为一项法律原则而非伦理规范存在的，因此必须从法律规范的规范性的角度来理解其含义、功能和价值，探究其在民商事诉讼中具体提出了怎样的规范性要求。其二，禁反言原则在民商事诉讼中的适用问题。法律原则的落实不尽然通过立法化来实现，法律原则的司法适用是相对独立的，例如诚实信用原则就不是因为有法律作具体规定才得以适用的。而在司法中适用法律原则的要点是将原则规则化、具体化，要把抽象的原则和具体的案件结合起来，这就需要明确法律原则到底要求什么，对于禁反言来说就是到底禁什么。其三，要将禁反言原则与我国的语境结合，将之纳入我国现有的民商事诉讼架构之中，这也是本文所缺失的。第三，如何从理论上把握禁反言原则在中国民商事诉讼中的适用问题？实际上这也是本文的建议部分想要解决的问题，但作者对于禁反言原则的理论反思尚不足够，因此所提出的建议也比较薄弱，"规范有序的立法建构"实际上并不能解决"混乱有效的司法实践"的问题，更应该思考的是如何能够从"混乱有效的司法实践"到"规范有序的司法实践"，关键问题还是司法适用的问题，即如何建构禁反言原则司法适用的具体标准的问题。关于具体标准的建构，有两条路径可以选择：一是向上探求，即借助法理学中关于法律原则如何适用的理论尝试建立具体的适用规则，二是向下探求，即关注司法实践的案例，从案例中尝试提炼出具体的适用标准。

（点评人：武汉大学博士后研究人员　高冠宇）

司法热点评论

《检察官法》 司法责任制的体系定位与规范构造

原宇航*

内容提要： 检察官司法责任的核心在于检察权的行使，可以"时空条件+内在关联"的标准进行界定。《中华人民共和国检察官法》修改后，形成了以第7条，第47条第4、5款，第48条至第52条为主要内容的检察官司法责任追究制规范体系。但是，该体系只形成了大致的轮廓，仍然需要进一步完善与细化。具体而言，可以"正向列举+反向否定"的立法技术明确责任追究范围，以检察辅助人员司法责任条款的单独设置完善责任人范围，以检察官司法责任追究程序的整体设计强化责任追究制度理性。

关键词：《检察官法》 司法责任 责任追究

2019 年 4 月 23 日，新修订的《中华人民共和国检察官法》（以下简称《检察官法》）经第十三届全国人民代表大会常务委员会第十次会议通过。本次《检察官法》的修订是对司法体制改革成果的巩固与确认，有利于全面推进高素质检察官队伍建设，从而保障公正司法，提高司法公信力。其中的一大亮点即在于通过对旧规的修改与新规的增加落实了司法责任追究制界限。本文拟从《检察官法》中司法责任追究制相关条款的规范体系定位和规范构造的角度出发，形成对相关规范意涵的体系化理解，为检察官司法责任追究制的具体实践提供理论指引。

一、检察官司法责任概念的初步明晰——基于制度历史的视角

修改后的《检察官法》将原法第八章"考核"、第十章"奖励"、第十一

---

* 作者单位：武汉大学法学院。

章"惩戒"以及第十六章"检察官考评委员会"整合成第六章"检察官的考核、奖励和惩戒"，但是在惩戒部分，2019 年《检察官法》只是笼统地规定了责任的承担，没有对责任的类别作出区分，对于检察官司法责任追究制自然也并没有明确的表述。囿于《检察官法》中"司法责任"明确规范的缺失，考察检察官司法责任追究制在我国司法改革体制中的变迁与完善应该是可取的进路。当然，这样一种方法可能会有以下位法解释上位法的效力困境，但是规范上更为具体灵活的下位法经过与司法改革现实的调适，已成为本次《检察官法》修改的前见与资源。我国检察官司法责任追究制的立法沿革主要可被分为以下三个阶段，具体而言：

（一）《人民检察院错案责任追究条例（试行）》：以"错案责任追究"为核心

党在十五大上将建立冤假错案责任追究制度作为推进司法改革的重要内容。根据中央部署，最高人民检察院于 1998 年制定了《人民检察院错案责任追究条例（试行）》，该条例的制定意味着检察官责任追究制度的初步建立。该条例第 2 条规定："本条例所称错案是指检察官在行使职权、办理案件中故意或者重大过失造成认定事实或者适用法律确有错误的案件，或者在办理案件中违反法定诉讼程序而造成处理错误的案件。"该条对于司法责任制的特殊之处作出了比较明确的界定——适用场域是检察官行使职权、办理案件的过程。非办案活动中的违反职业道德或者违纪违法行为则不承担司法责任。换言之，司法责任作为对检察官履职的监督手段，必须与司法职权的行使结合在一起。此时在对检察官进行司法责任追究时遵循的是唯结果论，即以案件结果的正确与否作为唯一衡量标准。

（二）《检察人员执法过错责任追究条例》：以"执法过错责任追究"为遵循

在对错案责任追究制进行系统总结的基础上，2007 年最高人民检察院颁布的《检察人员执法过错责任追究条例》取代了《人民检察院错案责任追究条例（试行）》，标志着我国检察官司法责任追究制度进入了"执法过错"时期。《执法过错责任追究条例》第 2 条明确规定："本条例所称执法过错，是指检察人员在执法办案活动中故意违反法律和有关规定，或者工作严重不负责任，导致案件实体错误、程序违法以及其他严重后果或者恶劣影响的行为。"相较于"错案追究"而言，"执法过错责任"概念已经有意识地调整了追责的唯结果论倾向，但是《人民检察院错案责任追究条例（试行）》确定的整体思路是没有变化的，对于司法责任的界定依然需要被置于检察人员的执法办案活动之中。

（三）《最高人民检察院关于完善人民检察院司法责任制的若干意见》：

以"司法责任追究"为准则

2015 年，最高人民检察院颁布了《最高人民检察院关于完善人民检察院司法责任制的若干意见》，在其第六部分（第 32 条至第 46 条）对司法责任的认定与追究作出了具体的、可操作的规定。该意见第 32 条首次明确提出了"司法责任"概念："检察人员应当对其履行检察职责的行为承担司法责任，在职责范围内对办案质量终身负责。"自此，检察院司法责任制首次在司法解释层面得到了明确，并直接促成了《检察官法》的相应修改。

根据上文对司法责任追究制三个阶段的考察，我们可以发现"错案追究""执法过错责任追究""司法责任追究"概念之间的区别在很大程度上源自于归责原则的不同，但是"司法责任"的核心定位始终与检察人员的履职行为相关联。那么，检察官司法责任最起码就应该指向执法办案、履行职责过程中出现的违纪违法行为，并且违法违纪行为与履行职责存在着内容上的关联。这是"时空条件与内在关联"的双重标准。在此，笔者无意于探讨各个阶段司法责任的具体构成要件，而只剥离出司法责任与其他责任的根本区别所在，以便形成对《检察官法》中相关规范的概念定位基准，促成下一步的探讨。[1]"执法办案、履行职责过程中出现的违纪违法行为"这一定位基准内在地包含了两个维度：其一，必须明确何为"执法办案、履行职责"，以固定司法责任发生的规范场域；其二，必须明确"违纪违法行为"，以构成司法责任发生的启动标准。

二、检察官司法责任追究制规范定位

根据上文的定位基准，在 2019 年《检察官法》中，可以初步判定：作为检察官司法责任追究制规范体系的条文有第 7 条，第 47 条第 4、5 款，第 48 条至第 52 条。其中，第 7 条形成了检察官司法责任追究制的前置规范域

---

〔1〕 陈心笛在《"员额制"背景下我国检察官司法责任追究制度研究》一文中，已就各阶段立法作出较为完整的梳理与解读。参见陈心笛："'员额制'背景下我国检察官司法责任追究制度研究"，华中师范大学 2018 年硕士学位论文。

（Ⅰ），第 47 第 4、5 款与第 48 条至第 52 条共同形成了检察官司法责任追究制的实体操作规范域（Ⅱ）。两个规范域之间并不是上下位的原则与具体关系，而更应该被视为一种特殊的同等关系。规范域（Ⅰ）实际上以一种嵌入的形式与规范域（Ⅱ）之间呈现出价值取向的一致性。在适用条文时，应按照体系解释的一般要求，关注条文与法律内部其他条文的关系。详言之：

第一，规范域（Ⅰ）由第 7 条单独构成。第 7 条规定了检察官的职责：①对法律规定由人民检察院直接受理的刑事案件进行侦查；②对刑事案件进行审查逮捕、审查起诉，代表国家进行公诉；③开展公益诉讼工作；④开展对刑事、民事、行政诉讼活动的监督工作；⑤法律规定的其他职责。检察官对其职权范围内就案件作出的决定负责。正如凯尔逊所指出的：“当我们说某人在法律上负责于某个行为时，或者某人承担该行为的法律责任，我们的意思是说：如果他作相反的行为，他就有被制裁的可能。”[1] 由此可以认为，2019 年《检察官法》第 7 条虽然规定了检察官的职责范围，但内在地具有追责要求。另一个单独将其作为一个规范域的理由在于：2019 年《检察官法》并没有区分责任的种类，因此第 7 条不只是单纯的检察官司法责任追究制的构成要件组成部分，而是具有了前置的区分功能。这是规范文本逻辑下的特别划分。

第二，规范域（Ⅱ）由第 47 条第 4、5 款，第 48 条至第 52 条构成。该规范域集中地规定了检察官司法责任追究制的主体、客体、归责事由、归责原则、救济途径等要件，形成了检察官司法责任追究制实体上的轮廓。值得注意的是，第 47 条规定：“检察官有下列行为之一的，应当给予处分；构成犯罪的，依法追究刑事责任：（一）贪污受贿、徇私枉法、刑讯逼供的；（二）隐瞒、伪造、变造、故意损毁证据、案件材料的；（三）泄露国家秘密、检察工作秘密、商业秘密或者个人隐私的；（四）故意违反法律法规办理案件的；（五）因重大过失导致案件错误并造成严重后果的；（六）拖延办案，贻误工作的；（七）利用职权为自己或者他人谋取私利的；（八）接受当事人及其代理人利益输送，或者违反有关规定会见当事人及其代理人的；（九）违反有关规定从事或者参与营利性活动，在企业或者其他营利性组织中兼任职务的；（十）有其他违纪违法行为的。检察官的处分按照有关规定办理。”该条并不是对司法责任追究制的单独规定，需要进一步加以明确。根据上文得出的

---

〔1〕 ［美］汉斯·凯尔逊：《法律和国家》，雷崧松译，岩松出版社 1978 年版，第 80 页。

"时空条件与内容关联"双重标准，我们可以判定，第 47 条采取的是肯定列举加兜底条款的模式，但是各列举项在法律逻辑上实际呈现出一种混乱状态。具体而言，第 47 条规定的责任形式分别有处分与刑事责任两种。那么对于各项所列追责事由，至少在承担刑事责任的情况下，从刑法的角度进行反向界定应该是可行的思路。以该条第 1 款为例，贪污罪、受贿罪、徇私枉法罪的共同构成要件为"利用职务上的便利"。"利用职务上的便利"是指基于主观故意，利用在本人的职权范围内，或者因执行职务而产生主管、经手、管理单位的资金或者客户资金等权力。具体到检察官而言，利用职务便利也就是指检察官故意利用抽象职权形成的检察官特殊法律地位与检察官具体履职行为中的职权。当然，检察官的特殊法律地位并不因具体履职而消失，因此此处的划分标准在于实际参与案件与否，当检察官具体办案履职之时，具象化的检察权便取代了抽象的特殊法律地位。因此，第 1 款最起码在违法层面内在地包含了两重维度：故意利用检察官特殊法律地位与故意利用检察官具体履职行为之职权。[1]而该条第 4 款所规定的"故意违反法律法规办理案件"明显与故意利用检察官具体履职行为之职权形成了属种关系。但是，该条第 4 款并非兜底条款，而是作为追责事由的肯定列举项之一被提出的。由此，此次修法所增加的第 4、5 款虽然与其他列举项之间并不能形成逻辑的自洽，但确实已经可以作为司法责任追究的兜底条款存在。现有的司法责任制已经形成了严密的责任形式逻辑划分，但是反映在立法文本上却只是简单、生硬的增加与修改，没有考虑到条款之间的关系，不得不说是一种遗憾。

三、检察官司法责任追究制规范构造

2019 年《检察官法》的检察官司法责任追究制规范以第 47 条为核心，形成了一个完整的法律规则。因循"新二要素说"之论述，法律规则的逻辑结构可被划分为"构成要件"和"法律后果"两个部分。[2]下文即将以此学

---

〔1〕 此处的概念界定是基于严格的逻辑回溯，因此只在相当狭窄的范围内讨论。但是，笔者所持的意见是，职务便利的理解不仅局限于违法层面。如此便可形成第 47 条第 1 款的两个层面四重维度：违纪层面的利用检察官特殊法律地位与利用检察官具体履职行为为职权；违法层面的利用检察官特殊法律地位与利用检察官具体履职行为为职权。基于过失的相关条款也可形成类似的内在体系。

〔2〕 参见雷磊："法律规则的逻辑结构"，载《法学研究》2013 年第 1 期。

说为基础，从法律规则逻辑结构的角度对检察官司法责任追究制规范群的构成要件与法律后果加以分析，从而展开对其内部构造的诠释。

（一）构成要件

该规范群的事实构成要件主要包括：①主体：检察院与检察官惩戒委员会；②客体：检察官；③归责要件：主客观双轨制原则。详言之：

1. 主体

2019年《检察官法》第49条第1款规定："最高人民检察院和省、自治区、直辖市设立检察官惩戒委员会，负责从专业角度审查认定检察官是否存在本法第四十七条第四项、第五项规定的违反检察职责的行为，提出构成故意违反职责、存在重大过失、存在一般过失或者没有违反职责等审查意见。检察官惩戒委员会提出审查意见后，人民检察院依照有关规定作出是否予以惩戒的决定，并给予相应处理。"该条款规定了行使检察官司法责任追究权的二元主体：人民检察院与检察官惩戒委员会，其中检察院具有终局的决定权，而检察官惩戒委员会具有审议环节的事实认定权。

由于检察官职业本身具有较强的特殊性和专业性，因此检察官的履职过错和责任程度由中立的、专业的组织来评定比较适宜。检察官惩戒委员会这一专门机构的设置，实现了司法责任追究程序中"审议"环节的制度突破，有利于提升检察官司法责任追究的公信力和专业化程度。[1]在检察官惩戒委员会的职能定位上，有观点认为，其是检察官司法责任追究的咨询建议机构，其决定不具有实质意义上的约束力。显然，这种观点存在将检察官惩戒委员会的职能定位简单化的倾向。"检察官惩戒委员会提出审查意见后，人民检察院依照有关规定作出是否予以惩戒的决定，并给予相应处理。"在检察官惩戒委员会与人民检察院的司法责任追究权衔接上，2019年《检察官法》并没有规定人民检察院对检察官惩戒委员会作出的事实认定有异议时的处理办法，这似乎意味着检察院对于前置的事实认定只可被动接受。2015年最高人民检察院公布的《关于完善人民检察院司法责任制的若干意见》规定，人民检察院对审查意见有异议的，可以向检察官惩戒委员会提出。而《检察官法》在修改时并未写入相关内容，其用意是耐人寻味的。笔者认为，这种程序设计

---

〔1〕 参见葛琳："检察官惩戒委员会的职能定位及其实现——兼论国家监察体制改革背景下司法责任追究的独立性"，载《法学评论》2018年第2期。

恰恰凸显了检察官惩戒委员会的专业意见在检察官司法责任追究中迫切的现实需要，更说明了我国检察官惩戒委员会虽无惩戒决定权，但享有事实认定权。就效力而言，我国检察官惩戒委员会的定位与英美国家定罪的陪审团类似，只是其专业属性更为突出，是解决检察官在司法过程中违纪违法行为事实认定问题的"专业评定机构"。[1]

2. 客体

2019 年《检察官法》第 47 条对于检察官惩戒作出了不加区分的概括性规定，而其中当然也包括司法责任追究。那么，检察官司法责任追究制的适用对象就应该是"检察官"。根据该法第 2 条，检察官是依法行使国家检察权的检察人员，包括最高人民检察院、地方各级人民检察院和军事检察院等专门人民检察院的检察长、副检察长、检察委员会委员和检察员。[2]在此首先需要注意的是，2019 年《检察官法》中的司法责任追究指向的是检察官个人。其次，检察辅助人员是否应该被纳入惩戒范围？

对于第一个问题的回答，需要回到司法责任制"让审理者裁判，让裁判者负责"的制度设计初衷上来。"司法责任制主要是解决在传统的审判机制和管理模式下司法权、司法监督权、司法行政领导权不分的状况，落实宪法、法律保障的审判权、检察权由人民法院、人民检察院独立行使的规定。"[3]长期以来，检察系统实行的是"检察官承办—部门负责人审核—检察长或检察委员会决定"的三级审批办案模式。[4]这种办案模式有助于统一、正确地行使检察权，防止适用法律错误，但其本质上是法律赋予检察院的检察权相对集中于检察长或者检察委员会，检察官只有在办理案件中从事程序性、事务性工作的权力，导致检察办案的行政化色彩较浓，存在亲历性不强、权责不统一、办案效率低下等弊端。这一现象深刻地体现出了检察机关"生于司法，

---

〔1〕 参见最高人民检察院监察局课题组，王洪祥："检察官惩戒委员会制度研究"，载《人民检察》2017 年第 1 期。

〔2〕 现有的学界讨论中，就不同序列检察官承担不同类型司法责任的具体情形已做了比较详尽的探讨，涉及检察官办案制度、司法责任类型划分等。在此本文不作赘述，而仅指明检察官司法责任追究的原则指向。参见王玄玮："检察机关司法责任制之规范分析"，载《国家检察官学院学报》2017 年第 1 期；龙宗智："检察官办案责任制相关问题研究"，载《中国法学》2015 年第 1 期。

〔3〕 傅郁林："解读司法责任制不可断章取义"，载《人民论坛》2016 年第 11 期。

〔4〕 参见左卫民、谢小剑："检察院内部权力结构转型：问题与方向"，载《现代法学》2016 年第 6 期。

却无往不在行政之中"的本身属性。[1]但是，如果所有实质性的决定权都由检察长来行使，司法责任制在检察系统就必将落空。"员额制"检察官的出现，正是为了突出检察官在案件办理中的主体地位和司法责任。此次《检察官法》修改新增了第9条："检察官在检察长领导下开展工作，重大办案事项由检察长决定。检察长可以将部分职权委托检察官行使，可以授权检察官签发法律文书。"新的办案方式既能够兼顾检察一体的机构特性，又能增强检察官履行职责的独立性。[2]应该说，该条的立法逻辑依然是"检察一体化"，但是相较于过往，已经呈现出了放权检察官的趋势。

针对第二个问题，则需要结合2019年《检察官法》第26条与第68条进行理解。该法第26条规定："检察官实行员额制管理。检察官员额根据案件数量、经济社会发展情况、人口数量和人民检察院层级等因素确定，在省、自治区、直辖市内实行总量控制、动态管理，优先考虑基层人民检察院和案件数量多的人民检察院办案需要。"检察官"员额制"，简言之就是对检察官实行员额控制，对检察官数量进行限定和控制。将现有的检察官队伍予以整合，有利于检察官队伍的正规化、专业化、精英化，提高了检察官的司法专业化程度，凸显了检察官的主体地位。与此同时，该法第68条规定："人民检察院的检察官助理在检察官指导下负责审查案件材料、草拟法律文书等检察辅助事务。人民检察院应当加强检察官助理队伍建设，为检察官遴选储备人才。"检察官助理属于检察辅助人员，是协助检察官的司法人员，虽然不具备案件的决定权，但是承担了检察官交办的一系列程序性事项。在办理程序性事项的过程中，检察辅助人员经授权参与了案件的审理过程，也确实有可能对案件的裁判造成影响。如果不对其进行责任追究，恐怕是难以符合权责一致的司法规律的。因此，笔者认为，可以将检察辅助人员也纳入司法责任追究的体系内，以实现追责的彻底与明确。

3. 归责要件

根据2019年《检察官法》第47条第4、5款"故意违反法律法规办理案件的"，"因重大过失导致案件错误并造成严重后果的"的规定可知，检察官

---

〔1〕 检察机关是有司法权的司法机关，但长期以来采用的行政性办案方式使得其司法特征有所欠缺，引起了实务界与学界关于检察机关司法化的广泛讨论。参见龙宗智："检察机关办案方式的适度司法化改革"，载《法学研究》2013年第1期。

〔2〕 参见江国华、梅扬："检察人员分类管理制度改革析论"，载《河北法学》2017年第5期。

司法责任追究制的归责要件形成了以存在过错为标准的双轨制归责原则。主观方面，检察人员必须是故意违反法律和有关规定或存在重大过失。客观方面对应于主观故意与重大过失，分别要求检察行为违反了与执法办案相关的法律、规范和产生了相应的危害后果。前者是"过错+违法"标准，后者是"过错+结果"标准。检察官故意违反法律法规在事实上并不一定总是指向通常意义上的可视的"严重后果"，但其本身就是对于社会主义法治秩序的极大挑战，应该也视为"严重后果"。只不过这种后果指向的不是具体的个案，而是通过法律秩序平等地由公民负担。所以，第47条第4、5款规定的双轨制归责原则在实质上是统一的。就检察官司法责任的归责要件本身而言，其主观和客观要件是相统一的。通过综合考量相关检察人员的主观过错、客观行为以及案件错误的后果严重程度，可以实现责任的合理认定与划分。

（二）法律后果

该规范群的法律后果为：①法律责任：处分与刑事责任；②救济权利：审议过程的参与、抗辩等权利与对审查意见的异议权。详言之：

1. 法律责任

2019年《检察官法》第47条规定了当事检察官应承担的司法责任形式分为处分与刑事责任两种。刑事责任自不必多说，其适用的法律为《刑法》。而《检察官法》第47条同时也规定："检察官的处分按照有关规定办理。"此处的有关规定指向的应该是《最高人民检察院关于完善人民检察院司法责任制的若干意见》《检察人员纪律处分条例》等规定。其中，《检察人员纪律处分条例》将纪律处分种类划分为警告、记过、记大过、降级、撤职、开除六类。随着《检察官法》的修改，上述规范应该也会作出相应的修改，对检察官司法责任追究制的落实作出具体的操作规定。

2. 救济权利

2019年《检察官法》第50条规定了检察官惩戒委员会审议惩戒事项时，当事检察官有陈述、举证、辩解、申请回避的权利。第51条规定了当事检察官对审查意见的异议权。第52条则是检察官惩戒委员会审议惩戒事项具体程序的授权条款。但是，此处仅仅围绕检察官与检察官惩戒委员会的关系展开，而没有对检察官与作出最终决定的检察院的关系作出概括性规定。虽然检察院对检察官的监督管理不言自明，但是既然对审议过程有所涉及，那么对决定权不加着墨就显得有失偏颇了。

四、检察官司法责任追究制规范完善建议

如前所述，2019年《检察官法》业已形成了检察官司法责任追究制的大概制度轮廓，但相关规范的范围覆盖、内容设置、规范表达都难称得上完美无缺，仍然存在较大的进步空间。笔者认为，检察官司法责任追究制的完善可从以下几方面入手：

（一）明确责任追究范围

就2019年《检察官法》现有的规范条文而言，其起码存在三处缺漏。首先，责任追究范围本身表述逻辑混乱。2019年《检察官法》第47条对检察官应受惩戒的范围作出了十项列举，但是各项之间并不能形成逻辑上的适当区分。其中最为显著的当为该条第4、5款的"故意违反法律法规办理案件"，"因重大过失导致案件错误并造成严重后果"在逻辑上已经完全包含了第47条所列举的其他事项，但是同时第10款又作出了"其他违纪违法行为"的兜底性设置，不免给人以逻辑错乱之观感。此外，其他款项之间也多有内容上的混同，其根本原因在于程序性标准与实体性标准的混合设置。例如，根据《最高人民检察院关于渎职侵权犯罪案件立案标准的规定》之规定，"徇私枉法"的立案标准本身即包含了"采取伪造、隐匿、毁灭证据或者其他隐瞒事实、违反法律的手段"。那么，2019年《检察官法》第47条第1款最起码与第2款形成了目的与手段的关系。其次，检察官司法责任追究事由与法官司法责任追究事由区分度不高。对比2019年《检察官法》与2019年《法官法》，二者有关司法责任追究的条文不但在文本中的位置相近，连内容也只有寥寥几字之差。诚然，司法工作的自身性质决定了司法工作人员的工作内容具有高度的相关性，但是检察院、法院的机构定位、职权范围毕竟有所不同，仅仅以"徇私枉法、刑讯逼供"与"徇私舞弊、枉法裁判"以及"审判工作秘密"与"检察工作秘密"几字之差，显然并不足以凸显检察官与法官各自职权范围的独特性。最后，2019年《检察官法》并未规定检察官司法责任的豁免制度。完善检察官司法责任豁免制度有利于反向落实追责、完善履职保障、提升司法效能。[1]在《检察官法》中规定检察官司法责任豁免，不仅能够完善检察官司法责任追究的整体规范结构，更能够体现保障检察官公平公

---

[1] 参见林竹静："检察官司法责任豁免的规则构建"，载《国家检察官学院学报》2017年第2期。

正履职的制度关怀。笔者认为，在检察官司法责任追究范围方面，我国可从"正向列举+反向否定"两个角度出发：在正向的归责事由上，只保留第47条第4、5款，将具体事由留予下位法规细化规定或者只作具体列举辅以"其他"形式的兜底性规定。在反向的豁免事由上，有必要在《检察官法》中独立设置相关条款，并列举检察官尽到必要注意义务的一应情形。

（二）完善责任人范围

根据2019年《检察官法》第47条的规定可知，检察官司法责任追究的客体是"检察官"，也即该法第2条中的"最高人民检察院、地方各级人民检察院和军事检察院等专门人民检察院的检察长、副检察长、检察委员会委员和检察员"。显然，在2019年《检察官法》的规范之下，对于检察辅助人员的追责是检察官司法责任追究制的缺漏之处。笔者认为，应在《检察官法》规范中增加检察辅助人员司法责任的单独条款。原因有二：其一，检察辅助人员虽然不被纳入检察官员额的十二级序列，不具备检察官的独特法律身份，但其承担着辅助检察官履行法律监督、提起公诉等职责的工作，在事实上形成了"类检察官"的地位，完全有可能对案件的程序与实体造成影响。如果不在《检察官法》中对其加以规定而完全交由下位法规规制，恐有下位立法僭越之嫌，不符合立法的基本原则。其二，检察辅助人员毕竟不是员额序列中的检察官，不宜将其同检察官一并管理。因此，在《检察官法》中单独规定检察辅助人员在其职责范围内承担司法责任，并由最高人民检察院制定实施意见、具体办法等应是较为合适的方法。

（三）强化责任追究程序

综观2019年《检察官法》司法责任追究制的相关规范，多是实体性质上的主体、客体、归责事由、法律后果等设置，对于检察官司法责任追究制的程序着墨甚少。仅有的第52条不但在范围上有所限制，局限于"检察官惩戒委员会审议惩戒事项"，也并未在内容上有实质性规定，而是交由"最高人民检察院商有关部门确定"。但是，建立一种基本的法律程序或者维护法律程序最低限度的公正性，并非只具有一种工具或者手段方面的意义。[1]《检察官法》存在的"重实体轻程序"现象，至少表明立法者在观念上依然无法摆脱

---

[1] 陈瑞华："程序正义的理论基础——评马修的'尊严价值理论'"，载《中国法学》2000年第3期。

惯性，并没有给予法律程序足够的重视。笔者认为，我国有必要在《检察官法》中搭建覆盖受理、初核、立案、调查、处理等环节，包含提请主体、处理机构、调查方法、对外衔接、救济办法等内容的检察官司法责任追究程序，以程序正义维护实体正义，以形式权威保障实质权威。

结　语

司法责任制是司法体制改革的"牛鼻子"，而"司法责任追究制"在司法责任制中处于重中之重的地位。[1]2019年《检察官法》针对司法责任追究制形成了初步的轮廓，但仍需要进一步完善，并实现下位法规范的具体化。我们有理由相信，随着《检察官法》中检察官司法责任追究规范内容的不断完善与丰富，公平公正的检察官司法责任追究制的构建将获得有力抓手，检察机关完善司法责任制的总体改革也必将实现。

参考文献

［1］［美］汉斯·凯尔逊：《法律和国家》，雷崧松译，岩松出版社 1978 年版。

［2］雷磊："法律规则的逻辑结构"，载《法学研究》2013 年第 1 期。

［3］张文显："论司法责任制"，载《中州学刊》2017 年第 1 期。

［4］王玄玮："检察机关司法责任制之规范分析"，载《国家检察官学院学报》2017 年第
　　1 期。

［5］龙宗智："检察官办案责任制相关问题研究"，载《中国法学》2015 年第 1 期。

［6］左卫民、谢小剑："检察院内部权力结构转型：问题与方向"，载《现代法学》2016
　　年第 6 期。

［7］龙宗智："检察机关办案方式的适度司法化改革"，载《法学研究》2013 年第 1 期。

［8］江国华、梅扬："检察人员分类管理制度改革析论"，载《河北法学》2017 年第 5 期。

［9］林竹静："检察官司法责任豁免的规则构建"，载《国家检察官学院学报》2017 年第
　　2 期。

［10］葛琳："检察官惩戒委员会的职能定位及其实现——兼论国家监察体制改革背景下司
　　　法责任追究的独立性"，载《法学评论》2018 年第 2 期。

点　评

本文总体上思路清晰、内容丰富，符合专业性、关联性、规范性之要求。

---

〔1〕 参见张文显："论司法责任制"，载《中州学刊》2017 年第 1 期。

简要点评如下：第一，以《检察官法》为视角谈司法责任追究制需要分析哪些具体条文涉及了责任追究。根据条文之规定，对检察官责任的追究分为两个基本类型——考核制和惩戒制。考核制涉及的是检察官的等级、职称、待遇等内容，惩戒制在《检察官法》中涉及了9项内容，分为处分和追究刑事责任两个层次，总体来看还是按照公务员系统进行的以处分作为主要追责方式的内部追究体系。第二，制度的构成要件和责任的构成要件是不同的。责任的构成要件包括承担责任的主体、责任的类型、责任承担的方式、归责原则等。追究制度的构成要件需要考虑主体、权力来源、权限范围、追究对象、追究程序。论文谈到的检察官司法责任制构成要件为规范办案组织、规范检察权的权力配置、检察权的权限、检察官的监督管理、检察官的惩戒。尽管论文内容比较宏大，但结合《检察官法》《检察院组织法》也能够对责任制的构成要件做精细化的解读。第三，论文的重心在于"司法责任追究"，但不明确"司法责任"这一前提是不适当的。关于检察官的司法责任类型，《检察官法》中谈到的责任主要还是类似于公务员体系的行政性责任，情节严重构成犯罪的才对外承担刑事责任。伦理责任在《检察官法》没有相关规定，要想对法律职业伦理责任进行追究必须进行一定的转换，可以对违法做宽泛解释，将法理解为法律原则，但对于法律职业伦理责任的追究也必须要有法律的依据。故检察官不接受法律明文规定以外的任何惩罚和奖励。其原因在于检察官具有一定独立的职业空间，享受一定的责任豁免，责任追究要由法律进行限定。

（点评人：武汉大学法学院教授　江国华）

环境行政公益附带民事公益诉讼的若干问题

——检例第 29 号指导性案例评析

曾林翊晨[1]

内容提要： 全国人民代表大会常务委员会授权最高人民检察院在部分地区开展公益诉讼试点工作后，环境行政公益诉讼即在全国范围内全面铺开。检例第 29 号指导性案例是国内首例审结的环境行政公益附带民事公益诉讼案件。该案开启了"一纸诉状、一次庭审、分别判决"的模式。检察机关提起环境行政公益附带民事公益诉讼中涉及的各诉讼当事人的地位、案件合并过程和理由以及各方的举证责任等问题在该案中均有所体现。厘清这些问题，可以帮助我们理清检察机关提起环境行政公益附带民事公益诉讼的理论基础和制度框架。

关键词： 检察公益诉讼　诉讼地位　起诉条件　举证责任

引　言

（一）问题的提出

2014 年 10 月，党的十八届四中全会正式提出"探索建立检察机关提起公益诉讼制度"。2015 年 7 月，为期 2 年的检察公益诉讼试点工作全面铺开。试点期间，最高人民法院、最高人民检察院（以下简称"两高"）分别出台了《检察机关提起公益诉讼改革试点方案》（以下简称《最高检试点方案》）、《人民检察院提起公益诉讼试点工作实施办法》（以下简称《最高检实施办

---

[1] 作者单位：湖北师范大学经济管理与法学院。

法》)、《人民法院审理人民检察院提起公益诉讼案件试点工作实施办法》(以下简称《最高法实施办法》) 等一系列规范来积极探索建立检察机关提起公益诉讼的制度。随着试点工作的结束，全国人大常委会根据试点工作的经验总结对《民事诉讼法》和《行政诉讼法》的相应规范进行了修订与完善。检察机关提起环境公益诉讼的制度最终在法律上得到了全面的确认。2018 年 3 月 2 日，两高联合发布了《最高人民法院、最高人民检察院关于检察公益诉讼案件适用法律若干问题的解释》(以下简称《司法解释》)，这些司法解释的出台使得检察公益诉讼制度得以完善。

最高人民检察院公布的第 29 号指导性案例是一个带有试错性质的"首例环境行政公益附带民事公益诉讼案件"。该案发生在试点工作期间，其判决造成的影响是巨大的，为环境公益诉讼领域中行政附带民事诉讼制度的建立发挥了指引作用。然而，试点工作结束后，相关规范均未对检察机关提起环境公益附带民事公益诉讼进行规定。本文拟以该案为分析对象，结合相关理论与法律规范进行评析，以期对检察机关提起环境公益附带民事公益诉讼制度进行梳理并准确把握其内核，从而为检察公益诉讼的进一步完善提供参考。

(二) 案情简介

2012 年，吉林省白山市江源区中医院在建设综合楼时未建污水处理设施且未经环保验收即投入使用，使周边地下水及土壤受到污染。2014 年 1 月江源区中医院改建过程中，江源区环保局对其作出罚款行政处罚和责令改正、限期办理环保验收的行政处理，然其并未执行；2015 年 5 月 18 日，在江源区中医院未提供环评合格报告的情况下，江源区卫生和计划生育局对其《医疗机构执业许可证》校验结果评定为合格。2015 年 11 月 18 日，江源区人民检察院向江源区卫生和计划生育局发出检察建议，建议其依法履行监督管理职责并采取有效措施制止江源区中医院违法排放医疗污水。江源区卫生和计划生育局于同月 23 日向江源区中医院发出整改通知，并于 12 月 10 日向江源区人民检察院作出回复，但其一直未能有效制止违法排污行为。2016 年 2 月 29 日，白山市人民检察院以公益诉讼人身份向白山市中级人民法院提起行政附带民事公益诉讼，请求判令：①确认江源区卫生和计划生育局校验监管行为违法；②江源区卫生和计划生育局依法履行职责，责令江源区中医院有效整改建设污水净化设施；③江源区中医院立即停止违法排放医疗污水。2016 年 5 月 11 日，白山市中级人民法院公开开庭审理了本案，并于同年 7 月 15 日分别作出一审行政判决和民事判决。一审宣判后，江源区卫生和计划生育局、江源区中医院均未上诉，判决已发生法律效力，这是国内首例审结的由检察机关提起的环境行政公益附带民事诉讼案件。

一、诉讼当事人地位问题

本案是环境行政公益附带民事公益诉讼"一纸诉状、一次庭审、分别判决"模式的开端，诉讼当事人涉及公益诉讼人、被诉行政机关和违法行为人。其中，检察机关作为公益诉讼人、被诉行政机关作为环境行政公益诉讼的被告、违法行为人作为环境民事公益诉讼被告和环境行政公益诉讼第三人参与诉讼。确定这三者在环境行政公益附带民事公益诉讼中的地位，将有利于明确三者各自的权利义务，从而推动诉讼程序的进行。

（一）检察机关的诉讼地位认定

2016年2月29日，白山市人民检察院以公益诉讼人身份向白山市中级人民法院提起行政公益附带民事公益诉讼，其诉讼请求在案件审限内得到了法院的支持。关于检察机关能否提起环境行政公益附带民事公益诉讼以及其在本案中的地位是当时审判机关需要解决的首要问题。

依据《最高检试点方案》《最高检实施办法》以及《最高法实施办法》中"公民、法人和其他社会组织由于没有直接利害关系，没有也无法提起诉讼的，人民检察院可以向人民法院提起行政公益诉讼"和"在没有适格主体或者适格主体不提起诉讼的情况下，可以向人民法院提起民事公益诉讼"等规定，检察机关享有提起环境行政公益诉讼和环境民事公益诉讼的权利。对于试点工作期间检察机关能否提起行政附带民事公益诉讼，以上规范均没有作出明确规定。但是，相关"兜底"条款（如"本办法未规定的，分别适用民事诉讼法、行政诉讼法以及相关司法解释的规定"）的适用，为检察机关提起环境行政公益附带民事公益诉讼保留了一定空间。在试点阶段的司法实践中，检察机关成了提起环境行政公益诉讼的最佳主体，在这一基础上，依据以上规范，由检察机关提起环境行政公益附带民事公益诉讼顺理成章。

试点工作结束后，2017年《行政诉讼法》第25条和《司法解释》第21条虽然确认了检察机关作为行政公益诉讼唯一提起主体的地位，但却未就人民检察院提起环境行政公益附带民事公益诉讼作出具体规定，这在一定程度上使得这一诉讼制度的发展陷入了困局。未来，检察机关提起环境行政公益附带民事公益诉讼的法律依据在哪里？"诉讼权利义务参照民事诉讼法、行政诉讼法及相关司法解释关于原告诉讼权利义务"的规定能否在试点结束后继续适用？这些问题亟须相关立法和司法解释作出明文规定，并且还须在相应文本中明确检察机关提起环境行政公益附带民事公益诉讼时的权利义务和程序规范。

（二）被诉行政机关的诉讼地位认定

在本案的行政公益附带民事公益起诉书中，江源区卫生和计划生育局、江源区中医院二者均被列为案件的被告。江源区卫生和计划生育局作为对生态环境和资源保护负有监督管理职责的行政机关——也是被诉行政机关——在本案中应为行政公益诉讼中的被告。

关于被诉行政机关身份的认定：《全国人民代表大会常务委员会关于授权最高人民检察院在部分地区开展公益诉讼试点工作的决定》（简称《授权决定》）规定为"行政机关"，《最高检试点方案》和《最高检实施办法》规定为"负有监督管理职责的行政机关"，《最高法实施办法》规定为"负有监督管理职责的行政机关或者法律、法规、规章授权的组织"，2017 年《行政诉讼法》第 25 条和《司法解释》第 21 条规定为"负有监督管理职责的行政机关"。实际上，上述规范基本都将环境行政公益诉讼的被告界定为负有相关监督管理职责的行政机关，只是在表述上略有差异。修改后的 2017 年《行政诉讼法》作为对试点工作与试点时期各规范的汇总运用，在规范层面对这一问题进行了统一。

关于被诉行政机关是行政公益诉讼被告的认定：试点期间的相关规范都规定了"行政公益诉讼的被告是生态环境和资源保护、国有资产保护、国有土地使用权出让等领域违法行使职权或者不作为的行政机关，以及法律、法规、规章授权的组织"。亦即，"负有监督管理职责的行政机关"是行政公益诉讼的被告。《司法解释》第 24 条规定："在行政公益诉讼案件审理过程中，被告纠正违法行为或者依法履行职责……"也从侧面肯定了被诉行政机关是行政公益诉讼被告的地位。2017 年《行政诉讼法》虽未作出明文规定，但依据这一法律的性质，不难判断被诉行政机关的诉讼地位。

在这里，需要注意的是，行政机关在环境保护的监督管理工作中往往需要几个部门的相互配合协作，这使得其在履行监督管理职责过程中作出的违法行为或不作为也会涉及多个部门，如质检部门、卫生部门、环保部门和政府等。当有关行政机关因违法行政或不作为引起环境行政公益附带民事公益诉讼时，问责对象亦需全面，而不应单单就某一行政机关的违法行为或不作为行为提起诉讼。本案中，就江源区卫生和计划生育局的违法行政行为和不作为行为，白山市人民检察院提起了环境行政公益附带民事公益诉讼，符合试点期间的各项规定。这里留有的疑惑是，2014年1月江源区环保局在作出限期改正处理后并未继续进行监管，基于此，是否也应该把江源区环保局列为环境行政公益诉讼被告？笔者认为，应当将江源区环保局列为环境行政公益附带民事公益诉讼的被诉行政机关之一，进而维护司法统一、增强司法权威。

（三）违法行为人的诉讼地位认定

在环境行政公益附带民事公益诉讼活动中，检察机关与被诉行政机关的诉讼地位都相对明确，而违法行为人的诉讼地位认定却存在一定的难度。环境行政公益附带民事公益诉讼实质上是两诉的合并，被诉行政机关实为环境行政公益诉讼的被告，那么违法行为人应当是环境行政公益诉讼第三人和环境民事公益诉讼被告，[1]而为便宜起诉，可将其作为被告直接列入环境行政公益附带民事公益起诉书中。

本案中，白山市人民检察院虽然只出具了一份行政公益附带民事公益起诉书，但白山市中级人民法院却依据案件具体情况分别作出了行政和民事判决。江源区卫生和计划生育局承担了环境行政公益诉讼中的责任，而江源区中医院则承担了环境民事公益诉讼中的责任。从这一判决结果来看，违法行为人实际上仅仅被解读为环境民事公益诉讼的被告。

依据试点期间的各项规定，环境民事公益诉讼的被告是实施损害社会公共利益行为的公民、法人或者其他组织。毋庸置疑，江源区中医院的违法排污行为使得环境公益受到侵害，就其所应承担的环境污染责任而被列为被告参加诉讼符合法律规定。江源区中医院是环境民事公益诉讼被告，这一诉讼地位几乎在相关的法律和规范中都得到了肯定。

试点期间，相关规范并没有规定环境行政公益诉讼第三人的具体情况与规范适用。因而，在探求如何处理这一问题时，可以参照适用《行政诉讼法》中有关诉讼第三人的规定。根据《行政诉讼法》第29条的规定，"同被诉行

---

[1] 徐金波："行政公益附带民事公益诉讼相关问题研究"，载《中国检察官》2017年第18期。

政行为有利害关系但没有提起诉讼的"和"同案件处理结果有利害关系的"可以作为第三人参加行政诉讼。本案的环境行政公益诉讼部分，因江源区卫生和计划生育局对江源区中医院违法发放行政许可而产生，江源区中医院与卫生和计划生育局"违法发放"行为存在法律上的利害关系。因此，江源区中医院以环境行政公益诉讼第三人身份参加诉讼也符合法律规定。

本案并未涉及对江源区中医院相关行政许可的撤销问题，因此其未能被列入环境行政公益诉讼第三人也在情理之中。但是，从节约诉讼成本、提高诉讼效率的角度出发，应当在《行政诉讼法》有关检察机关提起公益诉讼的规定中，对涉及行政公益附带民事公益诉讼的内容进行增补，并明确违法行为人可以作为公益诉讼第三人参与诉讼。

二、案件合并及管辖问题

（一）本案的合并过程

在行政附带民事诉讼案件的合并过程中，案件的管辖是最重要的问题之一。环境行政公益附带民事公益诉讼属于行政附带民事诉讼的具体诉讼类型，在法院管辖方面，二者适用同一标准，亦即通过确定行政附带民事诉讼的法院管辖即可确定环境行政公益附带民事公益诉讼的法院管辖。本案中，我们要思考的是，为何提起诉讼的是白山市人民检察院？为何受理的法院是白山市中级人民法院？

学界和实务界的通说认为，在行政附带民事诉讼中，往往是行政权渗入到民事争议的解决中，导致行政和民事案件有所交叉，故确定行政附带民事诉讼的管辖应当遵循行政诉讼的管辖制度。行政诉讼与其所附带的民事诉讼应属于同一人民法院管辖，确定行政诉讼的管辖法院亦即确定了民事诉讼的管辖法院。行政附带民事诉讼实际上为两个诉的合并，从地域管辖上来讲，两诉在原则上均由被告住所地的人民法院管辖，但是由于行政诉讼被告恒定为行政机关，所以被诉行政机关住所地的人民法院拥有管辖权；从级别管辖上来讲，被告为县级以上人民政府以及本辖区内重大、复杂的行政诉讼案件，均应由中级人民法院作为第一审法院。

由白山市人民检察院提起诉讼的原因在于：根据《最高检实施办法》第2条第1款、第29条第1款的规定可知，环境民事公益诉讼一般由市以上人民检察院提起，而环境行政公益诉讼可由基层人民检察院提起，二者在级别管辖上存在冲突，但第 29 条第 4 款又规定上级人民检察院可以办理下级人民检察院的行政公益诉讼案件。是故，环境行政公益附带民事公益诉讼原则上应由市以上人民检察院提起。所以，本案由白山市人民检察院提起环境行政公益附带民事公益诉讼符合法律之规定。

由白山市中级人民法院受理的原因在于：本案中，一方面，被诉行政机关为江源区卫生和计划生育局，从地域管辖来看，应由江源区人民法院管辖。然而，由于该案属于试点期间国内少有的环境行政附带民事诉讼案件，符合"本辖区内重大、复杂"的条件，因而归属白山市中级人民法院管辖；另一方面，本案中提起环境行政公益附带民事公益诉讼的是白山市人民检察院，从级别对应来看，环境行政公益附带民事公益诉讼原则上应由市以上人民检察院向中级人民法院提起。

《司法解释》第 5 条规定："市（分、州）人民检察院提起的第一审民事公益诉讼案件，由侵权行为地或者被告住所地中级人民法院管辖。基层人民检察院提起的第一审行政公益诉讼案件，由被诉行政机关所在地基层人民法院管辖。"这一规定实际上是对以上实践结果的优化与肯定。由此，环境行政公益附带民事公益诉讼的受理机关将是中级人民法院，提起机关将是与其级别对应的检察机关。

（二）本案的合并理由

行政附带民事诉讼案件的管辖归属于合并过程，本案的合并理由可以被归纳为以下几点：

1. 受案范围的考量

本案符合行政附带民事诉讼的受案范围，同时，本案符合环境行政公益附带民事公益诉讼的受案范围。

一方面，环境行政公益附带民事公益诉讼是行政附带民事诉讼的具体诉讼类型，所以环境行政公益附带民事公益诉讼必须符合行政附带民事诉讼的受案范围。根据《行政诉讼法》第 61 条的规定，行政附带民事诉讼的受案范围仅被限定为"行政许可、登记、征收、征用和行政机关对民事争议所作的裁决"。在这样一种限制性文本规范下，我们必须明白，环境行政公益附带民事公益诉讼为何符合行政附带民事诉讼的受案范围？本案中，白山市人民检察院就江源区卫生和计划生育局为江源区中医院颁发《医疗机构执业许可证》的行政违法行为提起诉讼，涉及行政许可的违法颁发问题，理应属于行政附带民事诉讼的受案范围。

另一方面，当前我国环境公益诉讼的相关规定散见于全国人大常委会和两高的一些规范性文件中，而最高人民法院通过司法解释实质选择了在传统诉讼机制体系下展开环境公益诉讼制度，并对其进行了环境民事公益诉讼与环境行政公益诉讼二分。在试点工作中，检察机关可提起行政附带民事公益诉讼的案件范围仅限于生态环境和资源保护、食品药品安全这两大领域。本案发生在试点工作期间，事关环境公益，当然属于环境行政公益附带民事公益诉讼的受案范围。

2017 年《行政诉讼法》和《司法解释》并未就行政公益附带民事公益诉讼受案范围问题作出相关规定，在今后的司法实践中，我们依然只能从以上分析角度出发来寻找两诉在受案范围上的合并理由。

2. 诉讼请求的考量

诉讼请求是基于诉讼标的并承载着诉之利益实现的具体权益主张，是诉的基本要素之一，是诉讼的目的所在和实现途径，法院的审理亦主要是围绕诉讼请求展开的。[1]在检察机关提起的环境行政公益附带民事公益诉讼中，检察机关应当用"一纸诉状"将多种诉讼请求一并提起，还是应当用行政起诉书和民事起诉书将多种诉讼请求分开提起？依据相关司法解释，[2]行政附带民事案件应当单独立案，这意味着此类案件应当分别提交两份起诉书，也意味着应当用行政起诉书和民事起诉书将多种诉讼请求分开提起。

在本案中，白山市人民检察院用"一纸诉状"将江源区卫生和计划生育局、江源区中医院告上了法庭，并将三个诉讼请求同时提起。[3]笔者认为，环境行政公益附带民事公益诉讼本质上是两个诉的合并，因而诉讼请求必然分为两个部分，即环境行政公益诉讼请求和环境民事公益诉讼请求，即便是用"一纸诉状"，这两个部分也应在起诉书中具体写明。[4]然而，白山市中

---

〔1〕 迟晓燕："行政公益附带民事公益诉讼的诉讼请求及判决执行"，载《中国检察官》2017 年第 18 期。

〔2〕《最高人民法院关于适用〈中华人民共和国行政诉讼法〉若干问题的解释》第 140 条第 1 款规定："人民法院在行政诉讼中一并审理民事争议的，民事争议应当单独立案，由同一审判组织审理。"

〔3〕 白山市人民检察院提起的诉讼请求有三个，其中前两个属于环境行政公益诉讼请求中的"确认行政行为违法"和"要求行政机关履行职责"，后一个属于环境民事公益诉讼请求中的"停止侵害"。

〔4〕 徐金波："行政公益附带民事公益诉讼相关问题研究"，载《中国检察官》2017 年第 18 期。

级人民法院根据相关司法解释[1]对案件分别作出了行政判决和民事判决。这实际上是变相纠正了白山市人民检察院在诉讼请求中的冒进行为。

我国环境行政公益附带民事公益诉讼制度尚处于起步阶段，有关这一制度的诉讼请求尚无明文规定。在这一情况下，我们不能认为这一制度的诉讼请求是环境民事公益诉讼请求和环境行政公益诉讼请求的简单相加。"一纸诉状、一次庭审、分别判决"的模式实际上是将多种诉讼请求合并后才予以提出。不可否认，这一模式简化了环境行政公益附带民事公益诉讼中对诉讼请求的区分。

我国环境行政公益诉讼起步较晚，其诉讼请求类型中并不包含环境民事公益诉讼中的"损害赔偿"。环境行政公益附带民事公益诉讼制度中，环境民事公益诉讼以环境行政公益诉讼为先决，而且一并解决负有监督管理职责的行政机关违法行使职权或者不作为致使国家和社会公共利益受到侵害的争议，以及实施损害社会公共利益行为的公民、法人或者其他组织所引发的损害赔偿请求争议。这一诉讼制度能够使环境公益相对及时地获得补偿。

3. 诉讼效率的考量

我国行政诉讼法已明确规定了行政附带民事诉讼这一诉讼模式，以避免当事人就一个实质问题提起两个诉讼，同时避免两个合议庭的重复劳动，有利于查清事实，有助于达成案结事了。[2]从节约诉讼成本、维护判决统一和增强司法权威的角度出发，《行政诉讼法》第61条第1款[3]确立了行政附带民事诉讼的制度，环境行政公益附带民事公益诉讼可以被看作是其中的一种具体表现形式。

环境行政公益附带民事公益诉讼本质上是环境行政公益诉讼和环境民事公益诉讼这两个诉讼的合并，因应实现诉讼效率的需要，故将相关联的两个诉合并在一起审理。在现代社会中，环境公益遭受侵害的民事侵权行为时有发生。期间，负有监管职责的行政机关作出的违法行为或不作为行为往往会

---

[1] 《最高人民法院关于适用〈中华人民共和国行政诉讼法〉若干问题的解释》第142条第1款规定："行政争议和民事争议应当分别裁判。"

[2] 危惠兴："行政附带民事诉讼制度的若干理论与实务问题"，载《法律适用》2012年第2期。

[3] 《行政诉讼法》第61条第1款规定："在涉及行政许可、登记、征收、征用和行政机关对民事争议所作的裁决的行政诉讼中，当事人申请一并解决相关民事争议的，人民法院可以一并审理。"

导致侵害持续发生。当行政机关的这一行为是民事侵权行为的先决或前提时，有关公民、法人、其他社会组织或检察机关提起诉讼，正是践行环境行政公益附带民事公益诉讼制度的表现。

三、检察机关的举证责任问题

在环境行政公益附带民事公益诉讼中，检察机关为公益诉讼人、被诉行政机关和违法行为人为被告的身份恒定，三者在诉讼中的举证责任有待进一步明晰。被诉行政机关"举证责任倒置"可依《行政诉讼法》和司法解释及相关规范性文件的规定确定；违法行为人"谁主张，谁举证"的举证责任可依《民事诉讼法》和司法解释及相关规范性文件的规定确定。现阶段，学界的讨论主要集中在检察机关在公益诉讼中应当承担什么样的举证责任，本文在此也主要针对检察机关在行政公益附带民事公益诉讼中的举证责任进行讨论。关于检察机关的举证责任，应当在严格区分案件的环境行政公益诉讼部分和环境民事公益诉讼部分的基础上分别适用各自的举证规则，然后再进行综合整理运用，或可以对检察机关在环境行政公益附带民事公益诉讼中的举证责任问题有更加清晰的了解。

（一）检察机关在环境行政公益诉讼中的举证责任

《行政诉讼法》第 34 条采用"举证责任倒置"原则，规定在行政诉讼中被诉行政机关对作出的行政行为负有举证责任，否则将要承担败诉的风险。[1] 环境行政公益诉讼作为行政诉讼的一种特殊形式，由检察机关作为公益诉讼人提起更有效的保护环境公益，这一制度在举证责任分配中增加了检察机关相应的举证责任，具体体现在《最高检实施办法》第 45 条[2]和《最高法实施办法》第 12 条[3]的规定中。检察机关在试点中的证明责任主要是对程序

---

〔1〕《行政诉讼法》第 34 条规定："被告对作出的行政行为负有举证责任，应当提供作出该行政行为的证据和所依据的规范性文件。被告不提供或者无正当理由逾期提供证据，视为没有相应证据。但是，被诉行政行为涉及第三人合法权益，第三人提供证据的除外。"

〔2〕《最高检实施办法》第 45 条规定："人民检察院提起行政公益诉讼，对下列事项承担举证责任：（一）证明起诉符合法定条件；（二）人民检察院履行诉前程序提出检察建议且行政机关拒不纠正违法行为或者不履行法定职责的事实；（三）其他应当由人民检察院承担举证责任的事项。"

〔3〕《最高法实施办法》第 12 条规定："人民检察院提起行政公益诉讼应当提交下列材料：（一）行政公益诉讼起诉状，并按照被告人数提出副本；（二）被告的行为造成国家和社会公共利益受到侵害的初步证明材料；（三）人民检察院已经履行向相关行政机关提出检察建议、督促其纠正违法行政行为或者依法履行职责的诉前程序的证明材料。"

性事务承担证明义务，而就环境公益受到侵害这一事实是否承担举证责任尚不明确。就本案来说，白山市人民检察院除了对起诉符合法定条件以及完成诉前程序等事项承担举证责任外，还对环境公共利益受到侵害这一事实承担简单的举证责任。因而，从试点工作的成效来看，上述不够明确的举证责任分配实际上加大了检察机关在具体案件中的举证责任。

《司法解释》第22条〔1〕虽然是对检察院提起行政公益诉讼应当提交材料的规定，但实际上却是对《最高检实施办法》第45条和《最高法实施办法》第12条实践成果的确认和完善，在一定程度上列明了检察机关在行政公益诉讼中的举证责任，即检察机关需要证明"被告违法行使职权或者不作为致使国家利益或者社会公共利益受到侵害"和"检察机关已经履行诉前程序，行政机关仍不依法履行职责或者纠正违法行为"。我们应当明确的是，《行政诉讼法》第37条规定了"原告可以提供证明行政行为违法的证据。原告提供的证据不成立的，不免除被告的举证责任"。也就是说，在环境行政公益诉讼中，即便检察机关作出了证明，但提供的证据不成立的，被诉行政机关也要承担举证责任。

（二）检察机关在环境民事公益诉讼中的举证责任

民事诉讼遵循"谁主张，谁举证"的举证责任配置，即原告对其主张负有举证责任，否则将要承担败诉的风险。具体到环境公益诉讼领域，《民法典》第1229条规定，只要当事人的行为污染了环境且造成了损害后果，即应承担相应责任，不以过错为要件。也就是说，公益诉讼人只要证明行为人实施了污染环境的行为并造成了环境污染的结果即可。

2020年修正的《最高人民法院关于审理环境民事公益诉讼案件适用法律若干问题的解释》第1条规定，〔2〕环境民事公益诉讼实际上被分为侵害型环境民事公益诉讼与危害型环境民事公益诉讼两类。因此，在环境民事公益诉

---

〔1〕《最高人民法院、最高人民检察院关于检察公益诉讼案件适用法律若干问题的解释》第22条规定："人民检察院提起行政公益诉讼应当提交下列材料：（一）行政公益诉讼起诉书，并按照被告人数提出副本；（二）被告违法行使职权或者不作为，致使国家利益或者社会公共利益受到侵害的证明材料；（三）已经履行诉前程序，行政机关仍不依法履行职责或者纠正违法行为的证明材料。"

〔2〕《最高人民法院关于审理环境民事公益诉讼案件适用法律若干问题的解释》第1条规定："法律规定的机关和有关组织依据民事诉讼法第五十五条、环境保护法第五十八条等法律的规定，对已经损害社会公共利益或者具有损害社会公共利益重大风险的污染环境、破坏生态的行为提起诉讼，符合民事诉讼法第一百一十九条第二项、第三项、第四项规定的，人民法院应予受理。"

讼的试点工作中，检察机关承担证实国家和社会公共利益受到侵害或受到危害的状态的举证责任。其中，证明环境公益受到危害被认为是最困难的内容。本案中，白山市人民检察院在环境民事公益诉讼部分就承担了对江源区中医院排污行为存在造成环境污染的重大风险的举证责任。吉林市吉科检测技术有限公司和吉林省中实环保工程开发有限公司分别于 2015 年 12 月 1 日和 2016 年 1 月 26 日出具相关检测报告，这两份检测报告均显示江源区中医院的排污行为能够造成对周围环境的污染，亦即环境受到危害的状态确实存在。

《司法解释》第 14 条[1]虽然是对检察院提起民事公益诉讼应当提交的材料的规定，但实际上却是对《最高检实施办法》第 17 条、[2]第 19 条[3]和《最高法实施办法》第 2 条[4]实践成果的确认和完善，也是对上述检察机关在民事公益诉讼中的举证责任的进一步明晰。

（三）检察机关在环境行政公益附带民事诉讼中的举证责任

在行政附带民事诉讼案件的审理中，对于行政争议和民事争议部分，应当各自按照行政诉讼和民事诉讼的举证责任进行审理。在环境行政公益附带民事公益诉讼中，我们可以区分案件的环境行政公益诉讼部分和环境民事公益诉讼部分并分别适用各自的举证规则，却不能随意组合、混淆适用证据规则。这一点在《最高人民法院关于适用〈中华人民共和国行政诉讼法〉若干问题的解释》中也得到了印证。[5]本案中，白山市中级人民法院的法官在案

---

〔1〕《最高人民法院、最高人民检察院关于检察公益诉讼案件适用法律若干问题的解释》第 14 条规定："人民检察院提起民事公益诉讼应当提交下列材料：（一）民事公益诉讼起诉书，并按照被告人数提出副本；（二）被告的行为已经损害社会公共利益的初步证明材料；（三）已经履行公告程序、征询英雄烈士等的近亲属意见的证明材料。"

〔2〕《最高检实施办法》第 17 条规定："人民检察院提起民事公益诉讼应当提交下列材料：（一）民事公益诉讼起诉书；（二）被告的行为已经损害社会公共利益的初步证明材料。"

〔3〕《最高检实施办法》第 19 条规定："人民检察院提起民事公益诉讼，对提出的诉讼请求所依据的事实或者反驳对方意见所依据的事实，以及履行诉前程序的事实，应当提供证据加以证明，法律另有规定的除外。"

〔4〕《最高法实施办法》第 2 条规定："人民检察院提起民事公益诉讼应当提交下列材料：（一）符合民事诉讼法第一百二十一条规定的起诉状，并按照被告人数提出副本；（二）污染环境、破坏生态、在食品药品安全领域侵害众多消费者合法权益等损害社会公共利益行为的初步证明材料；（三）人民检察院已经履行督促或者支持法律规定的机关或有关组织提起民事公益诉讼的诉前程序的证明材料。"

〔5〕《最高人民法院关于适用〈中华人民共和国行政诉讼法〉若干问题的解释》第 141 条第 1 款："人民法院一并审理相关民事争议，适用民事法律规范的相关规定，法律另有规定的除外。"

件审理的过程中就是根据案件的不同部分进行了不同的举证责任分配，确定了不同的争议焦点，并最终将这些展示在行政判决书和民事判决书中。在行政诉讼中将江源区中医院作为行政诉讼第三人，充分保障了行政管理相对人发表意见的权利，同时通过民事诉讼程序依法确定了江源区中医院的民事责任，对于妥善协调由同一污染行为引发的行政责任和民事责任具有示范意义。

试点工作已经结束，2017 年《行政诉讼法》和《司法解释》并未就检察机关在公益诉讼中的举证责任作出特别规定。下一阶段，试点工作中的试错成效亟须通过相关立法和司法解释得到确认，尤其是对检察机关在环境行政公益诉讼、环境民事公益诉讼和环境行政公益附带民事公益诉讼中的举证责任进行细致规范。

结　语

本案是全国首例行政公益附带民事公益诉讼案件，人民法院采取了行政公益诉讼与民事公益诉讼分别立案的形式，并形成了"一纸诉状、一次庭审、分别判决"的新模式。2017 年《民事诉讼法》和 2017 年《行政诉讼法》虽然均对检察机关提起环境民事公益诉讼和环境行政公益诉讼予以确认，但并未就相关制度进行细致规范，亦未明确规定环境行政公益附带民事公益诉讼制度，以致《司法解释》对这一制度亦未有依据可循。环境行政公益附带民事公益诉讼被视为解决环境纠纷、保障环境公益的重要制度，必须通过完善当事人诉讼地位、"两诉"合并条件以及举证责任等方面的制度设计，才能使法律技术服务于改革决断和利益权衡，从而有助于发挥检察机关在推动环境法治中的重要功能。

参考文献

［1］徐金波："行政公益附带民事公益诉讼相关问题研究"，载《中国检察官》2017 年第18 期。

［2］危惠兴："行政附带民事诉讼制度的若干理论与实务问题"，载《法律适用》2012 年第 2 期。

［3］朱全宝："检察机关提起环境行政公益诉讼：试点检视与制度完善"，载《法学杂志》2017 年第 8 期。

［4］迟晓燕："行政公益附带民事公益诉讼的诉讼请求及判决执行"，载《中国检察官》

2017 年第 18 期。

[5] 刘超："环境行政公益诉讼受案范围之实践考察与体系展开"，载《政法论丛》2017
年第 4 期。

[6] 罗丽："我国环境公益诉讼制度的建构问题与解决对策"，载《中国法学》2017 年第
3 期。

[7] 刘艺："检察公益诉讼的司法实践与理论探索"，载《国家检察官学院学报》2017 年
第 2 期。

[8] 刘辉、姜昕："检察机关提起民事公益诉讼试点情况实证研究"，载《国家检察官学院
学报》2017 年第 2 期。

[9] 张明军："行政诉讼对关联民事争议的一并审理——对新行政诉讼法第六十一条的理
解与适用"，载《人民司法（应用）》2016 年第 7 期。

[10] 最高人民检察院民事行政检察厅编：《检察机关提起公益诉讼实践与探索》，中国检
察出版社 2017 年版。

点 评

最高人民检察院于 2017 年发布的第八批指导性案例中，"吉林省白山市
人民检察院诉白山市江源区卫生和计划生育局及江源区中医院行政附带民事
公益诉讼案"作为全国首例行政公益附带民事公益诉讼案件入围，引发了学
界广泛关注。行政公益附带民事公益诉讼属于新增的特殊公益诉讼类型，其
既区别于行政公益诉讼，也区别于传统的行政附带民事诉讼。具体而言：一
方面，行政公益附带民事公益诉讼具有内在的合理性与坚实的现实基础，同
一法律事实涉及行政争议和民事纠纷，而且解决民事纠纷须以解决行政争议
为基础。两诉一并审理体现了法秩序的统一性，有利于节约诉讼成本、优化
审判资源，避免对关联性争议作出相互矛盾的判决。另一方面，行政公益附
带民事公益诉讼中行政法律关系与民事法律关系相互交织的状况，给学术界
与实务界带来了新的课题。例如，在诉讼主体资格方面，其主体是否仅限于
检察机关，有资格的其他公益诉讼起诉人是否可提起附带民事公益诉讼；在
诉前程序方面，如果原告只有检察机关，诉前程序是要逐一经过两类诉前程
序，还是可以同时进行双边督促；在管辖、诉讼请求、举证责任、调解、执
行等方面，"两诉"的诉讼规则有所差异，如何进行协调与衔接；等等。应当
明确的是，行政公益附带民事公益诉讼的首要目的在于实现公共利益保护的
最大化，以及诉讼效益的最优化。因此，在相关机制的设计与完善中，需重

点考虑如何确保公益目标的实现、提升纠纷解决的效率，以及促进行政权与司法权的优化配置等问题，这也是未来我国行政公益附带民事公益诉讼制度亟待解决的"重点""难点"与"突破点"之所在。

（点评人：湖南大学法学院讲师　彭中遥）

人民检察院改革评论

——《2018—2022 年检察改革工作规划》评析

刘　腾[1]

内容提要：2019 年 2 月，最高人民检察院发布《2018—2022 年检察改革工作规划》（以下简称《规划》），如何把握检察机关法律监督工作的职权范围和运行机制成了检察改革必须解决的重大课题。《规划》总共提出了 6 大类 46 项具体的检察体制改革措施，主要涉及检察机关法律监督体系的完善、检察权内部运行体系的完善与检察人员分类管理、机关组织管理体系的完善等方面。在此，笔者尝试对此次改革规划文件中的热点、亮点与疑点进行全方位的解读。其中，《规划》在延续与加强检察机关作为我国法律监督机关的基本定位，重新理清检察权配置方式、重整检察机关组织结构，保障与完善检察权的运行体系这三个方面作出了较为突出的调整与适应。在新情势下也尝试提出了一些新的检察改革思路，包括探索检察机构宪法法律监督职能，检察建议报告制度，"大部制"改革，检察人员职业保障等。另一方面，《规划》还涉及个别具有争议的改革思路，对此我们应当谨慎看待。

关键词：检察改革　法律监督　人员分类管理　组织机构改革　检察人员职业保障

一、《2018—2022 年检察改革工作规划》概述

（一）检察改革背景与改革目标

随着司法责任制改革的展开，我国司法系统开始了制度上、规范上、模

---

[1]　作者单位：武汉大学法学院。

式上的前所未有的改变与增进。2015 年 2 月，最高人民检察院发布了《关于深化检察改革的意见（2013—2017 年工作计划）》（2015 年修订版），确立了第一个五年改革的总体目标与规划。2015 年 9 月，最高人民检察院发布了《关于完善人民检察院司法责任制的若干意见》，明确司法改革中的首要任务便是司法责任制改革。随着《关于在北京市、山西省、浙江省开展国家监察体制改革试点方案》《关于在全国各地推开国家监察体制改革试点工作的决定》《监察法》等监察相关改革文件的颁布，作为另外一个国家权力变革的重头戏，监察体制改革也深刻影响着整个国家权力架构及其运行模式。

我国检察机关在近五年的改革发展之中，已经形成了一定的改革方向，改革的对象也基本确定，具体相关的改革配套措施也逐步开始推行。尽管司法体制改革已经取得了显著成绩，但与此同时，检察改革面临新的形势和新的任务。具体包括两大类问题：一是检察体制改革配套制度还不够完善与成熟；二是检察工作总体上还不能适应新形势、新任务、新需求。为此，检察机关第二个五年改革的工作规划在这样的背景下产生。2019 年 2 月，最高人民检察院发布《2018—2022 年检察改革工作规划》。新一个五年的检察深化改革目标概括起来分别是从检察权与执政党的关系、检察院与其他国家机关之间权力运行的关系、内部权力运行关系、内部人员与机构组织管理的关系这四个角度提出了具体的改革内容，从而形成了检察体制改革的新的总体目标。

（二）2018 年至 2022 年检察体制改革主要内容

《规划》总共提出了 6 大类 46 项具体的检察体制改革措施。[1]通过对《规划》的主要内容进行初步解读，我们可以看到其检察改革是自上而下、由外到内进行的，从宏观上坚持党的领导制度到检察机关法律监督地位的重新定位，再到其相应的检察权的重新分配与整合，最后是对于内部人员和机关组织的完善化与专业化管理。在新的大改革背景下，检察机关仍坚持着以司法责任制为中心，以提升司法质量效率和司法公信力为最终目的的改革原则。与此同时我们也应看到，检察机关正在积极探索作为法律监督主体的新的权

---

〔1〕 其六类方面主要包括：完善检察机关坚持党的领导制度体系；健全完善检察机关法律监督体系；完善检察权运行体系；完善检察人员分类管理体系；完善检察机关组织管理体系；完善法律监督专业能力专业素养提升体系。

力运行模式。综上所述，检察体制改革的主要目标可被归纳为以下两个：提高综合改革措施的适应性、衔接性、协同性；探究与拓展检察机关法律地位的内涵与外延，完善相应的法律监督制度。

二、《规划》亮点与热点解读

如前文所示，本次《规划》颁布的背景是庞大而复杂的，总体上存在既相互独立又相互关联的两条主线，即司法体制改革与监察体制改革。如果说作为第一个五年的检察院工作规划更注重的是对自身内部问题的解决的话，那么第二个五年的规划则更具有宏观性与针对性。一方面，在司法与检察体制改革的新情势下，检察机关在宏观上积极寻求其作为宪法规定的法律监督主体的运行模式；另一方面，作为司法体制改革的"第二阶段"，改革进入了一个更为细致、更具针对性的"精修"期。因此，对于《规划》的解读也应当由大至小，在具有全面性的同时也更应当具有针对性。《规划》有 6 大方面 46 项具体的检察体制改革措施，同时也存在一个逻辑主线，即围绕法律监督体系建设展开规划，从对外的法律监督职权与范围的探索再到内部检察权运行制度的完善，再到作为权力运行主体（也即检察人员）的分类、职业保障与组织机构的管理三个逻辑分野。基于这样的梳理脉络，本文将从《规划》文本出发，结合与其对应的法律规范层面与法理层面，对其中凸显的热点、亮点与疑点展开分析与讨论。

（一）司法与检察体制改革大背景下检察机关法律监督体系之完善

我国宪法所确定的法律监督机关为检察机关，但目前在检察体系改革之后，法律监督职责的行使范围和方式都发生了一定的转变，尤其是国家监察机关将涉嫌职务犯罪的自侦权转隶为检察机关调查权，检察机关曾经对该类案件拥有管辖权，如今却失去了对该类案件的侦查权，这在一定程度上确实影响到了其法律监督地位。

对于检察机关的"剩余检察权"的问题讨论一直停留在非法律层面上。2018 年 10 月 26 日，第十三届全国人民代表大会常务委员会第六次会议审议通过了《全国人民代表大会常务委员会关于修改〈中华人民共和国刑事诉讼法〉的决定》。此次修改可谓指向明确、内容特定，尤其是回应了国家监察体制转变的原因，调整了人民检察院的侦查职能并修改了相关的程序规定。根据修改后的《刑事诉讼法》第19条第2款的规定，[1]检察机关的"剩余自侦权"在法律上具有了确切的范围。当然，自侦权本身属于法律监督权的范畴，但其并不是检察机关履行法律监督职能的充分条件。检察权作为由宪法确立的法律监督机关所享有的固有权力，是具有法律监督属性的。作为一种复合性的权力，检察权由多种权力共同构成，职务犯罪侦查权只是其中的一部分，其他权力并不依附职务犯罪侦查权而存在。[2]因此，《规划》对于检察机关法律监督范围作了更为细致的解释。

由于监察体制改革，检察院职务犯罪侦查权被转隶至监察委员会，其在保留一定的"剩余侦察权"的基础上，在其他既有职能范围内加强了自身相关工作并在其法律监督职能范围内扩展了新的法律监督方式，如对民事、行政诉讼的监督，公益诉讼工作等。这些探索可以从《规则》中得到印证。[3]

1.《规划》对检察权、公诉权与宪法监督权力关系新的解释

从中国法律体系的基础出发，检察院作为法律监督机关，法律监督权与检察权和公诉权的关系在法学界存在不同的争议。秦前红教授认为，在我国的司法制度语境之下，公诉权是具有法律监督属性的。具体来讲，在检察机关履行公诉职能的过程当中必须对案件事实、证据"三性"以及整个司法程序过程中的办案质量予以审查与监督。另外，除公诉权和职务犯罪侦查权外，我国法律还赋予了检察机关一些其他方面的权力。如对公安机关刑事立案、侦查活动进行监督，对审判机关诉讼活动进行监督，对行政执法活动进行监督，对刑罚执行监管活动进行监督等。这些职责都具有明显的法律监

---

〔1〕 2018年《刑事诉讼法》第19条第2款规定："人民检察院在对诉讼活动实行法律监督中发现司法工作人员利用职权实施的非法拘禁、刑讯逼供、非法搜查等侵犯公民权利、损害司法公正的犯罪，可以由人民检察院立案侦查。"

〔2〕 具体包括：第3条，完善刑事立案和侦查活动法律监督机制；第4条，完善审查逮捕工作机制；第5条，健全发挥检察机关审前程序作用工作机制；第8条，完善刑事执行检察工作机制；第9条，建立执法活动中非正常死亡在检察机关主持下鉴定的工作机制；第10条，健全刑事申诉案件受理、移送、复查机制；第11条，健全控告检察工作机制；第12条，建立完善对司法人员利用职权实施犯罪的侦查机制；第13条，健全以"精准化"为导向的民事、行政诉讼监督机制；第14条，完善公益诉讼工作机制；

〔3〕 具体包括：第15条，完善未成年人检察工作机制；第16条，建立专家委员会制度；第18条，完善检察建议制度；第19条，创新检察案例指导制度；第20条，完善各级人民检察院检察长列席人民法院审判委员会会议制度；第22条，健全与监察委员会工作衔接机制。

督性质。[1]但公诉权并不完全归属于法律监督权，因为从权力边界来看，公诉权的外延是广于法律监督权的，因此检察权本身也并非等同于法律监督权，在范畴上更加广泛。也有学者认为，检察机关作为法律监督机关，只能通过检察权实施法律监督，并不以职务犯罪侦查权为必要要件。从该逻辑出发，法律监督职能是我国检察机关的一种固有属性，并不会因改革而发生本质性的改变。对于这一点，蒋德海认为，检察权并不是属于法律监督权范畴之外的概念，而在某种程度上就是法律监督权的直接体现。[2]正是从这意义上来说，有学者得出了一个结论，公诉权也具有法律监督的属性，检察机关行使公诉权的过程便是对处于整个犯罪过程中参与的主体实施法律监督的过程。[3]因此，从权力主体这个角度上来看，公诉权抑或是检察权均属于法律监督权的范畴之内，具有法律监督职能。

根据新修订的《检察官法》第 7 条的规定，[4]我们可以看到《检察官法》对于检察官职责的划分逻辑。从文本解释上来看，《检察官法》将公诉权与法律监督权以及侦查权并列，也就是说，公诉权与侦查权并不属于法律监督权，三者都在检察权的范畴之内。根据新修订的《检察院组织法》第 20 条的规定，[5]我们可以得知检察院具有侦查权、逮捕与公诉必要性审查权、诉讼活动法律文书以及其他执行活动的法律监督权。这里存在一个问题，即提起公益诉讼的权力属性。从公共利益保护的角度上来看，提起公益诉讼与公诉权具有一定的同质性，都属于法律监督体系下的权力；从其他国家机关权力行使监督的角度看，公益诉讼中提起民事公益诉讼的权力自然不属于法律监督权。从法律规范层面上来看，公诉权当然不属于法律监督权，二者共同归属于检察权。

回归到《规划》本身，其并没有强调公诉权作为法律监督权的法律属性，

---

〔1〕 参见秦前红、王天鸿："国家监察体制改革背景下检察权优化配置"，载《理论视野》2018年第 8 期。

〔2〕 参见蒋德海："坚持法律监督的宪法原则——监察体制改革以后我国法律监督的趋向思考"，载《安徽大学学报（哲学社会科学版）》2018 年第 5 期。

〔3〕 张智辉：《论检察》，中国检察出版社 2013 年版，第 88 页。

〔4〕 《检察官法》第 7 条第 1 款规定，检察官的职责为：①对法律规定由人民检察院直接受理的刑事案件进行侦查；②对刑事案件进行审查逮捕、审查起诉、代表国家进行公诉；③开展公益诉讼工作；④开展对形式、民事、行政诉讼活动的监督工作；⑤法律规定的其他职责。

〔5〕 《检察院组织法》第 20 条规定："人民检察院行使下列职权：（一）依照法律规定对有关刑事案件行使侦查权；（二）对刑事案件进行审查，批准或者决定是否逮捕犯罪嫌疑人……"

如《规划》中仅有第 6 条与第 7 条涉及了公诉权力的行使。其中第 6 条指出："健全完善以证据为核心的刑事犯罪指控体系。"从该法条的立法目的出发，虽然其并没有直接表明公诉权的法律监督性质，但是我们可以从现实制度运行中看到，检察院对于证据的证明能力、证明力存在审查义务，以此对侦查机关、法院在以证据为基础的司法活动加以监督。第 7 条"完善速裁程序、简易程序和普通程序相互衔接的多层次诉讼体系"的规定只是从程序上完善公诉体系，并不涉及实体上的权力性质问题。因此，我们从总体上可以看到《规划》认可公诉权具有一定法律监督的性质。与此同时，《规划》也更加注重检察权在其他方面发挥法律监督作用。因此，我们可以得出公诉权是属于检察权且具有法律监督权性质的结论。

2. 检察官兼任法治副校长以及科研机构教授制度设置合理性分析

《规划》第 38 条指出："完善检察官到政法院校、科研机构兼职担任教授，法学专家到检察院挂职担任检察官制度。"[1]在 2018 年的《法官法》与《检察官法》修法审议过程中，《法官法（第二次修改审议稿）》第五章规定了法官职业禁止的条款，[2]而《检察官法（第二次修改审议稿）》根本就不存在类似职业禁止的规定。有委员认为，高校等均是独立的利益主体，也涉及兼职者可否取得额外收益的问题，其必将损害司法公信力。此外，《法官法（修订草案）》规定不允许法官在机关、企业事业单位、营利性团体兼职，但是没有提及非营利性的社会组织。因此，禁止兼职只限于营利性组织是不妥当的，法官不应该在任何组织兼职，应该堵住一切可能的利益关联。检察官与法官兼任高校工作职位的想法应当被舍弃。

新修订的《刑事诉讼法》赋予了检察机关更多法律监督职能，这进一步强化了我国检察权的司法属性。作为司法性的权力，其独立性是最基础的属性特质，也是检察机关履职过程中公正性的保障。因此，从法理层面上将法官置于一个会影响其独立司法权的法院以外的职业岗位，裙带关系将难以避免，必将影响其独立行使司法权。以此类推，对于具有司法性质的检察权来

---

〔1〕"2018—2022 年检察改革工作规划"，载 http://www.xj.jcy.gov.cn/yw/201902/t20190214_2487607.shtml，访问日期：2019 年 10 月 1 日。
〔2〕《法官法》（第二次修改审议稿）第五章"法官的管理"第 22 条规定："法官不得兼任人民代表大会常务委员会的组成人员……不得兼任律师、仲裁员和公证员。法官经过批准可以在高等学校、科研院所兼职从事教学、研究工作。"

说，其独立性也应得到保证。从我国现行《宪法》第 136 条规定检察机关职权行使的独立性上来看，二者是相互映衬的。目前，《检察官法（第二次修改审议稿）》也遵循了这一理念。回望本次《规划》本身，规定检察官担任法治副校长、负责未成年人法治教育基地建设等工作存在与《检察官法》乃至《宪法》目的相违背的事实。另外，《法官法》与《检察官法》之间相背而驰的立法规范也令人摸不着头脑。

3. 检察建议限期回复制度与反馈报告制度的目的与障碍

根据《规划》第 18 条的规定，[1]我们可以看到这里存在两方面的问题：一个是检察建议回复制度的法律保障问题，另一个是检察建议反馈报告制度的问题。《人民检察院组织法（修订案草案）》新增的第 21 条[2]在立法上首次规定了基于检察机关法律监督权，通过检察建议回复制度加强检察机关法律监督行为的效力性与执行性。然而，对于第 21 条的规定，理论界和实务界却存在着一些不同的认识。有观点从"组织法"性质出发，认为属于"组织法"范畴的《人民检察院组织法（修订案草案）》规定了一定的程序性规范，这是不符合立法规范的，也是不正确的立法逻辑。也有观点从该法涉及的法律主体出发提出问题，对《人民检察院组织法》所涵盖的范畴作出了限定，也即该法的效力范围只能及于"检察机关"，而对于部分条款，却对检察机关之外的国家机关科以其他过多义务性、强制性规范。在目前的实践当中，就出现了公安机关以非"其法律义务"为由拒绝接受人民检察院发出的检察建议的情况。另有观点从该条款的整体实施效力出发，认为该条款缺乏法律后果规范，在没有责任主体或者追责方式的情况下，该条款所提出的设想也自然很难被实现。[3]目前的问题在于，《规划》建立限期回复制度尽管在法律上得到了明确的规定，但是由于"未完成条款"的缘故，与义务相对应的

---

〔1〕《规划》第 18 条规定："完善检察建议制度。完善检察建议的制作、审核、送达、反馈及质量、效果评估机制，增强检察建议的刚性、精准性和可操作性……探索建立检察建议限期回复制度，试行检察建议公告、宣告制度。探索向党委、人大报告检察建议落实情况制度。建立向被建议机关的上级机关或主管部门抄送检察建议副本制度，增强检察建议的效果。"

〔2〕《人民检察院组织法（修订草案）》新增第 21 条规定："人民检察院行使本法第二十条规定的法律监督职权，可以进行调查核实，并依法提出抗诉、纠正意见、检察建议。有关单位应当予以配合，并及时将采纳纠正意见、检察建议的情况书面回复人民检察院。"

〔3〕参见万毅："《人民检察院组织法》第 21 条之法理分析"，载《国家检察官学院学报》2019年第 1 期。

责任在法律规定上相对缺乏，如何解决"拒绝回复"或者"延期回复"的责任问题仍然需要进一步的规范与调整。

这里涉及另一个制度问题，《规划》第18条建立探索向党委、人大报告检察建议落实情况制度与向被建议机关的上级机关或主管部门抄送检察建议副本制度，以增强检察建议的效果。一方面，该制度缺乏一定的法规范基础；另一方面，该制度仍然缺乏一定的"刚性"。报告制度固然会提升被监督机关的能动性，但其间接性与不确定性仍然会导致检察建议落空，类似于"司法建议"制度，其最终收获的结果可能是不尽如人意的，因此《规划》第18条的实施效果仍有待考察。

（二）以司法责任制为中心的检察权内部运行之完善

《规划》第三个方面将改革目光放到检察院内部检察权力运行上，而作为权力运行的基础，对检察官的权力的基本划分与规范是权力运行的基础。检察官权力清单的设计直接关乎现有司法责任制下由谁来行使职权、由谁来承担责任的问题。其不仅仅要在学理上符合一定的基本要件，也应当切合实际中权力运行的规律。权力清单的缺失会导致其对应的责任也无从溯源，司法责任制的改革目标也无从实现。

对于检察机关办案职权的配置原则，学者们进行了很多研究。朱孝清、张智辉教授认为，检察权的配置应当从其法律监督属性出发，以保障司法公正为目的，以权力之间的制约为手段。[1]有的学者认为，检察权的配置应当遵循四大原则，即合宪性原则、相对的权力分立原则、权力制衡原则和权力结构完整原则。[2]边学文、施长征教授则认为，检察权的配置应当在检察一体与检察官独立性之间寻求平衡点。[3]从我国的司法实践和检察权的制度构造来看，我国的检察权具有司法性与行政性的双重属性，检察改革也应当注重其双重属性的构造，在其中寻找一定的平衡点。当然，从改革的目标来看，在坚持检察一体的原则之下，应当更加凸显检察官的独立地位，寻求检察长负责制与检察官负责制之间的合理平衡点，实现检察长适度放权、检察官真正有权、双方正确用权的目标。

---

〔1〕 参见邓思清："检察官权力清单制度初探"，载《国家检察官学院学报》2016年第6期。
〔2〕 参见边学文、施长征："重构检察权配置原则的法律思考"，载《天津法学》2013年第3期。
〔3〕 参见邓思清："检察官权力清单制度初探"，载《检察专论》2016年第6期。

2017 年 6 月，最高人民检察院制定了适用于本机关的权力清单。[1]从具体的权力分配来看，检察官（办案组）直接承担办案工作，但基本职责是审查案件、承办具体的业务事项，行使提出案件处理意见的建议权，同时可行使一些普通的程序性权力，如依法告知相关对象、要求侦查机关补充完善证据，以及对轻微违法口头提出监督意见等。但同时下发的《最高人民检察院机关司法责任制改革实施意见（试行）》对其审核权作了一定的限制，[2]总体来说，最高人民检察院对权力的分配基本符合了检察一体化、检察官相对独立性和权力可救济性三项基本原则。

《规划》共列举了 8 项检察权内部运行的重点改革措施，[3]从中我们可以发现，《规划》对院（领导职务检察官）、部门、检察官（办案组织和办案团队）三级办案主体的权力与职责作了原则性规定，强调了检察官在办案过程中的独立地位，与此同时也对非检察官序列的检察辅助人员的职责权限加以重视，基本回应了《检察官法（第二次修订审议稿）》第 1 条中"推进检察官正规化、专业化、职业化建设，加强对检察官的管理，保障人民检察院依法独立行使检察权，保障检察官依法履行职责，保障司法公正"的表述。另外，《规划》除了对检察官权力清单做了一定的设计以外，同时也强调了认定和追究机制与一些其他程序性配套机制。没有责任，对权力的控制将是空谈，《规划》第 28、29、30 条对检察官检察权监督作出了一定的规划，包括出台错案责任追究办法、健全检察官惩戒制度、完善案件质量评查机制与完善法律文书和案件信息公开范围、发布典型案例、公开检察建议制度等。

（三）突出"检察官"的主体地位：《规划》中的权力安排与制度保障

检察权独立行使是检察官具有突出主体地位的内在核心要素。"检察官是国家检察权的具体行使者，只有突出检察官的主体地位，才能促进和保障检

---

〔1〕 权力清单明确设置了院（检察长、副检察长、检委会）、部门、检察官（办案组）三级办案主体，权力清单涉及审查逮捕、审查起诉、未成年人刑事检察、刑事诉讼监督、刑事申诉、民事检察、行政检察、控告检察、司法协助、案件管理 10 大类 25 个小类业务。

〔2〕 "不得直接改变检察官意见或者要求检察官改变意见。业务部门负责人不同意检察官处理意见的，应当将自己的审核意见连同检察官的处理意见一并报请检察长（分管副检察长）决定。"

〔3〕 包括第 23 条，科学设置办案组织和办案团队；第 24 条，完善担任领导职务检察官办案制度；第 25 条，规范检察官办案权限；第 26 条，完善检察官承办案件确定机制；第 27 条，完善检察官业绩评价机制；第 28 条，完善案件管理和监督机制；第 29 条，完善司法责任认定和追究机制；第 30 条，深化检务公开，接受社会监督。

察官依法、独立、公正行使检察权。"〔1〕检察权独立行使的组织基础应当得到保障，因此检察人员组织的重新构造是必要的，并应在此基础上形成了以"检察官"为主体的办案机制。

目前，从《改革意见》以及《规划》来看，检察官、检察辅助人员以及司法行政人员初步改革后的组织框架已经基本形成，但是基于此框架之内的权力配分，更为细小的结构分化仍然未完成。其中作为最小的单元，检察官应当具有最为直接的办案权力，以保证案件参与的亲历性。《规划》第23条指出的设想，〔2〕在某种程度上是对权力扁平化、检察官办案主体化趋势的制度化要求。但在目前，从《检察官法（第二次修订审议稿）》等法律文件来看，法律上的权力运行依据仍然缺乏。《检察官法》第6条仅仅强调"检察官依法履行职责，受法律保护，不受行政机关、社会团体和个人的干涉"，并未作出具体的相关规定。与此同时，检察院对《检察官法》的最新司法解释也并未敲定，所以尽管在人员组织上已经得以敲定，但其职权分配与运行仍然停留在法理以及《规划》层面，具体、有效的配套措施还有待完善。

（四）以检察职能优化为导向的人员管理与内设机构组织之完善

作为完善权力运行机制的基本骨架，对权力运行之主体的管理与分类，也即检察院内设机构与人员组织管理的配套措施是不可或缺的。职权优化离不开相应人员、组织机构的调整，这是在改革过程当中一同发展的。目前，从《规划》上来看，其主要包括三个方面，即人员组织分类、检察机关组织管理体系、人员职业保障与专业素养提升。从《改革意见》《规划》《检察官法》《检察官法组织法》等相关文件来看，我国检察改革人员组织已经基本在规范上完成了重构，针对现有人员的配套机制也基本从"有法可依"走向了细致化的设计。目前，检察人员组织改革仍然存在一定的问题：一方面是配套制度还不完善、不成熟。另一方面是有些机制仍然需要构建。例如，员额动态管理、退出机制不健全，有的地方司法办案机制运行不规范等。〔3〕

---

〔1〕 邹开红："检察官执法办案责任体系构建分析"，载《人民检察》2015年第9期。

〔2〕 科学设置办案组织和办案团队。加强以办案组织检察官为核心的办案团队建设，科学界定办案团队中检察官、检察辅助人员的职责，形成分工负责、运行有序的司法办案工作机制，突出检察官在司法办案中的主体地位。

〔3〕 "最高检下发五年检察改革规划 健全完善六大体系 推动检察职能全面充分履行"，载 https://www.spp.gov.cn/xwfbh/wsfbt/201902/t20190212_407707.shtml，访问日期：2019年10月1日。

对此,《规划》第31条至第38条作出了相应制度性回应。[1]另外,《规划》第37条、第43条至第46条分别从检察人员职业保障、加强思想政治与职业道德建设机制、健全检察人员职业培训制度、健全加强纪律作风建设机制、健全运用科技手段提升司法办案、检察管理与服务能力机制五个层面进行了规定。从《规划》第39条的规定我们可以看出,检察院总体上呈现出了一种"精简化、大部制"倾向。与此同时,分设三大诉讼监察机构也符合其专业化要求。另外,《规划》第40条到第42条也对法律监督机构、省级以下地方检察院人财物统一管理以及派出、派驻机构管理作出了要求,这也回应了检察机关去地方化、去行政化,明确了法律监督职能的机构改革目标。

(五)《规划》对提高检察官职业保障与专业化目标的实现

检察官的职业保障是检察官能够顺利履行职责,推进检察官职业化、专业化的必要保障,也是对于检察官群体而言必不可少的现实动因。一般而言,检察官的职业保障主要包括身份保障和物资保障两个方面:身份保障制度在外在上可以稳定其职业队伍,在内在上可以提升检察官队伍的职业荣誉感。物资保障则显得更为现实,在现有省以下检察机关人、财、物统一管理的改革的背景下,省级检察院在编制相关经费保障计划时,应根据不同的岗位,坚持责、权、利相统一的原则,逐步建立起与检察官、检察辅助人员以及司法行政人员工作职责相适应的经济保障制度。这其中要特别突出对检察官经济收入的保障,实行专门的检察官津贴序列,合理拉开检察官与其他人员的收入档次,以激发他们的工作热情和工作责任感。[2]

目前,《检察官法》对于检察官的职业保障仍然存在缺憾,尽管其确定了保障检察官群体的目标,但由于相关配套措施或者制度的缺失,我国检察官群体职业保障的整体水平有待提升。修订后的《检察官法》与《法官法》对于检察官以及法官的专业化与职业保障提供了较为充分的规范保障,二者设立专章并创设了一定的制度专门保障检察官职业保障,包括设立专门机构——检察官权益保障委员会,检察官任职岗位和事务保障,检察官的职业尊严与

---

〔1〕 具体涉及检察官入额遴选和公开选拔检察官制度的完善、检察官遴选委员会制度的完善、检察官逐级遴选制度的完善、建立检察官员额动态管理和退出机制、检察官单独职务序列管理的实施、编制内检察辅助人员、司法行政人员管理制度的完善、落实检察人员职业保障的完善等。

〔2〕 参见江国华、梅扬:"检察人员分类管理制度改革析论",载《河北法学》2017年第5期。

人身安全、近亲属保护、工资保障、抚恤、优待以及退休制度等。从《规划》第43条至第46条我们可以看到相应的职业保障措施的规划内容。另外，从第37条我们可以看到，[1]检察院对于检察人员职业保障的下一步的工作重心应当是基于新修改的《检察官法》的职业保障立法目的，出台相应的司法解释以保证制度的落实。

（六）大部制改革下机构改革以及"诉捕合一"制度合理性的探究

从我国往年的司法实践来看，我国检察机关尽管在整体上是处于高度一体化的状态下，但其内部各个部门之间职能分化、组织分化、机构划分较为严重，从而导致存在职能、组织、机构划分不协调等现实问题。目前来讲，在2013年改革之初，最高人民检察院以及各地方检察院就已经在该问题上作出了一定的调整，其调整整体呈现出一种"精简化、大部制"的倾向。大部制改革的问题也成了改革的主要内容之一。

第一，"大部制"改革的价值考量。提高办案效率是改革最基本的目标之一，在"大部制"改革的模式之下，一方面，将不同部门的职能合并会大大缩短整个办案程序的长度，职能行使具有连贯性、整体性，可以提高整体的办案效率；另一方面，可以减少相应的职能部门，使得横向与纵向之间的内部管理、层级审批会相应减少，进而提高审查、决策的效率。与此同时，随着社会的发展，检察机关受理的案件数激增，案多人少的情况日渐突出，如何整合现有有限的人力资源，在保证公正的前提之下提高办案效率也是当务之急。上述情况正是我国实务中推行"大部制"改革的基本动因所在。基于此，《规划》积极探索"大部制"改革措施适应了当下司法环境的要求。

第二，"大部制"改革之下的"捕诉合一"制改革问题。捕诉职能是否合一一直是"大部制"改革中最具争议的问题。所谓"捕诉合一"，即将检察院内部的批捕与公诉部门合并为一个刑事检察局，由该机构履行批捕和公

---

〔1〕《规划》第37条、第43条至第46条分别从检察人员职业保障、加强思想政治与职业道德建设机制、健全检察人员职业培训制度、健全加强纪律作风建设机制、健全运用科技手段提升司法办案、检察管理与服务能力机制四个层面上提高法律监督专业能力专业素养提升体系。具体指出："完善落实检察人员职业保障。进一步健全符合司法人员职业特点的工资收入保障体系，落实国家关于检察官工资制度的规定。细化落实与检察官单独职务序列等级相应的生活待遇……完善检察人员申诉控告制度，健全检察人员合法权益因履行职务受到侵害的保障救济机制和不实举报澄清机制。"

诉两项职能。首先，检察机关推行"捕诉合一"制并无法律和法理上的障碍。我国立法是将批捕权整体授予检察机关的，至于该权力如何行使，包括该权力究竟应当由哪个内设机构来行使，都被转化为了检察机关自身内部管理的问题。其次，捕诉两大检察职能合并，检察官一身兼两任，有利于节约人力、提高办案效率。而反对观点则主张两者的适度分离有利于实现检察权运行的内部制约，防止"以公诉标准拔高批捕标准"或者"批捕'绑架'公诉"等违法乱象出现。从目前各地已经试点实施"捕诉合一"改革的情况来看，捕后不诉、捕后轻刑判决率反倒有所下降，批捕、公诉的办案质量有所提高。[1]实行"捕诉分离"最大的便利是可以突出专业化办案导向，专人办专案，以专业人才应对专业性强、办理难度大的案件，提升案件办理的专业化水平。从《规划》第39条我们可以看出，[2]检察院总体上呈现出了一种"精简化、大部制"的倾向。与此同时，分设三大诉讼检察机构也符合其专业化要求。此外，《规划》也认同了"诉捕合一"的改革，目前诉捕合一可以说符合人员精简化专业化的改革目的，但其办案质量是否会得到提升尚未可知。

三、对《2018—2022年检察改革工作规划》的评价

（一）延续与加强检察机关作为我国法律监督机关的基本定位

当前是检察机关进行改革的关键时期，党的十九大提出的"新时代坚持和发展中国特色社会主义"的新任务，国家监察体制改革所带来的职能调整，造就了检察改革的困难与挑战。我国检察机关作为法律监督机关的基本定位从历史上来看实际上从未发生改变，这是由我国基本的政治制度和基本国情所决定的，这一宪法上的根本定位的依据是从未发生根本性变化的。因而检察机关作为法律监督机关的法律事实不变。因此，如何找准其法律监督定位，并切实将其法律监督职能的内涵与外延予以丰富，形成有效运行的法律监督机制，是此次《规划》改革的主要目标之一。

---

[1] 参见万毅："检察机关内设机构改革的基本理论问题"，载《政法论坛》2018年第5期。

[2] 《规划》第39条："深化内设机构改革。坚持优化协同高效，全面优化检察职能配置，全面落实法律监督，整合司法资源，构建符合司法规律、系统完备、科学规范、运行高效的检察机关内设机构体系。最高人民检察院按照案件类型组建专业化刑事办案机构，实行捕诉一体办案机制；适应经济社会发展和人民群众司法需求，分设民事、行政、公益诉讼检察机构；检察业务机构内设立检察官办案组。地方检察机关参见落实，业务机构名称统一称为'部'。基层人民检察院内设机构数量按照中央有关规定执行。"

目前，从最表面的法律监督功能来看，我国检察机关最大的监督功能便是诉讼监督职能，我国检察机关作为法律监督机关具有中国特色。从宪法上的国家法律监督机关一词进行释义，"国家的法律监督机关"这一中国特色体现在职能上，也即诉讼监督职能。检察机关在履行诉讼监督职能的过程中是具有典型的监督目的的，这也是宪法、法律所明确授权的法律监督方式，也即对国家机关的法律活动进行监督，以维护国家法治的统一和法律的正确实施。〔1〕目前，《规划》对于其诉讼监督职能的行使方式与履行模式作了进一步规范，保留并细化了在履行职责过程中发现的职务犯罪的侦查权与程序，包括建立完善对司法人员利用职权实施犯罪的侦查机制、健全以"精准化"为导向的民事、行政诉讼监督机制等。这些机制的完善与健全是对检察机关原有诉讼监督职能的强化。另外，检察机关提起行政公益诉讼的职能被规定在行政诉讼法中，属于行政诉讼监督的范畴，其监督对象是行政权。这与对法院确有错误的行政裁判提出抗诉、对诉讼中的违法行为提出监督意见等所监督的是审判权具有明显区别。

行政公益诉讼开检察机关对行政权进行监督的先河，这在检察制度发展史上具有重要意义。〔2〕《规划》针对在行政公益诉讼中对行政权进行监督创设了传统诉讼监督之外的监督模式，包括建立健全诉前沟通机制，健全人民检察院与人民法院行使行政执法权的机关工作协调机制等，对行政权监督领域进行了制度性构建，同时也是对检察机关履行法律监督职能的新拓展。

与此同时，从《规划》中我们还能看到对于"诉讼监督职能"之外的法律监督职能的探索。这是对其法律监督职能的延续，也是在我国新的国情之下对履行法律监督职能新的探索，是一种革新与强化。检察监督在目前的司法改革大背景下显得相对"赢弱"，这跟其缺乏相关"硬"的法律监督权力与措施是有着重要联系，因为法律规定的检察机关对有关机关在诉讼中的违法行为、错误决定的监督方式五花八门，且大多未对有关机关接到检察监督意见或建议后如何纠正、如何反馈纠正情况、有关机关拒不纠正时如何救济等问题作出规定。也就是说，与检察监督对应的检察建议或者纠正违法通知

〔1〕 参见朱孝清、张智辉主编：《检察学》，中国检察出版社2010年版，第184页。
〔2〕 徐全兵："检察机关提起行政公益诉讼的职能定位与制度构建"，载《行政法学研究》2017年第5期。

书缺少实际强制力。[1]但《规划》对此问题作出了一定的调整，[2]这些制度与措施在一定程度上提升了"检察建议""检察长列席审委会"等制度的可操作性、刚性，具有一定的针对性，为检察机关补充了履行法律监督的"硬"措施。

（二）优化与重整检察机关组织结构和职权配置

检察机关履行其法定职责是基于有效的组织结构以及细致的职权配置。从结构功能主义的角度来看一个系统，对外以及对内的结构直接决定其功能，检察机关的法律监督地位与其在整个国家机关体系中的地位息息相关。因此，法律监督权的行使不仅仅是一个内部问题，其同时也是一个涉及其他各个国家机关职权、组织结构的外部问题。具体来说：第一，在整体结构视域之下，检察机关需要依法保证独立行使职权；第二，要重新审视检察院系统内部的垂直领导结构；第三，要优化内部检察权的分配模式。

第一，为保证检察机关依法独立行使检察职权，其监督工作应当具有一定的公正性、独立性、约束性，因此不受其他国家机关的干预是保证其法律监督职权依法有效履行的基本前提。《规划》对此也作出了相应的调整，以防止法律监督机构被地方保护主义所侵染，具体包括推行行政区划适当分离的司法管辖制度改革，有序推进省级以下地方检察院人、财、物统一管理改革。地方检察机关在一定程度上与行政区划以及地方财务分离，可以有效地减少地方国家机关对检察机关基于管辖以及经费的约束，从而为检察机关行使职权创造相对独立的空间。《规划》一方面从组织结构上对检察机关的外部组织结构进行了调整，另一方面对其法律监督职能的强化也在权力运行机制上赋予了检察机关更强有力的独立履行检察职权的能力。可以说，《规划》从多方面进行完善与改革，能够有效地促进检察机关独立行使检察权。

第二，审视检察机关系统内部的垂直领导结构。完善检察院内部垂直领导机制，保证"检察一体"机制的有效运行。我国检察权的本质属性也要求贯彻上下一体、上命下从，规范检察机关的法律适用，维护法制的统一性。

---

[1] 秦前红："全面深化改革背景下检察机关的宪法定位"，载《中国法律评论》2017年第5期。

[2] 具体包括完善检察建议的制作、审核、送达、反馈及质量、效果评估机制，探索建立检察建议限期回复制度，试行检察建议公告、宣告制度。探索向党委、人大报告检察建议落实情况制度。建立向被建议机关的上级机关或主管部门抄送检察建议副本制度，增强检察建议的效果；完善各级人民检察院检察长列席人民法院审判委员会会议制度等制度完善等。

检察机关的独立性不应以标新立异、独树风格、不顾社会普遍感受的突兀行为或偏激做法来彰显，应当追求社会整体对司法体系的客观、中立的信赖感。促进检察机关形成合力、协同办案，充分运用检察资源来打击犯罪，防止检察官滥用权力，使拥有强大的侦查等权力的检察权得到有效制衡。[1]当然，从某种程度上来说，这也是为了保证检察机关整体独立性的人格。《规划》针对保证检察一体化工作设置了相应的措施，具体包括有序推进省级以下地方检察院人财物统一管理改革，完善和规范派出、派驻机构管理措施等。不过《规划》在注重保持检察一体化的同时，对于检察官独立行使检察权的制度探究更加重视，这也是目前司法改革对于检察机构权力运行的新要求。

第三，优化检察权的分配模式。目前，检察机关内部在组织与结构上都有一定的调整，检察权的分配问题既是一个静态的划分，也是一个动态调整的过程，尤其是在检察一体与检察官独立办案的要求之下，将各个部门之间、主体之间、程序之间的检察权加以划分，是有效、高效、合法行使检察权的前提，也是防止检察机关内部权力干涉、权力位移甚至权力滥用的前提条件。具体来说，《规划》首先对检察委员会、检察长、检察官在司法办案中负责和决定事项的权力以及检察辅助人员的职责权限进行了规范与要求，总结制定各级检察院检察官司法办案权力清单；其次在检察机关"大部制"改革、"捕诉合一"等具体的改革措施之下，《规划》也应当作出相应的调整。目前《规划》对检察权的配置问题还暂时停留在"规划"的阶段，在检察一体以及检察官独立办案的模式要求之下，如果对这些职权进行合理的分配是检察权有效运行的前提，应当予以足够的重视。

（三）完善与保障检察权的运行体系

从我国的历史经验来看，检察一体的制度安排确实存在一定的缺陷，主要体现在三个方面：一是上级检察机关可以通过正当的途径直接干预下级检察机关的决策，处于这样的模式之下，下级检察机关的实际权力很容易被上级所吸收，上级检察机关更有可能通过合法的方式来达到非法的目的；二是检察一体会导致检察权运行效率降低，检察权无法独立行使的重要原因就是需要上级审批甚至层层审批，虽然表面上是高效的检察一体运行的制度安排，

---

[1] 参见张栋："主任检察官制度改革应理顺'一体化'与'独立性'之关系"，载《法学》2014年第5期。

在程序上面却将上下检察机关分隔，导致检察机关很难形成一个有效的合力，从而延缓了整体的运行效率；三是在检察一体制度框架之下，权责无法统一的问题也自然产生。检察一体不仅仅是权力的集中，更是责任的集中，上下之间权力发生位移会导致责任主体不明确，从而导致责任无法明确，甚至发生责任错位的问题。

除了能够解决既有上述检察体制中存在的问题，独立行使检察权有更高的价值，也顺应了目前中国法治发展的要求。检察权本身具有司法的属性，在法律监督本位的要求之下，这样的属性更为凸显。综上所述，检察一体过于泛化的概念以及上下从属关系的单方面要求，会让检察权中的"独立"被遮蔽或者异化，因此检察官独立行使检察权的最大障碍便是一直以来来自检察体系本身的阻碍。如果在坚持检察一体的基本制度原则之下完善与保障检察官独立办案，独立行使检察权是目前检察机关司法改革的重点问题。《规划》在检察权的独立运行上作出了一定的努力。

在组织结构、权力分配、程序安排上明确检察权独立运行的基础与方式。《规划》首先要求科学设置办案组织和办案团队，并突出检察官在办案中的主体地位，在办理案件的过程中保证检察官在整个办案过程当中具有一定的自主决定权。这不仅仅包括拥有较为完整的权力范围，也确保了其在整个逮捕、公诉的过程中全程参与，形成一个连续、完整的权力运行过程。《规划》对于检察官的办案权限作出了较为细致的工作安排，从刑事到民事以及行政诉讼监督，再到办理公益诉讼案件中的办案规则，对检委会、检察长、检察官乃至检察辅助人员的职权进行了一定的规划要求。《规划》在办案程序上也进行了一定的完善：第一，保证检察官独立办案。具体包括根据"随机分案为主、指定分案为辅"的原则确定检察官的具体案件分配工作，以防止案件分配被内部其他机关或者上级机关过分干涉；第二，完善检察官业绩评价机制。《规划》要求从评价机制上合理体现检察官独立办案的水平，通过一定的奖惩机制鼓励检察官多办案、办好案。

加强对于检察官独立行使职权的监督。《规划》对于检察院独立办案的改革方向进行了较为全面的安排，其中如何防止检察官在办案过程当中出现违法行为也是新的制度安排之下必须解决的问题。检察官独立办案的制度设计是为了让检察官重新完整地拥有办理整个案件的权力，办理案件的检察官自然也应当承担起错案的责任。对案件的监督与管理是控制办案质量，防止错案的基本监督方式，《规划》对司法办案活动采取了统一集中管理的模式，对案件的办案质量进行审查与评估，建立专门的业务数据分析研判会以参与到案件的评估工作当中来。另外，对于《最高人民检察院关于完善人民检察院司法责任制的若干意见》，《规划》也强调进一步深化实施，并建立健全检察官惩戒制度，明确惩戒的条件和程序，对于检察官承担责任的方式以及程序的细化作出了一定的要求。

加强深化检务公开，接受社会监督。检察权的有效运行离不开监督，其中人大监督、社会监督是对检察权进行监督的主要方式。目前检察机关仍处于改革的深水区，其任何改革的措施势必会影响到未来国家法律监督体系的有效运行。保障检察权在法律轨道之上有效运行，不仅仅需要检察机关内部的改革，更加需要社会公众的监督。《规划》除了对完善法律文书和案件信息公开范围、发布典型案例、公开检察建议等既有的检务公开制度作出规定以外，也在尝试探索拓宽社会监督的方式和范围，保证人民群众能够更有效地参与到监督检察工作之中。

（四）继承与转变：检察机关改革之展望

综上所述，《规划》适应了新司法环境下的剧烈变动，重新审视检察机关作为法律监督机关的定位，在延续了处于正在推进之中的改革措施的同时，也在更为宽泛的视域之下探索新制度、新措施。换言之，《规划》很好地继承了《关于深化改革的意见（2013—2017年工作计划）》的司法改革，并以此发展了新的制度模式与要求。其在延续与加强检察机关作为我国法律监督机关的基本定位、优化与重整检察机关组织结构和职权配置以及完善与保障检察权的运行体系等方面作出了更深的探索并提出了更高的要求。其中部分制度的安排具有针对性与实践性，其改革效果应当是值得乐观期待的。

当然，《规划》仍然存在一定的问题。第一，规划的部分规定由于是从前瞻与探索的视角对检察机关未来五年的工作计划作出安排，因此难免存在规划工作显得比较粗犷的情形，其落实情况仍需要进一步的制度衔接与措施安排。《规划》仅仅是新一个五年改革的开始，检察机关也应为此积极响应，将有效、可行的制度安排成功地落到司法实践当中才是此后的重点工作。第二，规划部分举措可能存在架空法律的嫌疑。检察机关作为我国法定的法律监督机关，并不意味着其就是我国唯一的法律监督机关，检察权抑或检察机关"法律监督权"的行使仍然存在边界。《规划》对检察机关的定位以及检察权的运行具有"扩张"的趋势，这种安排显然表现出了检察机关改革中权力扩张的倾向，导致部分职权的设定与制度的安排可能已经超越了法律本身，进而形成了无法可依甚至有违法治的地步。因此，对于这样的势态，此后的改革应当谨慎进行，有效地控制改革的"副产品"是必要且必需的，否则便容易导致司法公信力的减损，甚至影响到社会公众的法治信仰。第三，部分制度安排的缺失。《规划》通过6大方面46点安排凝练了未来五年的工作计划，其本身是否考虑周全值得探析，尽管改革工作的整体方向是不变的，但目前来说整个大司法环境乃至国家法治建设都是处于深刻的改革进程之中，检察机关的改革应当与整个国家改革内容相适应，因此哪怕是《规划》已经充分实施，也仍然会导致部分改革内容超出规划本身。如何避免实践与规划的外部落差也是有待解决的问题。

《规划》本身存在一个难以逾越的改革问题，即如何协调检察机关内部改革与外部改革的关系。很多相关法律实践都存在规范效力不足、对内不对外，进而导致"各自为政，闭门造车"的问题。其中典型的体现便是法律监督职责的实现问题。笔者认为，"法律监督权"并不是一个专有的权力，检察机关并不是唯一的行使法律监督职责的主体，各个国家机关以及权力机关都在现实上享有实质性的法律监督职能，只不过检察机关处于主导地位。因此，在国家监督体系改革的大背景之下，除了找准检察机关自我的法律定位以外，如何像其他国家机关那样找到合理、有效的权力运行方式是极其重要的。这对此后的改革规划提出了更高的要求，也是目前《规划》所没有解决的问题。对于检察改革、司法改革、法治建设，各国家机关应当分工合作，在明确各自的定位与职责的基础之上，探寻更为有效的国家权力运行之道，保证改革的整体性与统一性。

参考文献

［1］秦前红、王天鸿："国家监察体制改革背景下检察权优化配置"，载《理论视野》2018年第8期。

［2］蒋德海："坚持法律监督的宪法原则——监察体制改革以后我国法律监督的趋向思考"，载《安徽大学学报（哲学社会科学版）》2018年第5期。

［3］张智辉：《论检察》，中国检察出版社2013年版。

［4］"2018—2022年检察改革工作规划"，载 http://www.xj.jcy.gov.cn/yw/201902/t20190214_2487607.shtml，访问日期：2019年10月1日。

[5] 万毅："《人民检察院组织法》第 21 条之法理分析"，载《国家检察官学院学报》2019 年第 1 期。

[6] 邓思清："检察官权力清单制度初探"，载《国家检察官学院学报》2016 年第 6 期。

[7] 边学文、施长征："重构检察权配置原则的法律思考"，载《天津法学》2013 年第 3 期。

[8] 邓思清："检察官权力清单制度初探"，载《国家检察官学院学报》2016 年第 6 期。

[9] 邹开红："检察官执法办案责任体系构建分析"，载《人民检察》2015 年第 9 期。

[10] 江国华、梅扬："检察人员分类管理制度改革析论"，载《河北法学》2017 年第 5 期。

[11] 万毅："检察机关内设机构改革的基本理论问题"，载《政法论坛》2018 年第 5 期。

[12] 朱孝清、张智辉主编：《检察学》，中国检察出版社 2010 年版。

[13] 徐全兵："检察机关提起行政公益诉讼的职能定位与制度构建"，载《行政法学研究》2017 年第 5 期。

[14] 秦前红："全面深化改革背景下检察机关的宪法定位"，载《中国法律评论》2017 年第 5 期。

[15] 张栋："主任检察官制度改革应理顺'一体化'与'独立性'之关系"，载《法学》2014 年第 5 期。

点　评

　　对于最高人民检察院出台的《计划》我们可以从以下方面予以解读：第一，《规划》类似于改革清单、改革任务，与改革清单相关联的法律，有的已经出台，有的还在审议，已经出台的法律是将已经达成共识的做法用法律的方式确定下来。《规划》是向前推进的，不能墨守成规，而法律是保守的，两者并不冲突。第二，《规划》出台的背景是司法责任制尚未全面落实、综合配套措施还不到位、部分检察人员的专业能力还不足。在这样的背景下，解读《规划》要放在此改革背景之下。《规划》聚焦的核心在于法律监督，这是宪法对检察机关主业的定位，据此《规划》提出三项具体的要求，即实现各项法律监督职权的全面协调、充分发挥。之所以聚焦法律监督，其一是监察体制改革之下检察机关职权变少，对检察机关职能如何充分发挥提出了挑战；其二是检察机关的主业原本偏重对刑事诉讼的监督，尤其是司法体制改革后面对很多新的诉讼类型检察机关如何充分发挥法律监督作用。检察机关理清职权，履行好法律监督主业，应当两方面入手：其一是完善检察机关法律监督的职能；其二是加强法律监督能力建设。具体在刑事、民事、行政、公益诉讼检察这四个领域。第三，《规划》的亮点在于：党内请示报告制度；立案监督和侦查监督；重大影响案件审查逮捕听证制度；检察机关审前程序作用工作机制，重大、复杂、疑难案件听取检察机关意见建议制度；认罪认罚合法性审查机制；巡回检察和派驻检察相结合，完善社区矫正检察机制；执法活动过程中非正常死亡的，在检察机关组织下进行鉴定调查；明确剩余侦查权市地级检察院立案侦查；公益诉讼配合有关部门探索制定环境损害司法鉴定收费"后付费"制度；性侵害未成年人违法犯罪信息库和入职查询制度；涉及金融、经济、环保、食药等专业性较强领域的案件，探索引入相关行业具备专业知识的人员辅助检察人员办案；设置检察建议刚性规定，检察建议跟踪制度、限期回复制度、公告宣告制度，探索向党委、人大报告检察建议落实情况制度；检察院检察长列席法院审委会会议制度；探索区域内检察官跨院遴选制度；推行入额人选社会公示制度；实行捕诉一体的办案机制。第四，本文存在的问题：其一，《规划》第 38 条提出，完善检察官到政法院校、科研机构兼职担任教授，实际上可能会影响公正履职和高校系统内教师的晋升问题；法学专家到检察院挂职担任检察官制度同样存在问题，其是否入额抑或只是检察辅助人员产生了许多问题；其二，《规划》第 40 条提出健全法律监督机构，法院系统没有与人大对应的机构，对互联网法院、知识产权法院、最高人民法院巡回法庭等的法院如何加强法律监督，由哪一个检察院监督没有作出明确规定；其三，《规划》第 43 条提出的建立检察纪念章制度、检察职业荣誉制度是科学的、必要的，但与国家荣誉的协调衔接存在问题；其四，司法的恶有两方面，司法要公正、高效、权威、廉洁是共识性的，但如何构建这种美好的司法，具体到改革来看，应当将司法改革中最重大、最不好的东西找出来，然后克服掉，如此便接近了司法的善；第二个恶涉及检察官的权力来源，权力来自于人类的经验，尤其是不正义的经验，即所谓的恶性经验，这提醒人们不断反省，从而在法律上确定下人应当享有哪些权利。

（点评人：武汉大学法学院教授　江国华）

检察机关监督调查权的法理分析

张　衡[*]

内容提要：检察机关反贪反渎职能转隶后，急需找准自身的宪法定位与职权定性。《宪法》第 134 条规定："中华人民共和国人民检察院是国家的法律监督机关"，这是检察机关作为我国国家机构的宪法定位，也是依法行使一切职权的最基本出发点与正当性来源。监察体制改革将职务犯罪的主要侦查职能从检察机关剥离，依然未改变《宪法》对其规定法律监督机关的地位。《监察法》赋予监察委员会对职务犯罪的调查权，其属性、行使方式、法律效力与侦查权具有相当的类似性。在监察体制改革之后，须继续发挥检察机关对职务犯罪侦查调查的监督制约作用，依照《刑事诉讼法》赋予其对刑事调查行为的结果进行合法性审查、对审判机关行使审判权行使的监督，对职务犯罪的公诉质量严格把关。

关键词：检察机关；监察机关；调查权；法律监督

引　言

监察体制改革整合了体制内反腐监督力量，塑造了集中高效的国家监察机关。《监察法》规定其享有强大的监察调查权，也产生了权力会否受到制约的忧虑。现行制度内缺少能有效监督监察委调查权的外部监督主体。在具体案件的办理过程中，本应承担法律监督职责的检察机关对监察调查工作也是配合大于制约。公权力在行使过程中必须要受到限制，这是现代宪法的基本精神。为此，有必要对检察机关制约监察委的法理基础进行分析，明确检察机关的宪法定位，对法律监督机关的渊源与发展进行追溯，并对法律监督权的内涵进行探讨。在界定检察权力的法律属性基础上，将检察机关在诉讼中的承担的职能概括为监督权与公诉权。以公诉权为基础的审查起诉和以监督权为基础的侦查监督，是检察机关监督调查权的依据。

监察体制改革推行后，反贪反渎侦查权被转隶至监察委员会，使检察机关的法律监督职权在范围上与行使方式上均有所限缩。新形势下，检察机关要明确自身定位，理顺与监察委员会的衔接关系，探索发挥新的法律监督手段。体制变革、机制构建都应当于法有据，对检察机关权力的法理属性进行探讨，是探索检察机关监督调查权行使的必要前提。同时存在其如何与《刑事诉讼法》衔接的问题，这不仅是一个程序设置的问题，也反映了在宏观层面上不同国家机构之间的权力关系。依据《宪法》第 127 条第 2 款的规定："监察机关办理职务违法和职务犯罪案件，应当与审判机关、检察机关、执法部门互相配合，互相制约。"如何贯彻该条款的精神，做到互相配合与制约，在多大程度上相互配合，赋予什么职权以做到相互制约。对于这些问题的思考有助于我们理清具体职务犯罪案件办理过程中的权力关系与法定程序。

一、检察机关监督调查权的宪法定位

（一）法律监督机关的由来

我国检察制度在建立之初，整体参照了苏联的检察制度，其理论源自列宁关于构建国家检察制度的阐述。被誉为"新中国检察工作主要奠基人之一"、时任最高人民检察署副检察长的李六如在《检察制度纲要》一书中总结道，"苏联的检察机关主要是政府的监督机关"[1]，其任务除了侦查之外，更主要的是"负责法律监督，对法院之裁决、公务人员及人民之行为是否有违反法律进行过问与控诉"。该书的出版让法律监督的概念首次进入了我国法学界。在当时虽还没有出现法律监督机关这样的法定机关，但法律监督已经作为苏联检察机关的主要职能被人们理解。[2]

在 1949 年的《中央人民政府组织法》中，我国以苏联检察制度为参照，规定检察机关除承担侦查起诉职能之外，还对"政府机关、公务人员和全体国民之严格遵守法律，负最高检察责任"。这样的职权设置理念也同样体现在了 1954 年的制宪中。1954 年《宪法》第 81 条规定"最高人民检察院对国务

---

〔1〕 闵钐：《中国检察史资料选编》，中国检察出版社 2008 年版，第 829 页。
〔2〕 田夫："什么是法律监督机关"，载《政法论坛》2012 年第 3 期。

院、地方各级政府、国家工作人员和全体公民行使检察权"。至此，我国检察机关不止于行使公诉权，还对法律是否被遵守具有一般监督权，这样的职权架构在宪法层面上被确立下来。

（二）法律监督机关的历史重构

检察机关所行使的一般监督权来自于1954年我国首部宪法的授予，但在其后由于特殊历史时期的政治运动影响，监督权名存实亡，检察机关的职权也逐渐被替代。"文革"结束后，1978年《宪法》恢复了检察机关的法律地位。1979年《检察院组织法》明确规定了检察机关的法律监督地位，但却取消了其原本的一般监督权，而是将监督权的范围缩小至法律监督。至此，我国检察机关的法律监督机关地位以组织法的形式被明确规定。

1982年《宪法》规定了检察机关是国家的法律监督机关，明确了检察机关作为法律监督机关的宪法定位，为检察机关保障法律正确实施与维护法制统一等职责提供了宪法依据。[1]我国检察制度虽承袭苏联，但却因经历了特殊的历史时期而被重构。在被取消与恢复设立的政治波折之后，原本的监督权意涵已被改变，从而形成了独具我国特色的检察制度。

（三）法律监督权的内涵

宪法将我国检察机关定位为法律监督机关，如何理解法律监督，关系到如何理解我国检察权的性质，这个问题在学界引起过长期争议。首先必须讨论概念的区分，检察权与法律监督权是否是等同关系。关于这个问题，学界一直有"一元论"与"二元论"两种观点。前者认为法律监督权与检察权存在一致性，法律监督活动为行使检察权的具体表现。后者认为法律监督权不能涵盖检察权。[2]在此，笔者坚持"一元论"观点，并在此基础上研究法律监督权的内涵，从而理解检察机关行使职权的特征。如前所述，检察制度并非我国的内生法律制度，而是由外部移植并经历了建国以来各个时期的实践检验所形成的。因此，要理解法律监督的内涵，不但要从现代检察理论入手，更要结合我国宪法体制与政治背景。

首先，当下的法律监督权具有专门性，并非典型的一般监督权。人民代

---

〔1〕朱孝清、张智辉：《检察学》，中国检察出版社2010年版，第184页。
〔2〕石少侠："我国检察机关的法律监督一元论——对检察权权能的法律监督权解析"，载《法制与社会发展》2006年第5期。

表大会制度是我国的根本政治制度，全国人大系我国最高权力机关，当然地行使着最高层次的监督权。这种监督权虽然具有最高的效力，但全国人大因其自身特点，无法做到经常性与高效性监督。检察机关由全国人大产生，并对其负责。检察机关的法律监督权应是全国人大所具有的最高监督权所派生出的一种专门性监督权，其专门性体现在仅针对法制运行与法律实施展开监督活动。

其次，法律监督权具有明显的权力制约属性。全国人大之下派生出的国家机构之间应是相互平等、彼此独立的。这也是监督性权力正常运行的必要条件。我国作为一个一元宪制的国家，并未实行"三权分立"体制以制约公权力。因此，基于对权力的制约控制目的，有必要设置独立的监督机关以保证法律制度的统一运行。我国检察机关在早期承担着一般监督权，在1982年《宪法》中作为法律监督机关，其监督对象一直包括其他国家机关。[1]可以看出我国检察制度一直是以控权为导向的，这也是建立现代检察制度的必然选择。法律监督权在设立之初就具有明显的权力制约属性。

最后，法律监督权主要体现在监督其程序的合法性上。1990年联合国第八届预防犯罪和罪犯待遇大会通过的《关于检察官作用的准则》规定了检察官的作用包括提起诉讼、调查犯罪、监督调查的合法性、监督法院判决执行和作为公众利益代表行使的其他职权。可见，检察权本身所具有的监督属性主要体现在监督司法程序的合法性上，这种监督方式应在检察机关探索新的监督机制时起到指引作用。

（四）检察机关监督权的限缩趋势

检察机关在中华人民共和国成立之初行使一般监督权，对国家机关及全体公民负有检察责任。直至1979年《检察院组织法》明确检察机关为法律监督机关，其职权经过了从一般监督到专门监督的限缩。从1982年《宪法》至今，检察机关在我国现行体制中一直被定位为法律监督机关，再到近年来的强调"以审判为中心"诉讼制度改革、国家监察体制改革都对检察机关职权产生了深刻影响，但均没有改变其法律监督机关的定位。检察机关代表公家利益与社会公益，维护法律有效实行，维护国家法制统一的职责也没有变。

纵观检察制度的发展，检察机关的职权一直有缩减的趋势，这种趋势

---

〔1〕 田夫："检察院性质新解"，载《法制与社会发展》2018年第6期。

虽然使得检察机关在履行职权时越来越缺少相应的强制性手段，但也使检察机关的定位更加明晰。党的十八届四中全会提出，要"完善检察机关行使监督权的法律制度"。检察机关的法律监督权是我国的制度特色，对法律监督理念的贯彻要求检察机关找准自身的宪法定位，回归自身在国家机构体系中所应承担的职能与属性。为此，要探索构建更加符合其宪法地位的职权，构建有利于其行使职权的权力结构，通过对具体法律程序及机制的设计，使检察机关更好地发挥制约权力的作用，扮演好法律监督机关的角色。

二、检察机关监督调查权的具体形态

（一）检察机关的法定职权

《宪法》将检察机关规定为法律监督机关，这是在宪制层面上对检察机关的定位。要实现这种定位，就要赋予其相应的权能，使其能在制度的运行中通过承担具体职权的形式，发挥其宪法定位该具有的作用。《宪法》第127条、第136条、第140条分别规定了人民检察院与监察委员会、人民法院、公安机关要相互配合相互制约，并独立行使检察权。[1]依据现代宪制理念，对国家制度的设计应以控权为主要目的，因此在"相互配合、相互制约"的解读中，应当理解相互制约是该条文的主要精神，而相互配合仅指各国家机关要在实践中遵循法定程序，在各个交接的环节上完成顺利衔接。因此宪法对检察机关职能的描述也可以被理解为是对其"监督机关"定位的规范与明确。以此为基础，为贯彻宪法所赋予的法律监督之权力，我国现行法律体系中的各部门法均对检察机关赋予了相应职权。

《刑事诉讼法》第一章是关于任务与基本原则，其中对检察机关在刑事诉讼中承担的职权有完整表述。其第3条规定"检察、批准逮捕、检察机关直接受理的案件的侦查、提起公诉，由人民检察院负责"。该条款于刑事诉讼程序各个不同阶段分别赋予了检察机关批捕权、部分案件侦查权与公诉权。第8条规定了检察机关依法对刑事诉讼实行法律监督，从总则上肯定了检察机关

---

[1]《宪法》第127条第2款规定："监察机关办理职务违法和职务犯罪案件，应当与审判机关、检察机关、执法部门互相配合，互相制约。"第136条规定："人民检察院依照法律规定独立行使检察权，不受行政机关、社会团体和个人的干涉。"第140条："人民法院、人民检察院和公安机关办理刑事案件，应当分工负责，互相配合，互相制约，以保证准确有效地执行法律。"

对刑事诉讼的监督职权。第 19 条赋予了检察机关在法律监督过程中对司法工作人员职务犯罪的侦查权，这是自监察体制改革后检察机关所保留下来的自侦权的法律依据。此外，在有关审判监督程序、执行与特别程序的规定中，分别赋予了检察机关对判决、执行及附条件不起诉程序的监督职权。可以说，检察机关的法律监督是贯穿于刑事诉讼全过程的。

《行政诉讼法》也赋予了检察机关符合其定位的相应职权。其中第 11 条规定了人民检察院有权对行政诉讼实行法律监督，以总则的方式赋予了检察机关对行政诉讼的监督权，并在第 25 条第 4 项规定了检察机关提起行政公益诉讼的有关条件，更加明确了检察机关作为国家利益与社会公益的代表，有权对行政机关违法履行职权的行为进行监督，这是新修改的《行政诉讼法》对检察机关职能的重大发展。

《民事诉讼法》同样在现行总则第 14 条规定了"人民检察院有权对民事诉讼实行法律监督"，并在第 55 条第 2 款规定了检察机关提起公益诉讼的有关程序。第 200 条、第 208 条规定了检察院诉讼及执法活动中的特定情形有权进行监督、提出再审检察建议或抗诉。《民事诉讼法》在 12 年修改时就曾考虑赋予检察机关公益诉讼的权力，至 2017 年修改终于将此项职权赋予了检察机关，这一修改视为为检察机关公益诉讼职权的又一次扩展。

除宪法与各程序法中所列举的各项职权外，新修订的《检察官法》于第 7 条专门规定了检察官的职责，包括对刑事案件的审查逮捕权、审查起诉权、公诉权，对特定刑事案件的自侦权，公益诉讼职责与对诉讼活动的监督职责。这是对我国法制中检察官所能行使具体职权的集中描述。

把以上所规定的具体职能抽象概括并进行类型化的讨论，对于理解法律监督权在实践中如何体现，认清法律监督机关在司法制度中处于何种地位具有重要价值。

（二）检察机关的职能类型化

1. 公诉职能

现代检察制度在诞生之初就具有天然的诉讼属性。早在 13 世纪，法国就以检察官为国家的代表对犯罪行为行使追诉的权力。公诉职能是现代检察制度最本质也是最核心的职能，公诉权是检察制度得以发展与推行的首要动因与价值根源，在塑造了控、审分离模式后，对打击犯罪与法律公平适用的追求得以平衡。[1]在研究检察机关法定职权时，我们应当首先认清检察机关是诉讼机关，诉讼职权是检察机关的首要职权。[2]

具体而言，检察机关的诉讼职权主要体现在刑事诉讼中的提起公诉，启动审判程序，及在庭审中控诉犯罪嫌疑人。这种公诉权在具体行使中又可分为定罪公诉、量刑公诉与程序性公诉三种形式。[3]除了在刑事诉讼中提起公诉外，检察机关还可在民事诉讼与行政诉讼领域提起公益诉讼。公益诉讼是基于检察机关作为国家与公共利益的代表，对于侵害不特定多数人利益的违法行为提起的诉讼，法律监督权是其享有诉权的基础。[4]

诉讼并非是一个静止的法律状态，而是一连串动态的法律程序。为了使检察机关能更好地行使诉讼权，在诉讼的各个阶段具有主动性，法律还将一部分侦查权赋予了检察机关，这一部分侦查主要针对的是在司法程序中所发现的职务犯罪，因部分犯罪具有的专业性强、隐蔽性高等特点，出于便利考虑，将侦查权赋予检察机关能使追诉活动更加顺利地展开。

此外，为了保证诉讼程序的启动具有门槛，法律还赋予了检察机关提起诉讼的决定权，这种依据前期案件侦查情况来决定是否提起公诉的权力，即起诉审查权。起诉审查能在一定程度上对侦查机关起到制约作用。这种以起诉权为基础所必须行使的审查权，也印证了检察权本身与监督权在实践中具有不可分割的一致性。

2. 监督职能

在作为公诉机关行使诉讼职能的基础上，检察机关还行使着一部分专门监督权。这种监督的专门性体现在对特定法律主体行使特定职权的监督，如对侦查机关行使侦查权的监督，对审判机关行使审判权行使的监督。而在监督方式上，主要体现在对程序的合法性进行监督。

基于监督对象的不同，在此将法律赋予检察机关的监督职能分为侦查监督职能、审判监督职能与执行监督职能。很多学者也将这三种职能概括为诉

---

〔1〕 胡勇："监察体制改革背景下检察机关的再定位与职能调整"，载《法治研究》2017年第3期。

〔2〕 陈卫东："我国检察权的反思与重构——以公诉权为核心的分析"，载《法学研究》2002年第2期。

〔3〕 陈瑞华："刑事司法裁判的三种形态"，载《中外法学》2012年第6期。

〔4〕 秦前红："检察机关参与行政公益诉讼理论与实践的若干问题探讨"，载《政治与法律》2016年第11期。

讼监督职能，并按照程序的先后划分为三个阶段，即审判前、审判中、审判后三阶段，每个阶段均应进行相应的监督活动。

其中，对审判前的监督程序是尤为重要的。因为考虑到裁判权是最不危险的权力，而执行是对既定判决的履行，此时的司法过程具有稳定性，法律已处于安定状态。更因为侦查阶段是国家公权力在打击犯罪过程中最容易对公民权利造成侵害的阶段。侦查权包含了对财产权利、人身自由的强制性处置。规制侦查权、监督侦查权的程度高低是一个国家法制文明成就的标杆。检察机关行使侦查监督的职权是其在刑事诉讼程序中的重要职责，也是其顺利行使公诉权的必要条件。

侦查监督职权的监督对象比较广泛，不仅包括公安机关，还包括海关部门对走私犯罪的侦查，军队保卫部门及检察机关自身的侦查部门。并且，在监察体制改革后，检察机关基于法律监督职权，理应对监察委员会的调查权进行一定程度的监督与制约。可见，检察机关在诉讼活动中的监督职能是《刑事诉讼法》赋予其刑事法律监督地位的具体化结果。[1]

三、检察机关监督调查权的行使依据

（一）调查措施的法律属性

监察体制改革在建立一个集中高效反腐败国家机构的同时，也为其配置了相匹配的权能，这种通过宪法确立、通过立法具体赋予的强大监督权如何能保证不被滥用，是改革后的体制所必须面对的问题。而在思考制约方式之前，必须要认清其法律属性，从而才能穷尽现有体制内的法理依据为制约机制提供路径。

《监察法》赋予了监察委员会对职务违法犯罪进行调查的权力，如何理解这种新创制的调查权。从其字面来解读，"调查权"在制定时就刻意与刑事诉讼法所规定之"侦查权"区分开来，因此其权力的行使不再受《刑事诉讼法》规制。具体而言，《监察法》赋予监察委员会的一系列具有强制性的调查措施，包含了冻结、调取、扣押、查询等12种调查方式，这些措施无论从性质上还是效力上都与《刑事诉讼法》中的侦查措施具有高度的相似性。[2]

---

〔1〕 石少侠："我国检察机关的法律监督一元论——对检察权权能的法律监督权解析"，载《法制与社会发展》2006年第5期。

〔2〕 马誉宁："如何理解监察机关的调查权区别于公安机关、检察机关等的侦查权——12种措施与监察职责相匹配"，载《中国纪检监察》2018年第10期。

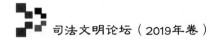

（二）调查权的改革渊源

从调查权的改革渊源来看，监察委在改革的过程中，整合了行政监察部门的监察权、检察机关反贪反渎部门的侦查权、党的纪检委员会的纪检调查权。基于这些权力的统合，监察委的调查权涵盖了党纪监督、政纪监督、职务犯罪监督职能。在改革后，由于监察委员会与纪委合署办公，建立了党纪调查、政纪调查与职务犯罪调查同步进行的制度，可以看出，调查权的属性应当包括原有的职务侦查权属性。

（三）调查权的法律效果

本文主要在司法制度的框架内对调查权的行使进行探讨，而在司法程序启动后，调查权所引起的法律效果与侦查权具有很高的相似度。首先，侦查机关在侦查终结后将案件与起诉意见书一并移交给检察机关，检察机关将侦查所得证据作为认定案件事实、进行审查起诉的依据。而调查所收集到的证据，依据《监察法》第33条的规定可在刑事诉讼中作为证据使用。这表明，侦查权与调查权在行使所引起的法律效果上是相同的，且依据《监察法》规定，对于调查所得证据的审查应与刑事诉讼法中的证据审查标准一致。这都表明，调查权在行使终结后，所进入的司法程序与侦查权是一致的。[1]

由此让人疑虑，既然监察委员会所行使的调查权与刑诉法中的侦查权如此相似，且在行使方式与措施上具有相当的强制性，那么脱离了《刑事诉讼法》的规制后，调查权应由何种机制来制约？

调查权的属性决定了其与侦查权具有同样的危险性，在追查犯罪的过程中极其容易对相对人的人身权利造成侵害。基于此，我们需要从现行体制中寻求能对调查权产生制约的依据，并探索具体的可行机制。

（四）基于公诉职能的起诉审查

公诉职能是检察机关的最核心职能，提起公诉是追诉犯罪的关键环节，其意味着收集证据阶段的结束，并随之开启司法审判程序，进而进行定罪量刑的司法活动。检察机关承担公诉职能意味着其掌握着是否提起公诉的决定权。这种决定权实质上是一种基于起诉标准的审查权力。检察机关在侦查调查与提起诉讼之间承担着"诉讼过滤"的作用，即将那些不符合起诉标准的案件排除在审判程序之外。这种审查权力既是检察机关公诉职能的体现，也

---

〔1〕 陈瑞华："论国家监察权的性质"，载《比较法研究》2019年第1期。

是其发挥审判前阶段法律监督作用的重要途径。

《监察法》总则第 1 条规定了其立法目的是"加强对所有行使公权力的公职人员的监督","深入开展反腐败工作"。集中体制内各种资源力量对贪污腐败进行打击是监察委员会设立之目的，也是其承担的政治任务，而打击腐败的最后一步就是通过审判程序将犯罪分子绳之以法。可见，能否进入审判程序在很大程度上决定着监察机关能否实现其根本目的与政治任务。因此，掌握启动审判程序的公诉权无疑有着制约监察权运行的特点。基于此，以公诉权为基础，探索检察机关制约监察委员会的途径具有可行性。

具体而言，这种制约应当体现在两个国家机关行使各自权力的衔接之处，即移交起诉审查环节。《监察法》第 11 条规定了职务犯罪的调查结果应移送检察机关依法审查，提起公诉。《刑事诉讼法》第 170 条规定："人民检察院对于监察机关移送起诉的案件，依照本法和监察法的有关规定进行审查。"依据两部法律的规定，检察机关对监察委调查结果的审查决定着监察机关所办案件能否顺利进入下一个司法程序。而如果审查中发现该案件不符合起诉标准，依据《监察法》第 47 条可以退回补充调查，或自行补充调查。在这里，监察委员会的调查权受到法律规制的程度与刑事诉讼中侦查权受到规制的程度无异。这也是加强职务犯罪调查过程法治化，监督监察委行使调查权的主要思路之一。

（五）基于监督职能的调查监督

《刑事诉讼法》于总则中赋予了检察机关法律监督职权，这种法律监督并非仅限于某一个环节，而是贯穿整个刑事诉讼过程的。监察委员会在查处职务犯罪案件时，虽然不受刑事诉讼法直接规制，但其调查过程与收集证据过程仍是为刑事犯罪的定罪量刑而做准备的，应当也属于刑事诉讼的审判前阶段，从而被涵盖在检察机关对刑事诉讼全过程的法律监督之内。

但由于现行法律并未赋予检察机关对监察委调查行为直接干涉的权力，所以只能基于检察机关的法律监督权这一较为宏观的权力来探讨其对调查权的监督。

检察机关虽然不能对调查行为本身进行合法性审查，但却能对调查行为的结果——调查证据——进行合法性审查。《监察法》第 33 条规定了检察机关可以对检察机关收集证据进行合法性审查，且新修订的《人民检察院刑事诉讼规则》第 73、74 条规定，检察机关认为证据收集可能违法的，可要求监察机关就合法性进行说明，并在认定存在非法取证行为后，对该证据进行排除。可见，检察机关可以对调查权是否合法行使进行评估与判断，并在确认违法行使后，对调查结果进行法律上的否定性评价。

可以看出，虽然检察机关无法直接在监察委调查过程中进行实时的监督，但却可以在事后对调查行为的合法性进行法律评价，并以此评价来决定是否由监察委承担不利性的程序后果——退回补充调查、排除非法证据等。这样的合法性审查使得检察机关有能力对调查权的行使发挥监督作用。而监察委在面对可能被排除证据、退回补充侦查的风险时，会在审查之前的阶段尽可能约束自身行为，避免被事后评价为非法收集证据。这是检察机关基于监督职能所带来的制约效应，这种具有一定"前溯"性质的制约机制对于促进监察调查法治化具有重大意义。

结　语

监察体制改革从宪法的层面对监督权力进行了再整合，塑造了一个"统一、高效、全覆盖"的监督机关，其惩治腐败的职能强度前所未有。时至今日，《监察法》所确立的国家监察制度已运行三年有余，从反腐成效来看，该制度较好地完成了在设立之初所担负的政治任务。但评价一个制度是否完善，不仅仅要看其行使职权是否有效，还应当从法治的视角考量权力运行是否规范，国家机关之间的权责关系是否明确，制度与制度之间是否衔接顺畅。这些问题都还有待学界的探究与实践的检验。监察体制改革给我国的国家权力结构带来了巨大的冲击，受到影响最大的是我国的检察机关。宪法规定人民检察院是我国法律监督机关，依法独立行使监察权。职务犯罪侦查权的剥离使法律监督机关的职权内涵再次陷入争议。被剥离的职务犯罪侦查权在转隶为监察委的调查权后，却因过于强大而在打击职务犯罪的诉讼过程中占据了不可置疑的主导地位，使近些年来推行的"审判中心主义"出现倒退趋势。

公权力的行使必须受到制约，这是现代宪法的基本精神。要想制约监察机关，就必须在办案过程中监督其所行使的调查权。为此，要厘清检察机关的职能定位，发挥法律监督功能，再而组成了一个多方合力的监督制约协同机制。党的十九大报告提出了健全与完善国家监督体系的目标，而健全的监督体系绝不是仅仅依靠某个单一的强大监督权来完成的，更需要不同国家机构之间的相互配合，相互制约，保证权力在法治的轨道上运行。

参考文献

［1］陈瑞华："论国家监察权的性质"，载《比较法研究》2019 年第 1 期。

［2］陈瑞华："刑事司法裁判的三种形态"，载《中外法学》2012 年第 6 期。

［3］陈卫东："我国检察权的反思与重构——以公诉权为核心的分析"，载《法学研究》2002 年第 2 期。

［4］韩旭："检察官客观义务的立法确立——对检察官法第五条的理解与适用"，载《人民检查》2019 年第 15 期。

［5］胡勇："监察体制改革背景下检察机关的再定位与职能调整"，载《法治研究》2017 年第 3 期。

［6］马誉宁："如何理解监察机关的调查权区别于公安机关、检察机关等的侦查权——12 种措施与监察职责相匹配"，载《中国纪检监察》2018 年第 10 期。

［7］闵钐：《中国检察史资料选编》，中国检察出版社 2008 年版。

［8］秦前红："困境、改革与出路：从'三驾马车'到国家监察——我国监察体系的宪制思考"，载《中国法律评论》2017 年第 1 期。

［9］秦前红："两种'法律监督'的概念分野与行政检察监督之归位"，载《东方法学》2018 年第 1 期。

［10］秦前红："全面深化改革背景下检察机关的宪法定位"，载《中国法律评论》2017 年第 5 期。

［11］秦前红："人大监督监察委员会的主要方式与途径——以国家监督体系现代化为视角"，载《西北政法大学学报》2020 年第 2 期。

［12］秦前红："检察机关参与行政公益诉讼理论与实践的若干问题探讨"，载《政治与法律》2016 年第 11 期。

［13］秦前红："监察体制改革的逻辑与方法"，载《环球法律评论》2017 年第 2 期。

［14］石少侠："我国检察机关的法律监督一元论——对检察权权能的法律监督权解析"，载《法制与社会发展》2006 年第 5 期。

［15］田夫："检察院性质新解"，载《法制与社会发展》，2018 年第 6 期。

［16］田夫："什么是法律监督机关"，载《政法论坛》2012 年第 3 期。

［17］朱孝清、张智辉：《检察学》，中国检察出版社 2010 年版。

司法研究综述

粤港澳大湾区司法合作问题研究综述

钟翘而[1]

摘　要： 2019 年 2 月，中共中央、国务院印发《粤港澳大湾区发展规划纲要》，提出要将粤港澳大湾区建设为世界一流湾区。随后，大湾区的建设正式拉开帷幕。在"一国两制"和"三个法域"的背景及种种复杂的原因下，大湾区的建设遭遇了全方位的法律冲突，司法体系同样也存在冲突。受制于法律制度之间的差异与冲突、法治发展水平的不同、大湾区各主体司法权限的不同等因素，以及法制体系的差异性、司法协助范围和层次的有限性、法律规定的滞后性等因素，完善司法保障以及推动司法合作面临许多问题。随着粤港澳大湾区建设的逐步推进，应充分完善法律法规，利用粤港澳三地在法律行业、人才上的优势，积极建设综合的纠纷解决机制，强化司法的作用，助力于粤港澳大湾区的法律冲突的解决，推动粤港澳大湾区建设成国际一流的湾区。

关键词： 粤港澳大湾区　司法冲突　司法合作

一、研究背景

2016 年 3 月，"十三五"规划中指出，要积极推动粤港澳大湾区的建设；2017 年 7 月，粤港澳大湾区共同签署了名为《深化粤港澳合作 推进大湾区建设框架协议》的文件，明确指出建设大湾区的宗旨；而 2019 年 2 月，中共中央、国务院印发《粤港澳大湾区发展规划纲要》（下文简称《规划纲要》），更是提出要将粤港澳大湾区建设为世界一流湾区。这说明粤港澳大湾区的发

---

[1]　作者单位：武汉大学法学院。

展近几年拉开了序幕，开启了建设的事业。建设大湾区，能深入拓展粤港澳三地之间的合作，这不仅有利于大湾区整体的政治、经济、文化等领域的全方位发展，更有助于守护香港、澳门的繁荣稳定，加强其与内地的进一步融合。

粤港澳大湾区是世界上特有的湾区，与国外所有湾区在国家制度与法律制度上都大为不同。大湾区中有特别行政区及不同省份，采取的制度是"一国两制"的制度，包含有三个法域，这使得我们很难直接借鉴国外湾区的经验。尽管粤港澳三地在没有正式形成大湾区之前就已经有多次区际合作的经验，但随着大湾区的不断深入发展，粤港澳三地之间存在的法律冲突也越发明显，这也势必会限制大湾区的未来。基于此，学者们展开了广泛的思考。粤港澳大湾区的法律差异涉及立法、司法、执法等各个领域，司法体系的差异使得大湾区内各主体在进行司法合作、解决司法纠纷时遭遇许多困难，而推动司法建设、加强司法合作将是解决大湾区法律冲突及纠纷的重要思路。因此，本文通过研读与大湾区有关的研究文献，通过文献研究法这一研究方法，拟对现有的与粤港澳大湾区司法领域相关内容的研究成果和现状进行归纳，对这一主题形成全面认识，并整理、总结、分析粤港澳大湾区司法合作困难、司法纠纷解决困难的成因及相关对策，以期为大湾区日后的建设指明方向。

二、推动司法合作、完善司法制度存在的困难

目前，学界有关粤港澳大湾区的法律冲突这一主题的研究成果不少。而梳理及总结这些研究成果后，我们可以将大湾区法律冲突中阻碍司法建设的原因主要分为以下五点：①大湾区两种制度、三个法域带来的法律差异及法律冲突；②大湾区各主体的法治发展水平存在差异；③大湾区各主体的司法权限不同；④解决司法纠纷以及促进司法合作的法律法规依据薄弱；⑤缺乏更高层级的司法统辖机关。具体展开来看：

（一）大湾区两种制度、三个法域带来的法律差异及法律冲突

粤港澳大湾区内存在三种法系，并因此形成了三个法域及三种法律制度。广东省属于内地法域，是在借鉴吸收大陆法系精华后形成的社会主义法系，因此形成了中国特色的法律体系与法律文化；香港特别行政区属于英美法系，长期受到英美法系国家的法律文化影响，保留着判例法制度；澳门特别行政区属于大陆法系，保留了一些葡萄牙的法律传统，以制定法的法律渊源为主。

不同的法系及法律制度，使得港澳在各类事项上的法律规定都迥异于内地，各种差异在大湾区合作过程中涌现出来，给具体的法律实施带来了困难。[1]小到法律理念、价值、性质、渊源，大到法律解释、法律体系等全方位的法律差异和冲突，都正在全方位延缓大湾区的法律协调与融合。学者易楠、李仕轩、易凌认为："粤港澳三地各自的法律体系与法律管辖权，严重阻碍了粤港澳三地的协同发展，独特的法律制度与不同的法律管辖权使得三地直接面临着法治的'割据'。"[2]

而具体从法律内容来看，香港特别行政区以及澳门特别行政区实施的法律是《澳门特别行政区基本法》和《香港特别行政区基本法》，是在遵守我国宪法的基础上，保留、修改、转化了回归前的法律法规后形成的，并非是在回归后全盘地更新换代。因此，其内容不仅与内地的法律法规不同，在进行粤港澳区际合作时甚至会形成冲突。比如，根据港澳基本法的规定，港澳必须实施被列在基本法附件内的全国性法律，但可以不实行其他的全国性法律，在司法领域享有比广东省更高度的自治权。所以，在面对同一法律规定时，就可能出现广东省九市必须遵守，而港澳无须遵守的情况。再比如，在金融领域内，广东省同内地各省一样，实行结售回执的方式，但香港却是十分宽松的外汇管制制度；广东省不仅在保险业务、证券业务上采取的是分业经营的方式，而且银行的资金是不可以被用于保险以及证券交易的，但香港特别行政区却相反，银行的资金可以灵活进出证券市场，限制更少。[3]诸如此类的冲突比比皆是。

而从司法实践来看，澳门特别行政区和广东省以职权主义为主，但香港特别行政区却重在当事人主义。而且，基于体制以及法律文化背景的不同，粤港澳三地之间在司法活动中难以相互信任，过去也产生了许多区际法律冲突。[4]而双方思维的不同，在"吴嘉玲案"中得到了集中体现。[5]肖玉杰、

---

〔1〕 滕宏庆、赵静："我国城市群的法治差序研究——以粤港澳大湾区城市群法治指数为例"，载《探求》2018 年第 3 期。

〔2〕 易楠、李仕轩、易凌："粤港澳大湾区立法协同研究"，载《政法学刊》2019 年第 5 期。

〔3〕 黄亚兰："粤港澳大湾区政府合作困境与突破路径"，载《厦门特区党校学报》2019 年第 5 期。

〔4〕 邹平学、冯泽华："粤港澳大湾区立法协调的变迁、障碍与路径完善"，载《政法学刊》2019 年第 5 期。

〔5〕 邹平学、冯泽华："粤港澳大湾区立法协调的变迁、障碍与路径完善"，载《政法学刊》2019 年第 5 期。

潘高峰等学者也在他们的文献中对这一情况进行过具体的阐述。[1]

所以不论是从法律体系、具体的法律规定，还是从过往粤港澳三地在司法实践中出现的分歧，我们都能清晰地将粤港澳三地的法律冲突与差异展现出来。由于大湾区存在着三法域的情况，所以粤港澳三地间的法律差异以及冲突使得大湾区成立后难以开展相关的立法工作。立法工作的步伐难以施展，自然而然也会拖累司法以及执法的建设。[2]所以，目前很多学者的研究还是建立在如何进行立法协同上，对于司法建设的研究稍显缺乏。

（二）大湾区各主体的法治发展水平存在差异

大湾区存在粤港澳三地主体，其中两个特别行政区的法治程度相较于内地而言会更高一些。不仅如此，单就同为大湾区市级区划的广东省九市而言，法治状况也不甚相同。而司法体系以及法律理念的不同，也使得粤港澳三地呈现出不一样的法治样貌。[3]2017 年"华南理工大学法治评价与研究中心"发布的一项粤港澳大湾区城市群法治评价结果也与上述观点相互印证。评价报告显示：澳门、香港、深圳以及广州的法治评分位于粤港澳大湾区城市群的前四位，其中港澳为深度法治城市、深圳与广州为中度法治城市，剩下的其他大湾区城市均为浅度法治城市。无独有偶，学者滕宏庆主持的一项针对粤港澳大湾区城市群法治指数的研究的结果也与华南理工大学的研究结果大致相同。[4]该项研究针对法治水平的评估以立法质量、法治政府、司法公正和法治文化四个方面作为评价的指标，并构建了法治评价指标体系。从法治评价总分来看，澳门与香港的法治水平最高，属于法治发达城市；广东省内深、广、珠、佛四城位列第二梯队，属于法治高度发展城市；而广东省内的另五城，中山、东莞、惠州、江门和肇庆则位列第三梯队，属于法治中度发展城市。通过分析上述研究中的数据我们可以发现，"司法公正"单项为 10 分的情况下，排第一名的香港为 9.03 分，其他城市都是 9 分以下；而分数最低的肇庆只有 6.58 分。[5]

---

〔1〕 朱最新："区域一体化法律治理模式初探"，载《广东行政学院学报》2011 年第 3 期。

〔2〕 刘云甫、陈丹雪："试论粤港澳大湾区府际合作的法律基础"，载《政法学刊》2017 年第 5 期。

〔3〕 肖玉杰、潘高峰："论粤港澳大湾区府际合作治理中区际法律冲突的解决"，载《兵团党校学报》2019 年第 3 期。

〔4〕 滕宏庆："我国城市群营商环境法治差序研究——以粤澳港大大湾区为例"，载《中国司法》2019 年第 9 期。

〔5〕 滕宏庆："我国城市群营商环境法治差序研究——以粤澳港大大湾区为例"，载《中国司法》2019 年第 9 期。

这一数据与大湾区各城市的法治得分正相关。从该项数据我们可以分析出，法治水平相对较低的城市，司法公正程度也相对较低，而司法公正程度低，又会反过来阻碍法治工作，进而给粤港澳三地的司法建设造成阻碍。对此，学者王万里也在其文献中指明了这一问题。他认为："粤港澳三地在法治水平上还有参差。香港、澳门已经属于法治现代化地区，广东的法治在内地走在前列，但与港澳相比仍存在不小差距。"

而在粤港澳大湾区内不同城市的法治水平各不相同的情况下，自然也就形成了大湾区内城市间司法水平有差异的情况。所以，在大湾区日后的司法建设中，要消弭法律实施过程中的司法冲突、促进司法合作也将变得更有难度。具体而言，内地和香港在民商事领域的裁判互认范围较为狭窄，而在刑事司法协助上则陷入停滞，[1]司法判决无法顺利地在粤港澳间流动，支撑粤港澳市场一体化的司法建设也尚未成熟；[2]相同的问题也出现在澳门与内地的司法协助建设中。不仅如此，由于法治水平的不均衡，两个特别行政区尤其是香港法律界，在某种程度上对广东省的法治状况并不信任，当出现涉及大湾区内不同主体间的法律纠纷时，在确定管辖权的问题上，或者是对判决的承认和执行等司法工作中，都会形成冲突。[3]所以，这也是特别行政区的法院以及内地的法院判决的数量极为不平衡的原因所在。特区法律界仍对承认和执行内地法院作出的民商事判决存在顾虑。[4]上述这些情况都对区际司法协助造成了阻碍，干扰了粤港澳三地间的司法合作。而随着大湾区的发展，新的法律问题层出不穷，这体现出了内地和香港、内地和澳门在司法互助上发展相对缓慢的问题。[5]要加强推进粤港澳大湾区的法治建设，就必须要重点考虑加快内地和香港以及内地和澳门之间的区际司法协助步伐。

（三）大湾区各主体的司法权限不同

在粤港澳大湾区司法建设的研究中，众多学者都发现了广东省九市与香

---

〔1〕 潘高峰："构建加快推进粤港澳大湾区建设的法治保障"，载《湖北经济学院学报（人文社会科学版）》2018年第10期。

〔2〕 王万里："从域外经验看粤港澳大湾区的法治统合问题"，载《港澳研究》2018年第3期。

〔3〕 肖玉杰、潘高峰："论粤港澳大湾区府际合作治理中区际法律冲突的解决"，载《兵团党校学报》2019年第3期。

〔4〕 王万里："从域外经验看粤港澳大湾区的法治统合问题"，载《港澳研究》2018年第3期。

〔5〕 潘高峰："构建加快推进粤港澳大湾区建设的法治保障"，载《湖北经济学院学报（人文社会科学版）》2018年第10期。

港和澳门在司法方面的权限并不对等这一情况。香港和澳门在回归后，实行高度的自治。根据《香港特别行政区基本法》和《澳门特别行政区基本法》的规定，被列于附件三的全国性法律以外的其他全国性法律都不在特区实施，港澳得以保持旧有的、不与我国宪法以及特区基本法相违背以及冲突的法律规定，有独立的司法权及终审权。[1]《香港特别行政区基本法》和《澳门特别行政区基本法》赋予了港澳特区的高度自治权，并被第19条规定确立下来：特别行政区各级法院依法行使审判权，不受任何干涉；终审权属于特别行政区终审法院。该条文中的"不受干涉"，还包括不受中央国家机关的最高人民法院、最高人民检察院的指导与监督。[2]因此，从粤港澳大湾区各个主体的权利能力来看，港澳和广东省九市是没有办法在同一维度上进行比较的。广东省九市在解决区际法律冲突时，相较于特区而言明显缺乏主体权利能力，其在立法与司法等方面的权力都有限。前者是省级行政区划下的市，而后者却是特别行政区，在立法、司法、行政等方面都不怎么受外界干涉。[3]学者黄亚兰也指出："港澳拥有立法、行政管理、独立的司法和终审等权力。粤港澳三地在立法、司法、行政与经济管理法律制度等方面存在深层冲突。"[4]学者肖玉杰、潘高峰的表述则更为直接和激进。二位学者在其文章中直言不讳地表示：港澳特区在司法上有自己的终审法院，司法判决不受我国最高人民法院限制。粤港澳三地的这种区际法律冲突，除了不存在国家主权上的冲突外，几乎与国与国之间的法律冲突差别不大。

还有学者江保国、赵蕾、谭博文、敖靖、谢宇以及朱倍成、裴晓妆都在文献中阐述了粤港澳司法权限不同的事实。不论是具体的法律规定还是学者的分析，都能反映出粤港澳大湾区内不同主体的司法权限不同这一事实。司法权限的不同，造成了粤港澳三地的不同主体在司法活动中适用的法律法规依据不同、程序不同。不仅如此，不同法院的权限存在差异会使得不同法院对同一案件的解决力也有所不同，这对大湾区内各主体、其他自然人以及法人

---

〔1〕 张淑钿："粤港澳大湾区城市群建设中的法律冲突与法律合作"，载《港澳研究》2017年第3期。

〔2〕 李贺巾："粤港澳大湾区建设进程中的法律冲突及路径选择"，载《中共珠海市委党校珠海市行政学院学报》2019年第6期。

〔3〕 荆洪文："粤港澳大湾区法律冲突的解决路径"，载《广西社会科学》2019年第10期。

〔4〕 黄亚兰："粤港澳大湾区政府合作困境与突破路径"，载《厦门特区党校学报》2019年第5期。

在需要诉诸司法途径来解决问题的时候制造了障碍，这也是大湾区想要促进司法合作必须克服的困难。

（四）解决司法纠纷以及促进司法合作的法律法规依据薄弱

目前，针对大湾区内各主体间的司法合作，缺乏详细、充分的法律法规作为制度上的保障。粤港澳大湾区内的广东、澳门与香港，缺乏具体的法律法规指导解决法律冲突问题，比如港澳的基本法也仅仅是明确了一些港澳事务的基本事项。而不论是学者立贺巾，[1]还是黄亚兰，[2]都在其文献中提到，粤港澳大湾区存在文书送达困难、司法合作的法律规则冲突以及区域司法合作的标准不统一等诸多问题。学者江保国、赵蕾也在其文献中提到，两个特别行政区与广东省，不仅是在司法管辖权、法律查明、判决认可与执行等程序性的事项上存在隔阂，送达取证困难、法律查明困难等问题也亟待解决。[3]上述的种种问题都只是法律法规不完善的部分体现，仍然还有很多问题干扰着粤港澳大湾区各主体走向合作。

具体从不同的部门法领域来看，其也各自存在着不同的问题。从民商事领域来看：其一，粤港澳三地现存的法律法规存在冲突，甚至连广东一个省内部的几个市也存在规定不相同的情况，比如广东省内的几个市在处理涉及粤港澳三地多主体的职务犯罪和经济犯罪的案件时，不论是司法协助的步骤，还是司法协助的方式，都存在差异。[4]不仅如此，以《涉外民事关系法律适用法》为例，该法在遇到涉特区的纠纷时，会指向某实体法来解决该项纠纷，但按照港澳特区的相关法律法规，则会指向另一实体法来作为解决纠纷的依据。[5]类似的情况不少，这将直接导致涉及粤港或者粤澳的纠纷时，司法机关难以运用统一的法律法规解决纠纷。其二，粤港澳三地现存的法律规定内容不够翔实，存在法律空白，提升了解决法律纠纷的难度。比如，《最高人民

---

〔1〕 李贺巾："粤港澳大湾区建设进程中的法律冲突及路径选择"，载《中共珠海市委党校珠海市行政学院学报》2019年第6期。

〔2〕 黄亚兰："粤港澳大湾区政府合作困境与突破路径"，载《厦门特区党校学报》2019年第5期。

〔3〕 江保国、赵蕾："粤港澳大湾区纠纷解决机制的设计理念与实施策略论纲"，载《理论月刊》2019年第4期。

〔4〕 谭博文："冲突挑战与创新融合：粤港澳大湾区法治建设思考"，载《特区实践与理论》2019年第5期。

〔5〕 肖玉杰、潘高峰："论粤港澳大湾区府际合作治理中区际法律冲突的解决"，载《兵团党校学报》2019年第3期。

法院关于内地与香港特别行政区法院相互委托送达民商事司法文书的安排》仅仅规定了委托送达这种司法协助的途径，[1]但仅有这样的规定是没有办法解决粤港澳三地间的法律冲突的。同样，《内地与香港关于建立更紧密经贸关系的安排》及其相关的协议并没有具体阐明解决粤港澳三地法律冲突及具体争端的程序与流程。[2]其中的内容类似于《民法典》"总则编"中的规定，主要是作为一些总括性、原则性的介绍。若想要具体使用它们去解决目前粤港澳三地存在的大量法律冲突及纠纷，其既不系统，也不全面，而且还缺乏一定的可行性，需要去进行后续的建设与完善。[3]

就行政诉讼领域来看，同样存在缺乏解决法律争端的法律法规依据的问题。举例而言，《行政诉讼法》没有清晰界定行政协议是否能够被受理。可以说，一些规定合作项目的协议能否被纳入《行政诉讼法》的救济范围仍然存在很大的争议。这就意味着，粤港澳三地的企业等主体在合作过程中面临合作项目协议纠纷时，将无法确定是采用行政救济还是民事救济。

就刑事领域来看，以目前学界的研究为例，广东以及两个特别行政区，还没有在刑事领域内达成区际司法协助的安排，对于一些跨境的犯罪嫌疑人以及犯罪活动，很难通过区际合作的方式来解决。[4]这对于打击犯罪、解决社会问题而言是巨大的阻碍。

因此，从大湾区目前现存的法律法规来看，其规定存在相互冲突和规定不够全面两大问题。针对这两个问题，我们应该在整个大湾区进行顶层设计，[5]在宪法的框架下，逐步推动整个大湾区完善法治体系，构建一个覆盖立法、执法、司法等各个领域的科学的中国特色社会主义法治体系。

（五）缺乏更高层级的司法统辖机关

目前，在粤港澳大湾区内是没有统一的司法机关的，这意味着粤港澳三

---

〔1〕 谭博文："冲突挑战与创新融合：粤港澳大湾区法治建设思考"，载《特区实践与理论》2019年第5期。

〔2〕 谢雯、丘概欣："粤港澳大湾区建设中司法合作与司法保障的路径——以涉港澳民商事审判为视角"，载《法律适用》2019年第9期。

〔3〕 谭博文："冲突挑战与创新融合：粤港澳大湾区法治建设思考"，载《特区实践与理论》2019年第5期。

〔4〕 张淑钿："粤港澳大湾区城市群建设中的法律冲突与法律合作"，载《港澳研究》2017年第3期。

〔5〕 黄亚兰："粤港澳大湾区政府合作困境与突破路径"，载《厦门特区党校学报》2019年第5期。

地出现纠纷时，没有能领导粤港澳三地的司法机关来协调多方的法律冲突，也难以达成粤港澳三地的区际合作。具体来说，港澳基本法赋予了两个特别行政区高度的自治权，特别是行政区法院依照《基本法》的规定，可以独立行使审判权，不受外界干涉，尤其是终审法院，享有终审权，甚至不受最高人民法院以及最高人民检察院的指导干涉。然而，广东省的情况却不一样，广东省各级人民法院都需要接受上级司法机关的指导监督以及同级司法机关的监督。在此种情况下，在出现跨粤港澳三地的法律纠纷时，就会出现特区法院的处理不受干涉，而广东法院的审理却要受到监督的情况。可见，粤港澳三地之上既没有能进行统一领导的立法机关，也没有能发挥指导和监督作用的司法机关。目前，即便是最高人民法院也没办法为粤港澳三地提供一个统一的裁判标准，也无法承担特区法院的监督工作，更不必说组织法官培训等事宜了。[1]

三、推动司法建设、促进司法合作的措施

推动司法建设、促进司法合作是推动粤港澳大湾区法律冲突解决的重要步骤。而通过对学界各位学者目前研究成果的梳理与总结，我们可以提炼出下述三点措施：①完善法律法规；②促进行业、人才与信息的流通；③健全多元解决纠纷机制。

（一）完善法律法规

在本文的第一部分，通过梳理和归纳的文献研究法，笔者总结了目前粤港澳大湾区存在司法冲突以及司法纠纷难解决的原因。而这其中：多个法域带来的法律差异及法律冲突问题、大湾区各主体的司法权限不同的问题、推动司法保障以及促进司法合作的法律法规依据薄弱的问题，都需要通过完善立法，建立健全整个法律体系来解决。而具体到完善立法，目前学界主要是通过制定软法以及制定硬法两个方面、两种思路来推动立法的完善。

1. 区域政策

区域政策是被用来协调不同区域主体或者不同行政主体间的关系的政策。宏观上，可以通过制定区域政策，来指引大湾区的发展，为粤港澳三地提供重要的制度安排。这一措施能够引领大湾区的立法改革。而不论是从不能违

---

[1] 肖玉杰、潘高峰："论粤港澳大湾区府际合作治理中区际法律冲突的解决"，载《兵团党校学报》2019 年第 3 期；敖靖："全面构建粤港澳大湾区法治统合保障研究"，载《厦门特区党校学报》2019 年第 3 期等。

背宪法的角度考量，还是从不能违背基本法的角度考量，制定区域政策都能使其在粤港澳三地适用。所以，制定区域政策可以成为粤港澳三地的重要思路，具有一定的价值，是一种重要的软法途径。[1]

2. 区域协议

在粤港澳大湾区的发展过程中，不同的区域主体间已经签订了不少区域协议。这些协议在一定程度上推动了粤港澳三地的立法工作。而且，参考美国建设湾区的经验，采取签订区域协议这一方法也成了美国建设湾区的一重要的方式。[2]针对具体签订协议，笔者建议由全国人大常委会授予粤港澳三地以区域合作的权力，使得他们能够合法地签订区域协议。对此措施，不少学者也都表示赞同。[3]

3. 区域示范法

一些国际组织或国家为协调成员方或者成员组织内部的法律冲突，会选择制定示范法。例如，美国法学会、美国统一州法全国委员会、美国律师协会等具备专业素质的组织会通过制定示范法给予各州立法机关一些立法建议，进而帮助立法机关制定出有助于解决各州法律冲突的法律法规。

将经验运用到我国粤港澳大湾区中，我们可以借鉴国外有关于区域一体化的经验，制定一部优秀的示范法在大湾区内部进行推广和使用：委托粤港澳三地的专家及学者、法律协会代表和群众代表，一起参与制定示范法，量身定做一部符合大湾区共同利益、符合粤港澳三地各自特点的示范法。[4]通过这样的方式，再帮助粤港澳三地各自的立法机关、行业协会，参考制定好的示范法，制定出与其相符合的法律法规。这样既能制定出符合本土利益的法律法规，又能够尽可能与其他区域主体进行法律上的融合。而这将成为未来实现法律一体化的过渡阶段。同时，为避免示范法不符合大湾区的实际发展情况，粤港澳三地的民众都可以针对示范法的草案提出修改意见，然后由制定示范法的机关将意见收集起来并进行修改与完善。[5]对此，学者荆洪文

---

〔1〕 张亮、黎东铭："粤港澳大湾区的立法保障问题"，载《地方立法研究》2018年第4期；荆洪文："粤港澳大湾区法律冲突的解决路径"，载《广西社会科学》2019年第10期。

〔2〕 荆洪文："粤港澳大湾区法律冲突的解决路径"，载《广西社会科学》2019年第10期。

〔3〕 柳建启："粤港澳大湾区立法协调机制研究"，载《长春教育学院学报》2019年第7期。

〔4〕 荆洪文："粤港澳大湾区法律冲突的解决路径"，载《广西社会科学》2019年第10期。

〔5〕 曾涛："论示范法的理论基础及其在中国的运用"，载《法商研究（中南政法学院学报）》2002年第3期。

也表示，要让大湾区各立法主体制定出与基本精神吻合的规范，最后慢慢地促使现今大湾区的法律冲突迈向趋同。[1]

4. 可以在港澳施行的全国性法律

制定"区域合作法"来为粤港澳三地提供一个统一的规范，也是为许多学者所认可的措施之一。学者张亮、黎东铭认为，这一方法既符合区域合作的本质内涵，还能满足外延的需求。[2]学者荆洪文指出："粤港澳大湾区作为粤港澳区域经济一体化的空间载体，其法律和社会事务的冲突解决与合作，已经超越了港澳自治权的空间范围，属于中央政府的管辖事项，如果制定出来区域法，可以作为基本法附件三的全国性法律的范畴。"[3]其他的学者也支持这一观点。[4]

5. 区域共同立法

区域共同立法，是大湾区内各区域主体就类似或者相同的事情来分别制定内容差不多的法律法规。而前述的内地与特区的经贸关系安排就类似于这样的方式，但类似的法律文件还只是起到纲领性的作用，尚未到统一立法的这种程度。而对于这种措施，目前学界尚未形成统一观点。有部分学者（如敖靖）认同这种措施，认为可以通过这种措施强化大湾区的司法建设。[5]但也有部分学者不认同这种措施，认为这种措施需要一定的法律基础，但目前的粤港澳大湾区尚不具备这一基础。[6]

6. 区域司法协议

区域司法协议，本质上来说，其法律性质类似于司法解释。这种措施在内地是具有法律效力的。如果能够签订这样的协议，再通过两个特别行政区的法律程序来确认，那么区域司法协议就能成为在粤港澳三地都拥有效力的

---

[1] 曾涛："论示范法的理论基础及其在中国的运用"，载《法商研究（中南政法学院学报）》2002年第3期。

[2] 张亮、黎东铭："粤港澳大湾区的立法保障问题"，载《地方立法研究》2018年第4期。

[3] 荆洪文："粤港澳大湾区法律冲突的解决路径"，载《广西社会科学》2019年第10期。

[4] 谢宇："中央推进粤港澳大湾区建设的法治路径——'中央权力行使指南'的提出"，载《法学杂志》2020年第4期。

[5] 敖靖："全面构建粤港澳大湾区法治统合保障研究"，载《厦门特区党校学报》2019年第3期。

[6] 王春业、丁楠："论粤港澳大湾区合作中法治壁垒及其消解"，载《天津行政学院学报》2019年第3期；文雅靖："如何协调粤港澳大湾区法律制度体系"，载《开放导报》2019年第2期。

法律规定。[1]如此便能使得区域司法协议在粤港澳三地都能得到适用，进而可以为大湾区的司法建设以及司法合作提供法律法规依据。

（二）促进行业、人才与信息的流通

在有关人才的流通上，应该允许香港以及澳门的人才参与到内地的案件审理中，比如允许特别行政区的法官直接参与审理案件或者安排特别行政区的居民来大湾区担任人民陪审员。[2]参考香港特别行政区的经验我们可以发现，在审理案件的时候，户籍并不影响他们做到围绕案件事实出发，进行公平公正的审理。所以，通过香港经验我们可以发现，不受户籍影响已经成了特别行政区司法文明的体现，能够反映出他们公平公正审理的情况，而且这一现象也是一直受到本地民众认可的。[3]基于上述情况，学者们相信，允许特区法官来大湾区进行案件审理或者是允许粤港澳三地公民成为大湾区的人民陪审员，既有助于司法公正，还有助于粤港澳三地民众感觉到粤港澳三地司法在进行融合以及感觉到在整个大湾区都受到了公平公正、一视同仁地看待。[4]

除了上述措施外，还可以建立粤港澳合伙律师事务所，并且加快推动粤港澳律师异地执业的制度建设，放宽粤港澳法律人才政策，比如通过法律执业资格的互相承认等方式促进律师跨境工作。[5]这样的措施可以改善大湾区目前面临的一些困难，如难以找到合适的律师、聘请到合适的律师需要不菲的费用、聘请律师需要更复杂的流程等问题。不仅如此，其还可以打消粤港澳律师的顾虑，推动他们跨境工作。进一步说，还要不断改善他们的从业环境，吸引更多的人才来参与到大湾区的法治建设中去。最后，还需要粤港澳的法律专家及人才多多交流，互相学习、取长补短，通过对案例的分析来探索符合实务情况的解决之道。

而在行业发展上，应该不断推动粤港澳律师行业或者其他法律人才行业

〔1〕 荆洪文："粤港澳大湾区法律冲突的解决路径"，载《广西社会科学》2019年第10期。

〔2〕 潘高峰："构建加快推进粤港澳大湾区建设的法治保障"，载《湖北经济学院学报（人文社会科学版）》2018年第10期。

〔3〕 潘高峰："构建加快推进粤港澳大湾区建设的法治保障"，载《湖北经济学院学报（人文社会科学版）》2018年第10期。

〔4〕 潘高峰："构建加快推进粤港澳大湾区建设的法治保障"，载《湖北经济学院学报（人文社会科学版）》2018年第10期。

〔5〕 李贺巾："粤港澳大湾区建设进程中的法律冲突及路径选择"，载《中共珠海市委党校珠海市行政学院学报》2019年第6期。

的互相交流、促进人才的交互与取长补短。学者李贺巾曾提出，根据《规划纲要》的要求，想要加强法律合作，就应该推动粤港澳合伙律所试点，通过这样的方式来加强对粤港澳律师业务的研究。不仅如此，还要加强全行业的培训与实践，让粤港澳律师互相学习彼此的法律知识、法律理念、实务经验等，进而推动大湾区法律建设的发展。[1]

而在信息的流动上，学者谭博文表示，应当建立司法信息共享网络平台，以便随时查阅三方裁判、执行、交换犯罪情报及前科等司法信息，范围不局限于各地各级司法机关，还可扩展为监察机关（港澳为廉政公署）、检察机关、公安机关所掌握的司法资源信息，继而推动大湾区司法的发展。[2]学者冯泽华也持同样的观点。他认为，大湾区可作为试点区域，在中央国家安全机关等部门的许可下，破除跨境网络的技术障碍，共同建立起一套内部合作的、涵盖粤港澳三地裁判、执行、犯罪情报及前科等司法信息的网络共享平台。[3]而且，在建立司法信息共享网络平台的基础上，可以定期召开信息交流发布会，就有关信息进行交流研究，有效推动司法信息的深度往来，共同打击跨境犯罪。

（三）健全多元解决纠纷机制

除了上述几种措施以外，还有其他的路径同样有效。学者荆洪文提出了地方主体通过交流研讨等方式协调法律冲突问题的路径，如联席会议、磋商谈判、交叉备案、成立领导小组或专责小组等。[4]学者王春业、丁楠则提出，要设立协调小组、聘请专家进行分析。[5]学者李贺巾表示，要构建多元化的争端解决机制，拓宽纠纷解决渠道。整合粤港澳的司法资源，推动形成诉讼、调解、仲裁顺畅衔接、互相配合的争端解决平台是纠纷的破解之策。他认为，以深圳前海"一带一路"国际商事诉调对接中心为开端，推动粤港澳搭建广

〔1〕 李贺巾："粤港澳大湾区建设进程中的法律冲突及路径选择"，载《中共珠海市委党校珠海市行政学院学报》2019 年第 6 期。

〔2〕 谭博文："冲突挑战与创新融合：粤港澳大湾区法治建设思考"，载《特区实践与理论》2019 年第 5 期。

〔3〕 邹平学、冯泽华："粤港澳大湾区立法协调的变迁、障碍与路径完善"，载《政法学刊》2019 年第 5 期。

〔4〕 荆洪文："粤港澳大湾区法律冲突的解决路径"，载《广西社会科学》2019 年第 10 期。

〔5〕 王春业、丁楠："论粤港澳大湾区合作中法治壁垒及其消解"，载《天津行政学院学报》2019 年 5 月，第 21 卷第 3 期；徐泉、张渝："粤港澳大湾区区际司法协助模式探析"，载《岭南学刊》2019 年第 4 期。

泛的调解平台，可以丰富区际纠纷的调解模式，发展多家国际民商事诉调中心，为纠纷主体定分止争提供更多的便利和选择。还有，要增强港澳居民的司法参与度，为粤港澳三地的司法合作奠定良好的基础。[1]朱倍成、裴晓妆认为，应当健全府际纠纷协商解决机制，以联席会议制度为依托，明确协商机制的程序和形式。[2]学者谭博文、敖靖以及学者石佑启、陈可翔等也提出了和上述学者相同的建议。

结　语

如前所述，粤港澳大湾区与域外的其他湾区都不同，其实行的是"一国两制"的制度，存在着三个不同的法域。而随着大湾区内多区域主体的深入交流，法律冲突也凸显了出来，进而影响了大湾区的司法建设。笔者通过对学界研究的梳理，总结出了以下五个阻碍大湾区司法建设的问题，包括：①大湾区两种制度、三个法域带来的法律差异及法律冲突；②大湾区各主体的法治发展水平存在差异；③大湾区各主体的司法权限不同；④解决司法纠纷以及促进司法合作的法律法规依据薄弱；⑤缺乏更高层级的司法统辖机关。而对于这些问题，主要有三个大的解决方向，分别是：①完善法律法规；②促进行业、人才与信息的流通；③健全多元解决纠纷机制。

总体来说，基于学界对粤港澳大湾区司法建设的研究我们可以发现，粤港澳大湾区存在的问题涉及诸多领域，并不是对司法领域进行改善就可以解决的。而且解决的对策不仅涉及立法、司法以及执法等各个环节，还涉及民商事、刑事以及行政诉讼等各个领域，上至顶层设计、下至法律人才的培养都有所涉及。因此，粤港澳大湾区在进行司法建设时，不应该孤立地看待问题，应该进行全方位的大湾区法律体系改革和构建，使得粤港澳大湾区发展得越来越好。

参考文献

［1］曾涛："论示范法的理论基础及其在中国的运用"，载《法商研究（中南政法学院学报）》2002年第3期。

---

〔1〕 李贺巾："粤港澳大湾区建设进程中的法律冲突及路径选择"，载《中共珠海市委党校珠海市行政学院学报》2019年第6期。
〔2〕 朱倍成、裴晓妆："粤港澳府际合作的法治思考：问题与回应"，载《南方论刊》2020年第2期。

［2］朱最新："区域一体化法律治理模式初探"，载《广东行政学院学报》2011 年第 3 期。

［3］刘云甫、陈丹雪："试论粤港澳大湾区府际合作的法律基础"，载《政法学刊》2017 年第 5 期。

［4］王万里："从域外经验看粤港澳大湾区的法治统合问题"，载《港澳研究》2018 年第 3 期。

［5］朱孔武："粤港澳大湾区跨域治理的法治实践"，载《地方立法研究》2018 年第 4 期。

［6］叶一舟："粤港澳大湾区协同立法机制建设刍议"，载《地方立法研究》2018 年第 4 期。

［7］张亮、黎东铭："粤港澳大湾区的立法保障问题"，载《地方立法研究》2018 年第 4 期。

［8］文雅靖："如何协调粤港澳大湾区法律制度体系"，载《开放导报》2019 年第 2 期。

［9］肖玉杰、潘高峰："论粤港澳大湾区府际合作治理中区际法律冲突的解决"，载《兵团党校学报》2019 年第 3 期。

［10］朱最新："粤港澳大湾区区域立法的理论建构"，载《地方立法研究》2018 年第 4 期。

［11］黄亚兰："粤港澳大湾区政府合作困境与突破路径"，载《厦门特区党校学报》2019 年第 5 期。

［12］邹平学、冯泽华："粤港澳大湾区立法协调的变迁、障碍与路径完善"，载《政法学刊》2019 年第 5 期。

［13］柳建启："粤港澳大湾区立法协调机制研究"，载《长春教育学院学报》2019 年第 7 期。

［14］谭博文："冲突挑战与创新融合：粤港澳大湾区法治建设思考"，载《特区实践与理论》2019 年第 5 期。

［15］易楠、李仕轩、易凌："粤港澳大湾区立法协同研究"，载《政法学刊》2019 年第 5 期。

［16］李贺巾："粤港澳大湾区建设进程中的法律冲突及路径选择"，载《中共珠海市委党校珠海市行政学院学报》2019 年第 6 期。

［17］王春业、丁楠："论粤港澳大湾区合作中法治壁垒及其消解"，载《天津行政学院学报》2019 年第 3 期。

［18］荆洪文："粤港澳大湾区法律冲突的解决路径"，载《广西社会科学》2019 年第 10 期。

［19］敖靖："全面构建粤港澳大湾区法治统合保障研究"，载《厦门特区党校学报》2019 年第 3 期。

［20］石佑启、陈可翔："粤港澳大湾区治理创新的法治进路"，载《中国社会科学》2019

年第 11 期。

[21] 朱倍成、裴晓妆："粤港澳府际合作的法治思考：问题与回应"，载《南方论刊》
2020 年第 2 期。

[22] 谢宇："中央推进粤港澳大湾区建设的法治路径——'中央权力行使指南'的提
出"，载《法学杂志》2020 年第 4 期。

[23] 潘高峰："构建加快推进粤港澳大湾区建设的法治保障"，载《湖北经济学院学报
（人文社会科学版）》2018 年第 10 期。

[24] 滕宏庆、赵静："我国城市群的法治差序研究——以粤港澳大湾区城市群法治指数为
例"，载《探求》2018 年第 3 期。

[25] 滕宏庆："我国城市群营商环境法治差序研究——以粤港澳大湾区为例"，载《中国
司法》2019 年第 9 期。

[26] 徐泉、张渝："粤港澳大湾区区际司法协助模式探析"，载《岭南学刊》2019 年第
4 期。

[27] 江保国、赵蕾："粤港澳大湾区纠纷解决机制的设计理念与实施策略论纲"，载《理
论月刊》2019 年第 4 期。

[28] 张淑钿："粤港澳大湾区城市群建设中的法律冲突与法律合作"，载《港澳研究》
2017 年第 3 期。

[29] 谢雯、丘概欣："粤港澳大湾区建设中司法合作与司法保障的路径——以涉港澳民商
事审判为视角"，载《法律适用》2019 年第 9 期。

点　评

　　粤港澳大湾区的建设对粤港澳三地的发展影响很大，也是我们国家大力
建设的项目。本文能体现出作者对国家重大政策的关注。粤港澳大湾区存在
着"一国两制"、多法域的特点，导致其法制建设有难度，也给研究带来了不
便。本文以"司法合作"的角度切入，立足于解决实际问题，为司法实践服
务。全文写作结构清晰、内容详实。但纵观全文，依然存在着以下几个问题：
其一，全文详细介绍及总结了学界对粤港澳大湾区"司法合作"的相关研究，
总结清晰，但对于目前学界研究缺乏的领域没有进行相关的阐述，无法让读
者了解到目前研究的不足。其二，文章第二部分总结了粤港澳大湾区司法合
作困难的原因，但具体分析而言，这些原因之间既不是并列关系也不是递进
关系，使得文章第二部分的内容层次不够清晰。如原因一"大湾区两种制度、
三个法域带来的法律差异"以及原因二"大湾区各主体的法治发展水平存在

差异"是两方面的问题。但原因三"大湾区各主体的司法权限不同",本质上是原因一"法律差异"的具体展开,可以归纳总结为一个原因。其三,本文第二部分和第三部分对学界的研究成果进行了比较详实的阐述,但最后的结语部分,笔者仅是简单地对上文进行了一个概括,缺乏自己对该问题的看法。这使得文章稍显"虎头蛇尾",有些遗憾。

(点评人:武汉大学法学院讲师 彭超)